ULRICH SCHRÖDER

Altersbedingte Kündigungen und Altersgrenzen im Individualarbeitsrecht

MÜNSTERISCHE BEITRÄGE ZUR RECHTSWISSENSCHAFT

Herausgegeben im Auftrag des Fachbereichs Rechtswissenschaft
der Westfälischen Wilhelms-Universität in Münster durch die Professoren
Dr. Hans-Uwe Erichsen Dr. Helmut Kollhosser Dr. Jürgen Welp

Band 2

Altersbedingte Kündigungen und Altersgrenzen im Individualarbeitsrecht

Zur Zulässigkeit einer „Zwangspensionierung" mit 65 Jahren

Von

Dr. Ulrich Schröder

M.C.L., University of Illinois

DUNCKER & HUMBLOT / BERLIN

CIP-Kurztitelaufnahme der Deutschen Bibliothek

Schröder, Ulrich:
Altersbedingte Kündigungen und Altersgrenzen
im Individualarbeitsrecht: zur Zulässigkeit
e. „Zwangspensionierung" mit 65 Jahren / von
Ulrich Schröder. — Berlin: Duncker und
Humblot, 1984.
(Münsterische Beiträge zur Rechtswissenschaft;
Bd. 2)
ISBN 3-428-05574-8

NE: GT

D 6

Gedruckt 1984 bei Berliner Buchdruckerei Union GmbH., Berlin 61
Printed in Germany

ISBN 3-428-05574-8

Für Maria

Vorwort

Vor dem Hintergrund der gegenwärtigen Arbeitsmarktprobleme wird in der Öffentlichkeit vielfach eine Verkürzung der Lebensarbeitszeit gefordert. Dem soll durch eine Vorverlegung der flexiblen Altersgrenze in der gesetzlichen Rentenversicherung Rechnung getragen werden.

Wenn der frühere Berufsaustritt dem Wunsch des Arbeitnehmers entspricht, steht das geltende Arbeitsrecht der Beendigung seines Arbeitsverhältnisses nicht entgegen. Fraglich ist jedoch, ob das Arbeitsrecht de lege lata auch die Entscheidungsfreiheit derjenigen Arbeitnehmer schützt, die nach Vollendung des 65. Lebensjahres weiterbeschäftigt bleiben wollen oder ob die vielfach zu beobachtende Praxis der „Zwangspensionierung" mit 65 Jahren im Arbeitsrecht eine Stütze findet.

Diese Frage ist im Rahmen der vorliegenden Arbeit für den Bereich des Individualarbeitsrechts untersucht worden. Dabei hat sich gezeigt, daß das geltende Vertrags- und Kündigungsschutzrecht die Entscheidungsfreiheit des einzelnen bei der Beendigung seines Arbeitsverhältnisses in viel stärkerem Maße schützt, als vielfach behauptet und angenommen wird.

Die Beurteilung der Zulässigkeit kollektivvertraglicher Altersgrenzen konnte im Rahmen dieser Untersuchung leider nicht vorgenommen werden. Hier bietet sich ein lohnendes Feld für ergänzende Forschungen an.

Den entscheidenden Anstoß für die Arbeit gab Herr Professor Dr. Schlüter. Er hat überdies das Entstehen des Manuskriptes stets mit hilfreichen Anregungen und konstruktiver Kritik begleitet. Dafür gilt ihm mein besonderer Dank.

Das Manuskript der Arbeit wurde im Februar 1983 abgeschlossen, nur die bis dahin erschienene Literatur ist dementsprechend berücksichtigt worden.

Münster, im Dezember 1983

Ulrich Schröder

Inhaltsverzeichnis

Erster Teil

Zweiter Teil

Vierter Teil

Abkürzungsverzeichnis

a. A.	anderer Ansicht
Abs.	Absatz
AcP	Archiv für civilistische Praxis
AFG	Arbeitsförderungsgesetz
ANBA	Amtliche Nachrichten der Bundesanstalt für Arbeit
AngKSchG	Angestelltenkündigungsschutzgesetz
Anm.	Anmerkung
AöR	Archiv für öffentliches Recht
AP	Arbeitsrechtliche Praxis
ArbG	Arbeitsgericht
AR-Blattei	Arbeitsrechts-Blattei
ARS	Arbeitsrechtssammlung
ARSt	Arbeitsrecht in Stichworten
Art.	Artikel
ATO	Allgemeine Tarifordnung
Aufl.	Auflage
AuR	Arbeit und Recht
AVAVG	Gesetz über Arbeitsvermittlung und Arbeitslosenversicherung
AVG	Angestelltenversicherungsgesetz
AZO	Arbeitszeitordnung
BABl.	Bundesarbeitsblatt
BAG	Bundesarbeitsgericht
BAnz	Bundesanzeiger
BayBG	Bayerisches Beamtengesetz
BB	Der Betriebsberater
BBG	Bundesbeamtengesetz
Bd.	Band
BDA	Bundesvereinigung der Deutschen Arbeitgeberverbände
BeamtVG	Beamtenversorgungsgesetz
BeitrAB	Beiträge zu Arbeitsmarkt und Berufsforschung
ber.	bereinigt
BetrVG	Betriebsverfassungsgesetz
BGB	Bürgerliches Gesetzbuch
BGBl.	Bundesgesetzblatt
BGH	Bundesgerichtshof
BK	Bonner Kommentar

BlStSozArbR	Blätter für Steuer-, Sozial- und Arbeitsrecht
BMA	Bundesminister für Arbeit und Sozialordnung
BMJFG	Bundesminister für Jugend, Familie und Gesundheit
BPersVG	Bundespersonalvertretungsgesetz
BPolBG	Bundespolizeibeamtengesetz
BRRG	Beamtenrechtsrahmengesetz
BSG	Bundessozialgericht
BSHG	Bundessozialhilfegesetz
BT-Drs.	Bundestags-Drucksache
BverfG	Bundesverfassungsgericht
bzw.	beziehungsweise
DB	Der Betrieb
ders.	derselbe
Diss.	Dissertation
DJT	Deutscher Juristentag
DöD	Der öffentliche Dienst
DÖV	Die Öffentliche Verwaltung
DRiG	Deutsches Richtergesetz
DVBl.	Deutsches Verwaltungsblatt
Einl.	Einleitung
EStG	Einkommenssteuergesetz
EzA	Entscheidungssammlung zum Arbeitsrecht
f., ff.	folgend
FAZ	Frankfurter Allgemeine Zeitung
FN	Fußnote
GBl.	Gesetzblatt
GG	Grundgesetz
GK	Gemeinschaftskommentar
GmbH	Gesellschaft mit beschränkter Haftung
Grds.	Grundsätze
GS	Großer Senat
GVBl.	Gesetz- und Verordnungsblatt
GV NW	Gesetz- und Verordnungsblatt für das Land Nordrhein-Westfalen
HBG	Hessisches Beamtengesetz
HdbDStR	Handbuch des Deutschen Staatsrechts
HHG	Hessisches Hochschulgesetz
Hrg.	Herausgeber
HS	Halbsatz
IAB	Institut für Arbeitsmarkt und Berufsforschung
IAO	Internationale Arbeitsorganisation
i. d. F.	in der Fassung
i. V. m.	in Verbindung mit

JZ	Juristenzeitung
KO	Konkursordnung
KSchG	Kündigungsschutzgesetz
LAG	Landesarbeitsgericht
LBG NW	Landesbeamtengesetz für das Land Nordrhein-Westfalen
MDR	Monatsschrift für Deutsches Recht
MittAB	Mitteilungen für Arbeitsmarkt und Berufsforschung
MTL	Manteltarifvertrag für Arbeiter der Länder
MünchKomm	Münchener Kommentar
m. w. N.	mit weiteren Nachweisen
NBG	Niedersächsisches Beamtengesetz
NHG	Niedersächsisches Hochschulgesetz
NJW	Neue Juristische Wochenschrift
Nr.	Nummer
RdA	Recht der Arbeit
Rdnr.	Randnummer
RGBl.	Reichsgesetzblatt
RGZ	Reichsgericht in Zivilsachen
RKG	Reichsknappschaftsgesetz
RKW	Rationalisierungs-Kuratorium der Deutschen Wirtschaft e. V.
RRG	Rentenreformgesetz
RVO	Reichsversicherungsordnung
S.	Satz
SAE	Sammlung arbeitsrechtlicher Entscheidungen
SchwbG	Schwerbehindertengesetz
SG	Soldatengesetz
SGV NW	Sammlung des bereinigten Gesetz- und Verordnungsblattes für das Land Nordrhein-Westfalen
SVG	Soldatenversorgungsgesetz
TVAL	Tarifvertrag für die bei Dienststellen, Unternehmen und sonstigen Einrichtungen der alliierten Behörden und der alliierten Streitkräfte im Gebiet der Bundesrepublik Deutschland beschäftigten Arbeitnehmer
u.	und
v.	vom
VDR	Verband Deutscher Rentenversicherungsträger
Verf.	Verfasser
vgl.	vergleiche
Vorb.	Vorbemerkung
WissHG	Gesetz über die wissenschaftlichen Hochschulen des Landes Nordrhein-Westfalen
WRV	Weimarer Reichsverfassung
WSI	Wirtschafts- und Sozialwissenschaftliches Institut der Gewerkschaften

z. B.	zum Beispiel
ZBR	Zeitschrift für Beamtenrecht
ZfA	Zeitschrift für Arbeitsrecht
ZfB	Zeitschrift für Betriebswirtschaft
zit.	zitiert

Erster Teil

Einleitung

§ 1 Gegenstand und Gang der Untersuchung

„Aktivität, Arbeitsbereitschaft und die Leistungsfähigkeit des einzelnen folgen keinem starren Schema[1].“ Diese Erkenntnis hat in der Bundesrepublik Deutschland zur Einführung einer flexiblen Altersgrenze in der gesetzlichen Rentenversicherung geführt, „die dem einzelnen größere Freiheit und mehr Selbstbestimmung in bezug auf seinen Lebensabend“[2] einräumen will.

Tatsächlich gilt diese Freiheit heute weithin nur für Arbeitnehmer, die vor Vollendung des 65. Lebensjahres aus dem Arbeitsleben ausscheiden wollen. Ihrem Wunsch tragen Arbeits- und Sozialversicherungsrecht weitgehend Rechnung. Durch die Einführung der flexiblen Altersgrenze im Rentenversicherungsrecht, deren weitere Vorverlegung heute diskutiert wird[3], wurden wesentlich materielle Voraussetzungen für einen früheren Eintritt in den Ruhestand geschaffen. Eine Beendigung bestehender Arbeitsverhältnisse gegen den Willen der betroffenen Arbeitnehmer vor Vollendung des 65. Lebensjahres wird überdies durch Art. 6 § 5 RRG[4] weitgehend verhindert.

Wer jedoch den Wunsch hat, nach Vollendung des 65. Lebensjahres weiterbeschäftigt zu bleiben, kann diese Entscheidungsfreiheit vielfach nicht für sich in Anspruch nehmen. Zwar steht das Sozialversicherungsrecht einer Weiterarbeit nicht entgegen. Es schafft dafür sogar durch eine besondere Zuschlagsregelung gewisse materielle Anreize. Die gewünschte Weiterbeschäftigung wird vielfach aber durch arbeitsrecht-

---

[1] BMA (Hrg.), Meinungen, 1.

[2] So die Begründung des Gesetzentwurfes für ein Rentenreformgesetz, BT-Drs. VI/2916, 37.

[3] Vgl. dazu z. B. die Untersuchung von *Blume / Plum / Naegele*, Altersgrenze, passim.

[4] Gesetz zur weiteren Reform der gesetzlichen Rentenversicherung und über die fünfzehnte Anpassung der Renten aus den gesetzlichen Rentenversicherungen sowie über die Anpassung der Geldleistungen aus der gesetzlichen Unfallversicherung (Rentenreformgesetz — RRG) vom 16. 10. 1972 (BGBl. I S. 1965); zur Bedeutung dieser Bestimmung siehe unten § 4.

liche Maßnahmen verhindert, die zu einer Beendigung der Arbeitsverhältnisse gegen den Willen der betroffenen Arbeitnehmer führen.

Diese Praxis der „Zwangspensionierung“[5] beschränkt die individuelle Freiheit und Selbstbestimmung der älteren Arbeitnehmer in der wichtigen Phase des Übergangs vom Erwerbsleben in den Ruhestand. Außerdem bleiben Unterschiede in der Leistungsfähigkeit und Arbeitsbereitschaft der betroffenen Arbeitnehmer ebenso unberücksichtigt, wie ihre unterschiedliche finanzielle Situation und die differenzierten Anforderungsprofile der jeweils wahrgenommenen beruflichen Tätigkeiten.

I. Rechtspolitische Diskussion

Im Schatten der Diskussion um die Einführung und Vorverlegung der flexiblen Altersgrenze in der Rentenversicherung wird deshalb seit einigen Jahren die Frage diskutiert, ob die dort geforderte Flexibilität nicht auch den über 65jährigen Arbeitnehmern zugute kommen sollte.

Zahlreiche internationale Organisationen haben sich inzwischen für die Möglichkeit einer Weiterbeschäftigung nach dem 65. Lebensjahr ausgesprochen.

Der Europarat forderte bereits in einer Empfehlung aus dem Jahre 1967 und später in der auf einer umfassenden Untersuchung beruhenden Resolution vom 23. 1. 1975 dazu auf, es älteren Menschen, die das Rentenalter erreicht haben, zu erleichtern, eine angemessene Arbeit zu finden[6]. Nach seiner Auffassung trägt Arbeit im Alter erheblich zur positiven Lebensbewältigung und zur Erhaltung der geistigen und körperlichen Gesundheit bei.

Der frühere UNO-Generalsekretär Waldheim hatte bereits 1973 die „Zwangspensionierung mit dem Abschluß des 65. Lebensjahres“ heftig kritisiert[7]. In einer Anfang 1982 vorgelegten Studie haben nunmehr fünfzehn internationale Fachleute der UNO die Beendigung von Arbeitsverhältnissen gegen den Willen der betroffenen Arbeitnehmer bei Vollendung des 60. oder 65. Lebensjahres ausdrücklich verurteilt[8]. Für Regelpensionierungen sollten vielmehr die Jahre zwischen dem 75. und dem 80. Lebensjahr in Betracht gezogen werden. Die Studie stellt aus-

---

[5] Der Begriff hat sich weitgehend durchgesetzt, vgl. *Hanau*, RdA 1976, 24 ff.; *Schönholzer*, Übergang, 3. Genauer müßte im Zusammenhang mit Arbeitnehmern von Zwangsverrentung gesprochen werden.

[6] Zit. nach *Schlüter / Belling*, Anm. zu BAG SAE 1979, 276 (278).

[7] Zit. nach *Lehr*, ZfB 1979, 138.

[8] Vgl. FAZ vom 15. 2. 1982, 9.

drücklich fest, „daß die Älteren das Recht haben, am wirtschaftlichen und sozialen Leben ihrer Länder teilzunehmen, und daß es insbesondere wünschenswert ist, sicherzustellen, daß es älteren Arbeitnehmern ermöglicht wird, ihre Arbeit so lange fortzuführen, wie sie dies wünschen und dazu in der Lage sind".

Auch nach Ansicht der Internationalen Arbeitsorganisation (IAO) in Genf „sollten ältere Arbeitnehmer, die körperlich und geistig in guter Verfassung sind, dazu ermutigt werden, über das Pensionierungsalter hinaus zu arbeiten"[9]. In ihrer im April 1982 veröffentlichten Studie fordert die IAO außerdem, den älteren Arbeitnehmern die Möglichkeit zu bieten, „ihre Fähigkeiten weiterzuentwickeln, um auf der Höhe des technischen Fortschritts zu bleiben".

Die rechtspolitische Diskussion hat zwischenzeitlich auch zu ersten gesetzgeberischen Konsequenzen geführt. In den USA sind am 1. 1. 1979 die "Age Discrimination in Employment Act Amendments of 1978" in Kraft getreten[10]. Eine Zwangspensionierung von Bundesbediensteten ist durch dieses Gesetz vollständig ausgeschlossen worden. Beschäftigte außerhalb des Bundesdienstes können nicht vor Vollendung des 70. Lebensjahres gegen ihren Willen in den Ruhestand versetzt werden. Inzwischen ist das völlige Verbot von Altersgrenzen geplant[11].

Dem englischen Parlament liegt ebenfalls ein Gesetzentwurf vor, der Zwangspensionierungen vor Vollendung des 70. Lebensjahres verhindern soll[12]. In den amerikanischen Bundesstaaten Florida und Kalifornien ist es grundsätzlich unzulässig, ein Beschäftigungsverhältnis gegen den Willen der betroffenen Arbeitnehmer aus Altersgründen zu beenden. Darüber hinaus verzichtet eine Reihe von amerikanischen Unternehmen seit Jahren freiwillig auf die Beendigung von Beschäftigungsverhältnissen gegen den Willen älterer Arbeitnehmer.

Ein besonders starkes Interesse an einer Weiterbeschäftigung älterer Arbeitnehmer über das 65. Lebensjahr hinaus ist in sozialistischen Staaten zu beobachten. § 5 S. 2 des Arbeitsgesetzbuches der DDR bestimmt, daß Altersrentnern" die weitere berufliche Tätigkeit nach ihren Fähigkeiten und Wünschen zu sichern" ist[13]. Dementsprechend sind in der DDR 51 % der 65- bis 70jährigen, 28 % der 70- bis 75jährigen und

---

[9] IAO (Hrg.), Bevölkerung, 4.

[10] Vgl. *Dohse / Jürgens / Russig*, Zeitschrift für Sozialreform 1979, 548 f.; ZfB 1979, 126.

[11] So Chicago Tribune vom 31. 8. 1982.

[12] Vgl. dazu ZfB 1979, 126.

[13] Arbeitsgesetzbuch der Deutschen Demokratischen Republik v. 16. 6. 1977 (GBl. I, 185); vgl. auch *Schlegel*, Neue Justiz 1980, 178.

11 % der 75- bis 80jährigen Rentner noch berufstätig[14]. Der Anteil der berufstätigen Rentnerinnen liegt in der Altersstufe der 65- bis 70jährigen bei 17 % und in der Altersstufe der 70- bis 80jährigen bei 6 %.

In der Sowjetunion ist der prozentuale Anteil der berufstätigen Rentner von 17,4 % im Jahre 1969 auf 27,8 % im Jahre 1979 gestiegen[15]. Das russische Arbeitsrecht erhebt den Anspruch, „jede Möglichkeit einer Diskriminierung älterer Menschen hinsichtlich des Rechts auf Arbeit" zu verhindern[16]. Insbesondere ist es unzulässig, „einen Arbeitnehmer deshalb zu entlassen, weil er das Rentenalter erreicht hat"[17].

Das Interesse an einer Weiterbeschäftigung älterer Arbeitnehmer ist hier vor allem durch demographische und ökonomische Zwänge sowie durch ideologische Überlegungen bestimmt[18]. In der DDR und der Sowjetunion besteht ein starker Arbeitskräftemangel. Deshalb „muß auch die menschliche Arbeit ökonomisiert werden, um mit geringem Aufwand ... einen bestmöglichen Effekt zu erreichen"[19]. Außerdem wird die Arbeit im Sozialismus als „Grundbedürfnis" des Menschen angesehen. Die Ausübung „sozial nützlicher Arbeit" und die Ergebnisse dieser Arbeit bestimmen die Stellung des Menschen in der Gesellschaft[20].

Auch in der Bundesrepublik gibt es seit längerem eine Diskussion darüber, ob nicht den Arbeitnehmern, die über das 65. Lebensjahr hinaus beschäftigt bleiben wollen, diese Möglichkeit eröffnet werden sollte.

Bereits im Jahre 1964 erklärte der Bundesgesundheitsrat, „daß die Grenze der Berufstätigkeit nicht auf ein bestimmtes Lebensalter festgelegt werden kann. Der Schnittpunkt zwischen abnehmender Leistung und sozialer Anforderung ist weitgehend abhängig von konstitutionellen, berufsspezifischen und kulturellen Faktoren. Es sollte daher angestrebt werden, die Altersgrenze für die Berufstätigkeit berufsspezifisch zu variieren"[21].

Im Jahre 1968 führte die Deutsche Gesellschaft für Gerontologie ein Symposium zum Thema „Flexibilität der Altersgrenze" durch. Nach übereinstimmender Auffassung der anwesenden Wissenschaftler sollte der Individualität der Alternsprozesse durch einen flexiblen Übergang

---

[14] Vgl. dazu *Mrochen*, Alter, 31 f.

[15] So *Solowjew*, Zeitschrift für Sozialreform 1981, 569.

[16] *Solowjew*, Zeitschrift für Sozialreform 1981, 570.

[17] *Solowjew*, Zeitschrift für Sozialreform 1981, 570.

[18] Vgl. *Mrochen*, Alter, 20 ff., 28 ff.; *Solowjew*, Zeitschrift für Sozialreform 1981, 568 f.

[19] So *Brandström*, zit. in *Mrochen*, Alter, 29.

[20] *Solowjew*, Zeitschrift für Sozialreform, 574.

[21] Zit. nach *Tennstedt*, Berufsanforderungen, 119.

vom Erwerbsleben in den Ruhestand Rechnung getragen werden. Die willkürliche Grenze von 65 Jahren müßte dabei sowohl nach unten als auch nach oben überschritten werden können[22]. Die Befragung von Alternsforschern beim neunten Bad Sodener Geriatrischen Gespräch im Jahre 1977 erbrachte eine Zustimmung von 74 % für eine gleitende Pensionsgrenze zwischen 60 und 70 Jahren[23].

Die Gesellschaft für Sozialen Fortschritt führte im Jahre 1980 ein Seminar zur „Neuregelung der Altersgrenzen" durch. Die teilnehmenden Vertreter von Verwaltung, Parteien, Sozialversicherungsverbänden, Kirchen und Wissenschaft forderten übereinstimmend „eine Erweiterung des Freiheitsraumes für den einzelnen Arbeitnehmer ..., also einen weiteren Ausbau der Flexibilität nach oben wie nach unten"[24]. Durch eine großzügigere Zuschlagsregelung in der gesetzlichen Rentenversicherung könnten Anreize für ältere Arbeitnehmer geschaffen werden, „über das Ruhestandsalter hinaus weiterzuarbeiten".

Ausdrückliche Befürworter einer Zwangspensionierung finden sich in der öffentlichen Diskussion kaum[25]. Allerdings wird die Praxis der Zwangspensionierung weithin toleriert und die Sozialpartner schaffen über Betriebsvereinbarungen und Tarifverträge häufig die rechtlichen Grundlagen für eine Beendigung von Arbeitsverhältnissen gegen den Willen der betroffenen älteren Arbeitnehmer.

Dafür scheinen einerseits, insbesondere bei den Gewerkschaften, beschäftigungspolitische Überlegungen maßgeblich zu sein, andererseits Vorbehalte gegen die Gesundheit und Leistungsfähigkeit älterer Arbeitnehmer, sowie der Wunsch von festen Planungsgrößen ausgehen zu können. Diese möglichen Einwände sollen später aufgegriffen werden[26].

II. Arbeitsrechtliche Fragestellung

Die vorliegende Untersuchung will vor diesem Hintergrund der Frage nachgehen, ob unsere Rechtsordnung eine Zwangspensionierung älterer Arbeitnehmer zuläßt, oder ob nicht schon de lege lata eine größere Flexibilität des Pensionierungsalters auch nach Vollendung des 65. Lebensjahres gefordert ist. Es handelt sich dabei im wesentlichen um eine arbeitsrechtliche Fragestellung; denn Berufsaustritt und Pen-

---

[22] Vgl. *Schubert* (Hrg.), Flexibilität, passim; dazu auch *Lehr*, ZfB 1979, 137.

[23] Vgl. *Böhlau*, Altern, 168.

[24] *Eichner*, Sozialer Fortschritt 1980, 243.

[25] Kritisch zu einem flexiblen Übergang vom Erwerbsleben in den Ruhestand neuerdings jedoch *Dohse / Jürgens / Russig*, Arbeitnehmer, 50 ff.

[26] Vgl. unten § 3.

sionierung setzen eine nach den Regeln des Arbeitsrechts erfolgende Beendigung bestehender Arbeitsverhältnisse voraus.

Sozialversicherungsrechtliche Bestimmungen führen demgegenüber nicht zu einer Beendigung von Arbeitsverhältnissen. Da sie jedoch die wesentlichen materiellen Voraussetzungen für den Übergang vom Erwerbsleben in den Ruhestand schaffen, wird der Zeitpunkt des Berufsaustritts durch sie mitbeeinflußt. Teilweise werden die Altersgrenzen im Sozialversicherungsrecht sogar zur Rechtfertigung von arbeitsrechtlichen Zwangspensionierungen herangezogen. Deshalb wird der Frage nachzugehen sein, ob diesen Bestimmungen tatsächlich eine derartige rechtliche Bedeutung zukommt.

Die Untersuchung bezieht sich auf die Beendigung der Arbeitsverhältnisse von Arbeitnehmern, also von Personen, die „aufgrund eines privatrechtlichen Vertrages unselbständige Dienstleistungen zu erbringen" haben[27]. Die öffentlichrechtlichen Dienstverhältnisse der Beamten, Berufsrichter und Berufssoldaten bleiben weitgehend unberücksichtigt. Auch auf sie wird lediglich zur Beantwortung der Frage eingegangen, ob die Umstände, die dort zur Festlegung einer Altersgrenze geführt haben, zur Rechtfertigung einer zwangsweisen Beendigung privatrechtlicher Arbeitsverhältnisse dienen können. Als arbeitsrechtliche Maßnahmen, die gegen den Willen des betroffenen älteren Arbeitnehmers zu einer Beendigung seines Arbeitsverhältnisses führen können, kommen die altersbedingte Kündigung und die Festlegung einer arbeitsrechtlichen Altersgrenze in Betracht.

Als *Altersgrenze* soll hier die Festlegung eines Lebensalters bezeichnet werden, dessen Eintritt bestimmte Rechtsfolgen auslöst. Soweit von *arbeitsrechtlichen Altersgrenzen* die Rede ist, besteht die Rechtsfolge in einer Beendigung der jeweiligen Arbeitsverhältnisse. Derartige Altersgrenzen werden durch Einzelarbeitsvertrag, durch Betriebsvereinbarung oder durch Tarifvertrag festgesetzt. Im Rahmen dieser Arbeit sollen jedoch lediglich die dem Individualarbeitsrecht zugehörenden einzelvertraglich vereinbarten Altersgrenzen auf ihre Zulässigkeit hin untersucht werden.

Durch den Begriff der *altersbedingten Kündigung* sollen arbeitsrechtliche Kündigungen zusammengefaßt werden, die im wesentlichen darauf gestützt werden, daß der betroffene Arbeitnehmer ein bestimmtes Lebensalter erreicht hat. In der Regel wird ergänzend noch auf weitere personen- oder betriebsbezogene Umstände zur Begründung der Kündigung Bezug genommen.

---

[27] *Zöllner*, Arbeitsrecht, § 4 IV (42); vgl. zum Arbeitnehmerbegriff auch MünchKomm - Söllner, § 611, Rdnr. 117 ff.

Die zu beantwortende Frage läßt sich nunmehr wie folgt präzisieren: Können die Arbeitsverhältnisse älterer Arbeitnehmer durch Festsetzung einer individualrechtlich vereinbarten Altersgrenze oder durch eine altersbedingte Kündigung bei Vollendung des 65. Lebensjahres beendet werden?

III. Gang der Untersuchung

Der rechtlichen Erörterung in den Teilen 2, 3 und 4 ist eine Untersuchung über die quantitative Bedeutung der aufgeworfenen Problematik vorangestellt. Dadurch soll Aufschluß über die Frage gewonnen werden, in welchem Ausmaß altersbedingte Kündigungen und individualrechtlich vereinbarte Altersgrenzen in der arbeitsrechtlichen Praxis vorkommen. Außerdem soll versucht werden, auf der Grundlage vorhandener empirischer Untersuchungen den relativen Anteil der Arbeitnehmer zu bestimmen, die eine Weiterbeschäftigung über das 65. Lebensjahr hinaus wünschen.

Daran schließt sich eine Auseinandersetzung mit den für die Fragestellung relevanten Erkenntnissen anderer Wissenschaftsdisziplinen an. Im einzelnen wird auf Aussagen der Bevölkerungswissenschaft, der Gerontologie und der Betriebswirtschaftslehre eingegangen. In diesem Zusammenhang werden auch die bereits angedeuteten möglichen Einwände gegen eine individuellere Gestaltung des Übergangs vom Erwerbsleben in den Ruhestand aufgegriffen.

In Teil 2 der Arbeit geht es um die Frage, ob Altersgrenzen außerhalb des Arbeitsrechts zur Rechtfertigung altersbedingter Kündigungen und arbeitsrechtlicher Altersgrenzen herangezogen werden können. Dabei werden die Altersgrenzen in der gesetzlichen Renten- und Arbeitslosenversicherung sowie die Altersgrenzen im Dienstrecht der Beamten, Berufsrichter und Berufssoldaten untersucht.

Die rechtliche Zulässigkeit altersbedingter Kündigungen wird in Teil 3 überprüft. Durch die Bildung von Fallgruppen sollen die verschiedenen Versuche zur Begründung altersbedingter Kündigungen in die Prüfung einbezogen werden.

In Teil 4 der Arbeit wird die rechtliche Zulässigkeit einzelvertraglich vereinbarter Altersgrenzen untersucht. Obwohl die Festlegung einer Altersgrenze im Arbeitsvertrag auf freiwilliger Vereinbarung beruht, soll sie im Rahmen der Arbeit berücksichtigt werden. Fehlende Vertragsparität und der regelmäßig lange Zeitraum zwischen Vereinbarung und Erreichen der Altersgrenze führen vielfach dazu, daß es zu einer unfreiwilligen Beendigung des Arbeitsverhältnisses kommt.

§ 2 Quantitative Bedeutung des Problems

Die Frage, ob das Arbeitsverhältnis eines älteren Arbeitnehmers gegen seinen Willen durch eine altersbedingte Kündigung oder durch die Festsetzung einer Altersgrenze zulässigerweise beendet werden kann, hat für den jeweils betroffenen Arbeitnehmer einschneidende Bedeutung. Ob die Frage darüber hinaus für eine Vielzahl von Arbeitnehmern bedeutsam ist, hängt von zwei Faktoren ab: von der Häufigkeit, mit der diese arbeitsrechtlichen Instrumente verwendet werden, und von dem tatsächlichen Interesse der Arbeitnehmer an einer Weiterbeschäftigung über das 65. Lebensjahr hinaus.

I. Häufigkeit der Verwendung altersbedingter Kündigungen und arbeitsrechtlicher Altersgrenzen

Genaue Zahlenangaben darüber, in welchem Umfang die Kündigung älterer Arbeitnehmer mit dem Erreichen eines bestimmten Lebensalters begründet wird, liegen nicht vor. Die tatsächliche Verwendung dieses Kündigungsgrundes dürfte gering sein, weil er nur begrenzte rechtliche Anerkennung gefunden hat und jeder Kündigungsschutzprozeß ohnehin mit unwägbaren Risiken verbunden ist.

Auch über die Häufigkeit, mit der Altersgrenzen in Einzelarbeitsverträgen vereinbart werden, fehlt exaktes Zahlenmaterial. Der Abschluß von Arbeitsverhältnissen ohne Zeitbestimmung stellt in der Praxis des Arbeitslebens nach allgemeiner Auffassung allerdings den Regelfall dar[1]. Arbeitsverträge, die eine Beendigung des Arbeitsverhältnisses bei Vollendung des 65. Lebensjahres vorsehen, hat Brill als in der Privatwirtschaft zwar „nicht selten“ aber „noch nicht allgemein üblich“ bezeichnet[2]. Otte spricht von einer „erheblichen zahlenmäßigen Bedeutung“[3]. In der Praxis hat sich folgende Vertragsklausel eingebürgert: „Das Arbeitsverhältnis endet, ohne daß es einer Kündigung bedarf, mit Ablauf des Monats, in dem der Arbeitnehmer das 65. Lebensjahr vollendet[4].“

II. Interesse der Arbeitnehmer an einer Weiterbeschäftigung nach Vollendung des 65. Lebensjahres

Sollten sich altersbedingte Kündigungen und arbeitsrechtliche Altersgrenzenregelungen als unzulässige oder doch teilweise unzulässige

---

[1] BAG AP Nr. 14 zu § 1 KSchG; *Gamillscheg*, Abschluß, 806; *Grotheer*, Arbeitsverhältnis, 13; *Hillebrecht*, GK-KSchG, § 620, Rdnr. 19; *Säcker*, RdA 1976, 92; *Staudinger / Neumann*, § 620, Rdnr. 25.

[2] *Brill*, AR-Blattei, Arbeitsvertrag-Arbeitverhältnis VIII A, IV; *ders.*, AR-Blattei, Kündigungsschutz V, B I; ähnlich *Zöllner*, Arbeitsrecht, 176.

[3] *Otte*, Zeitvertrag, 116.

Instrumente zur Beendigung von Arbeitsverhältnissen erweisen, hätte der einzelne Arbeitnehmer die Chance, sein Berufsaustrittsalter in stärkerem Maße als bisher selbst zu bestimmen. Insbesondere bestünde für ihn die Möglichkeit, auch über das 65. Lebensjahr hinaus beschäftigt zu bleiben. Wieviele Arbeitnehmer von dieser Möglichkeit Gebrauch machen würden, kann mit Hilfe des verfügbaren empirischen Materials nur annähernd bestimmt werden.

Detaillierte Angaben darüber enthält die Studie von Blume / Plum / Naegele aus dem Jahre 1978[5]. Sie basiert auf einer Befragung von 1866 sozialversicherungspflichtig beschäftigten Arbeitnehmern im Alter von 55 Jahren und älter.

Die Tabelle 1 zeigt, daß 27,8 % der Befragten früher als mit 60 Jahren in den Ruhestand treten möchten. Bei 63,7 % liegt der gewünschte Ruhestandstermin zwischen dem 60. und 65. Lebensjahr und 8,3 % möchten über das 65. Lebensjahr hinaus beschäftigt bleiben. Diejenigen, die an einer Weiterbeschäftigung über die Vollendung des 65. Lebensjahres hinaus interessiert sind, bilden also eine Minderheit innerhalb der gesamten Arbeitnehmerschaft.

Allerdings lassen sich schon anhand dieser Übersicht signifikante Unterschiede innerhalb dieser Gruppe ausmachen. Der Anteil der Männer, die eine Weiterbeschäftigung wünschen, liegt höher als der der Frauen. Außerdem sind Angestellte eher an einer Weiterbeschäftigung interessiert als Arbeiter. Bei leitenden Angestellten liegt der Prozentsatz sogar bei 15,8 %. Beschäftigte im produzierenden und verarbeitenden Gewerbe sowie im Baugewerbe sind in besonders geringem Maße an einem späten Ruhestandsalter interessiert. Umgekehrt liegt das Interesse der Beschäftigten im Bereich Verkehr/Nachrichtenübermittlung, im Dienstleistungsbereich, im Handel und in der Land- und Forstwirtschaft deutlich über 10 %.

Weiteren Aufschluß gibt eine ebenfalls von Blume / Plum / Naegele im Rahmen ihrer Studie durchgeführte Befragung von 759 Personen, die bereits älter als 60 (Frauen) bzw. 63 (Männer) Jahre waren oder jünger waren, aber nicht beabsichtigten wegen des Bezuges von vorgezogenem oder flexiblem Altersruhegeld ihr Arbeitsverhältnis zu beenden. Die Ergebnisse sind in Tabelle 2 wiedergegeben.

Von den Befragten wollten immerhin 29,1 % nach dem 65. Lebensjahr voll weiterarbeiten. Besonders hohe Prozentsätze finden sich auch hier

[4] Vgl. zu den üblichen Vertragsformulierungen *Gumpert*, BB 1973, 521 f.; *Molitor / Bürger*, AR-Blattei, Arbeitsvertrag-Arbeitsverhältnis VIII, B III 1.

[5] *Blume / Plum / Naegele*, Altersgrenze, passim.

Tabelle 1: **Wenn Sie selbst wählen könnten, wann Sie in den Ruhestand treten, ohne daß Ihre Rente dadurch eingeschränkt würde, wann würden Sie das wollen (bzw. hätten Sie das gewollt)?**

		Total N	Total in %	früher als mit 55	mit 55	mit 56	mit 57	mit 58	mit 59	mit 60	mit 61	mit 62	mit 63	mit 64	mit 65	später als mit 65
Summe 100 % = 1851	N = ...			103	257	18	18	84	34	654	12	54	229	16	218	154
	in %			5,6	13,9	1,0	1,0	4,5	1,8	35,3	0,6	2,9	12,4	0,9	11,8	8,3
Geschlecht 100 % = 1851	männlich	1 388	75,0	4,8	12,5	1,0	1,2	3,0	2,2	34,3	0,6	3,0	14,7	0,9	13,0	8,8
	weiblich	463	25,0	7,8	17,9	0,9	0,4	9,3	0,9	38,4	0,6	2,6	5,4	0,9	8,0	6,9
Stellung im Betrieb 100 % = 1843	ungelernter Arbeiter	87	4,7	13,8	12,6	0,0	0,0	4,6	0,0	39,1	0,0	0,0	5,7	0,0	14,9	9,2
	angelernter Arbeiter	299	16,2	6,0	16,7	1,7	1,3	5,0	3,3	30,8	1,0	2,0	16,7	0,3	8,4	6,7
	gewöhnlicher Facharbeiter ..	449	24,4	5,6	14,3	0,2	0,9	4,0	2,2	35,4	0,4	2,4	16,3	0,7	12,7	4,9
	höchstqualif. Facharbeiter ..	161	8,7	3,7	15,5	1,2	1,2	2,5	2,5	33,5	0,6	5,0	14,3	0,6	12,4	6,8
	ausführender Angestellter ..	326	17,7	5,8	14,1	0,6	0,9	7,1	1,8	41,7	0,6	2,8	6,1	0,3	9,8	8,3
	qualifizierter Angestellter ..	331	18,0	4,8	12,1	1,2	0,9	5,1	0,3	34,4	1,2	3,6	11,5	1,2	12,7	10,9
	leitender Angestellter ..	190	10,3	2,6	11,1	1,6	1,1	1,6	1,6	33,2	0,0	4,2	10,0	2,6	14,7	15,8

Wirtschaftsbereich 100 % = 1851	Land-/Forstwirtschaft	41	2,2	0,0	7,3	2,4	0,0	2,4	2,4	22,0	0,0	2,4	24,4	0,0	24,4	12,2
	prod. + verarb. Gewerbe	944	51,0	5,9	15,8	1,2	0,7	3,7	2,4	36,1	0,7	2,6	14,1	0,7	10,7	5,2
	Baugewerbe ..	66	3,6	4,5	12,1	0,0	3,0	1,5	0,0	40,9	0,0	0,0	19,7	0,0	12,1	6,1
	Handel	276	14,9	3,6	10,9	0,4	1,8	5,8	0,7	39,1	0,7	3,3	7,2	0,7	14,1	11,6
	Verkehr/Nachrichtenüberm.	47	2,5	8,5	14,9	2,1	2,1	6,4	2,1	25,5	0,0	2,1	10,6	0,0	8,5	17,0
	Banken/Kredit Versicherung ..	58	3,1	5,2	13,8	1,7	3,4	6,9	0,0	29,3	0,0	6,9	20,7	1,7	6,9	3,4
	Dienstleistungsgewerbe	308	16,6	5,8	12,0	0,6	0,3	5,5	1,6	32,8	1,0	2,3	8,4	1,3	14,0	13,3
	Organisation o. Erwerbscharakter	57	3,1	3,5	12,3	0,0	0,0	10,5	1,8	36,8	0,0	7,0	7,0	0,0	8,8	12,3
	Gebietskörperschaft./Sozialv.	54	2,9	7,4	14,8	1,9	0,0	1,9	1,9	33,3	0,0	5,6	11,1	3,7	7,4	11,1

Quelle: *Blume / Plum / Naegele*, Altersgrenze, 316 f.

Tabelle 2

Würden Sie eventuell nach dem 65. Lebensjahr voll weiterarbeiten wollen?

		Total		ja, bis 66	ja, bis 67	ja, bis 68	ja, bis 69	ja, bis 70	nein	weiß nicht
		N	in %							
Summe 100 % = 759	N =			27	32	56	8	97	410	129
	in %			3,6	4,2	7,4	1,1	12,8	54,0	17,0
Geschlecht 100 % = 759	männlich	539	71,0	3,3	4,1	9,1	1,5	13,4	50,3	18,4
	weiblich	220	29,0	4,1	4,5	3,2	0,0	11,4	63,2	13,6
Stellung im Betrieb 100 % = 754	ungelernter Arbeiter	42	5,6	2,4	2,4	4,8	2,4	19,0	50,0	19,0
	angelernter Arbeiter	109	14,5	3,7	3,7	2,8	0,0	19,3	57,8	12,8
	gewöhnlicher Facharbeiter	155	20,6	1,3	3,2	9,0	1,9	7,1	58,1	19,4
	höchstqualif. Facharbeiter	57	7,6	3,5	3,5	8,8	5,3	8,8	43,9	26,3
	ausführender Angesteller	150	19,9	1,3	7,3	7,3	0,7	12,0	58,0	13,3
	qualifizierter Angesteller	145	19,2	7,6	5,5	7,6	0,0	9,7	53,8	15,9
	leitender Angesteller	96	12,7	5,2	1,0	10,4	0,0	20,8	43,8	18,8
Wirtschaftsbereich 100 % = 759	Land/Forstwirtschaft	23	3,0	4,3	13,0	0,0	0,0	21,7	43,5	17,4
	prod. + verarb. Gewerbe	309	40,7	2,9	2,9	6,1	1,9	8,4	58,9	18,8
	Baugewerbe	27	3,6	0,0	0,0	14,8	0,0	18,5	55,6	11,1
	Handel	134	17,7	3,7	5,2	7,5	0,7	16,4	48,5	17,9
	Verkehr/ Nachrichtenübermittlung	20	2,6	5,0	10,0	10,0	0,0	5,0	50,0	20,0
	Banken/Kredit Versicherung	28	3,7	3,6	0,0	3,6	0,0	14,3	64,3	14,3
	Dienstleistungsgewerbe	166	21,9	4,2	4,8	12,0	0,0	15,7	49,4	13,9
	Organisation o. Erwerbscharakter	30	4,0	3,3	6,7	0,0	0,0	13,3	60,0	16,7
	Gebietskörperschaft./ Sozialv.	22	2,9	9,1	4,5	0,0	4,5	18,2	45,5	18,2

Quelle: *Blume / Plum / Naegele*, Altersgrenze, 335.

wieder für Männer (31,4 %), für leitende Angestellte (37,4 %) und für Beschäftigte im Bereich der Land- und Forstwirtschaft (39,0 %), im Bereich des Handels (33,5 %) und im Dienstleistungsbereich (36,7 %).

Die im Vergleich zu den Angaben in Tabelle 1 höheren Prozentsätze legen den Schluß nahe, daß Arbeitnehmer mit zunehmendem Alter eher an einer Weiterbeschäftigung über das 65. Lebensjahr hinaus interessiert sind. Diese Hypothese wird durch eine weitere Berechnung von Blume / Plum / Naegele bestätigt[6]. Von den befragten Männern, die über 63 Jahre alt waren, wünschten 34,7 % einen Berufsaustritt nach Vollendung des 65. Lebensjahres. Von den befragten Frauen, die über 60 Jahre alt waren, wurde dieser Wunsch immerhin von 24,0 % geteilt.

Aus Tabelle 3 ergibt sich schließlich, daß das Interesse an einer Weiterbeschäftigung vornehmlich durch immaterielle oder soziale Erwägungen und weniger durch finanzielle Überlegungen bestimmt wird. Das Interesse an einer Weiterarbeit wird vornehmlich mit der Freude am Beruf (54,4 %), mit dem Hinweis, sich noch nicht alt genug zu fühlen (45,4 %) und dem Wunsch, noch unter Menschen zu bleiben (38,1 %) begründet. Von den Personengruppen, die ein besonders ausgeprägtes Interesse an einer Weiterarbeit bekundet haben, werden diese Begründungen noch häufiger genannt.

Angesichts dieser Ergebnisse warnen Blume / Plum / Naegele „vor einer starren Altersgrenzenregelung“[7]. Sie sprechen sich vielmehr dafür aus, den Arbeitnehmern „ein Optionsrecht auf Weiterarbeit“ einzuräumen. Die Ergebnisse ihrer Studie werden von zahlreichen weiteren Untersuchungen, die hier nur teilweise wiedergegeben werden können, im wesentlichen bestätigt[8].

Fröhner veröffentlichte im Jahre 1958 Befragungsergebnisse über das gewünschte Berufsaustrittsalter. Danach wollten 2 % der befragten Männer im Alter von 16 bis 30 Jahren nach dem 65. Lebensjahr in den Ruhestand treten. Bei den 30- bis 50jährigen waren es 7 % und bei den über 50jährigen 11 %[9]. Die entsprechenden Zahlen für die befragten Frauen lagen zwischen 1 % und 3 %. Von den Angestellten wollten insgesamt 6 % nach Vollendung des 65. Lebensjahres weiterarbeiten, von den Arbeitern nur 3 %.

Kaser kommt in einer 1966 veröffentlichten Untersuchung zu dem Ergebnis, daß „höchstens 6 % der älteren Arbeiter und 8 % der Ange-

---

[6] *Blume / Plum / Naegele*, Altersgrenze, 107.

[7] *Blume / Plum / Naegele*, Altersgrenze, III.

[8] Vgl. auch *Blume*, Lebensabend, 337; *Rosenmayr*, Mensch, 100.

[9] *Fröhner*, Meinung, 75.

Tabelle 3: **Warum sind Sie über das 63. (Männer) bzw. 60. (Frauen) Lebensjahr hinaus erwerbstätig geblieben? (Mehrfachnennungen)**

		Total N	Total in %	Rente zu niedrig	Renten-ansprüche nicht erfüllt	Freude am Beruf	Ehe-partner noch berufs-tätig	fühle mich nicht alt genug	wüßte nicht, was ich zu Hause machen sollte	will noch unter Men-schen bleiben	sonstige Gründe
Summe 100 % = 388	N =			130	52	211	21	176	93	148	17
	in %			33,5	13,4	54,4	5,4	45,4	24,0	38,1	4,4
Geschlecht 100 % = 388	männlich	265	68,3	28,3	10,2	54,3	3,8	50,2	24,5	36,2	4,5
	weiblich	123	31,7	44,7	20,3	54,5	8,9	35,0	22,8	42,3	4,1
Stellung im Betrieb 100 % = 387	ungelernter Arbeiter	33	8,5	49,5	21,2	9,1	12,1	33,3	27,3	33,3	0,0
	angelernter Arbeiter	60	15,5	55,0	23,3	30,0	5,0	26,7	33,3	33,3	3,3
	gewöhnlicher Facharbeiter	64	16,5	23,1	12,5	45,3	1,6	46,9	26,6	32,8	6,2
	höchstqualif. Facharbeiter	23	5,9	21,7	8,7	65,2	0,0	47,8	17,4	43,5	8,7
	ausführender Angestellter	80	20,7	33,8	17,5	55,0	5,0	37,5	22,5	47,5	6,2
	qualifizierter Angestellter	73	18,9	24,7	5,5	78,1	8,2	64,4	23,3	42,5	2,7
	leitender Angestellter	54	14,0	14,8	3,7	83,3	5,6	57,4	14,8	31,5	3,7

Wirtschaftsbereich 100 % = 388	Land-/Forstwirtschaft	14	3,6	57,1	28,6	42,9	14,3	21,4	35,7	21,4	0,0
	prod. + verarb. Gewerbe	140	36,1	35,0	16,4	42,1	2,1	42,1	22,1	36,4	5,0
	Baugewerbe	15	3,9	25,7	33,3	40,0	0,0	46,7	33,3	20,0	6,6
	Handel	80	20,6	35,0	6,3	65,0	10,0	50,0	17,5	38,8	8,7
	Verkehr/Nachrichtenüberm.	8	2,1	0,0	12,5	62,5	0,0	75,0	37,5	37,5	0,0
	Banken/Kredit Versicherung	13	3,4	15,4	7,7	92,3	0,0	53,8	30,8	46,2	7,7
	Dienstleistungsgewerbe	92	23,7	34,8	13,0	58,7	5,4	44,6	26,1	39,1	1,1
	Organisation o. Erwerbscharakter	17	4,4	29,4	0,0	76,5	17,6	47,1	29,4	70,6	0,0
	Gebietskörperschaft./Sozialv.	9	2,3	22,2	11,1	44,4	0,0	55,6	22,2	33,3	0,0

Quelle: *Blume / Plum / Naegele*, Altersgrenze, 351 f.

stellten ernstlich an einer Weiterbeschäftigung (über das 65. Lebensjahr hinaus, d. Verf.) in gleichem Umfang gelegen ist, während weitere 7 % der Arbeiter und 3 % der Angestellten nur eine Teilzeitbeschäftigung akzeptieren würden"[10].

Nach einer vom Bundesminister für Arbeit und Sozialordnung in Auftrag gegebenen und 1971 veröffentlichten Befragung von 1035 sozialversicherungspflichtig beschäftigten Arbeitnehmern im Alter zwischen 55 und 64 Jahren wollten nach Vollendung des 65. Lebensjahres 4 % voll und 17 % teilweise weiterarbeiten[11]. Das Interesse an einer Weiterarbeit nahm auch bei dieser Untersuchung mit zunehmendem Alter der Befragungspersonen zu. Die Werte für Angestellte lagen erneut über denen für Arbeiter. Bei den Gründen für eine Weiterarbeit überwogen jedoch finanzielle Erwägungen[12].

Pillardy führte 1973 eine Befragung von Rentnern und Pensionären im Alter zwischen 65 und 70 Jahren durch[13]. Ein Teil ihrer Ergebnisse ist in Tabelle 4 zusammengefaßt.

Tabelle 4

befragter Personenkreis / gewünschter Ruhestandsbeginn	Gesamt	Arbeitnehmer %	Angestellte/ Beamte
58 - 62 Jahre	30	43	23
65 Jahre	35	35	31
ab 68 Jahre	16	9	20
kommt darauf an	19	13	26

Quelle: *Pillardy*, Arbeit, 71 ff.

Auch diese Untersuchung zeigt, daß diejenigen Arbeitnehmer, die eine Weiterbeschäftigung über das 65. Lebensjahr hinaus wünschen, mit 16 % der Befragten eine Minderheit darstellen. Der dennoch relativ hohe Prozentsatz beruht im wesentlichen auf dem fortgeschrittenen Alter der befragten Personen. Es bestätigt sich auch das gegenüber den Arbeitern relativ höhere Interesse der Angestellten an einer Weiterbeschäftigung.

---

[10] *Kaser*, Arbeitnehmer, 116.

[11] BMA (Hrg.), Meinungen, 78; BMA (Hrg.), Sozialpolitische Informationen, Jahrgang V/8 vom 29. 3. 1971, 3.

[12] BMA (Hrg.), Meinungen, 81.

[13] *Pillardy*, Arbeit, passim.

Pillardy kommt ebenfalls zu dem Ergebnis, daß der Wunsch nach Weiterbeschäftigung nicht durch finanzielle Erwägungen bestimmt ist. Allenfalls plädieren „die Empfänger höherer Einkommen ... häufiger für eine spätere und seltener für eine frühere Pensionierung, während die Empfänger niedrigerer Einkommen häufiger eine Vorverlegung und seltener eine Hinausschiebung der Altersgrenze erstrebenswert finden“[14].

Auch Friedman und Havighurst stellten eine größere Bereitschaft zur Berufsaufgabe bei den Erwerbstätigen fest, denen der Beruf in erster Linie Geldquelle und Verdienst bedeutete[15]. Dort, wo dem Beruf eine mehr außerökonomische Bedeutung beigemessen wurde, „begegnete man der Pensionierung mit einer eher negativen Erwartungshaltung“.

Die vorliegenden empirischen Untersuchungen lassen folgende zusammenfassende Aussagen zu:

1. An einer Weiterbeschäftigung über das 65. Lebensjahr hinaus ist lediglich eine Minderheit von 5 - 10 % der gesamten Arbeitnehmerschaft interessiert. Der relative Anteil derjenigen, die gegenwärtig im jährlichen Durchschnitt nach Vollendung des 65. Lebensjahres Altersruhegeld aus der gesetzlichen Rentenversicherung in Anspruch nehmen, liegt jedoch mit ca. 3 % deutlich niedriger[16].

2. Der Wunsch nach einer Weiterbeschäftigung steigt mit zunehmendem Alter deutlich an. In der entscheidenden Phase des tatsächlichen Übergangs vom Erwerbsleben in den Ruhestand liegt der relative Anteil derjenigen Arbeitnehmer, die eine Weiterbeschäftigung wünschen, bei über 10 %.

3. Signifikante Unterschiede im Hinblick auf die Einstellung zum gewünschten Ruhestandsbeginn ergeben sich bei einer Differenzierung nach dem Geschlecht, nach der Stellung im Betrieb und nach Wirtschaftsbereichen. Männer sind zu höheren Anteilen an einer Weiterbeschäftigung über das 65. Lebensjahr hinaus interessiert als Frauen. Bei Angestellten liegen die Werte höher als bei Arbeitern. Im Baugewerbe sowie im produzierenden und bearbeitenden Gewerbe ist das Interesse an einer Weiterarbeit besonders gering, im Bereich der Land- und Forstwirtschaft des Verkehrs und der Nachrichtenübermittlung, im Handel und im Dienstleistungsbereich dagegen überdurchschnittlich stark.

---

14 *Pillardy*, Arbeit, 73.

15 *Friedman / Havighurst*, Retirement, zit. nach *Lehr*, Psychologie, 208; andere amerikanische Untersuchungen, die von *Lehr* (Psychologie, 206 f.) genannt werden, sind wegen des unterschiedlichen Alterssicherungssystems nicht vergleichbar.

16 Eigene Berechnung auf der Grundlage der Angaben in VDR-Statistik, Bd. 54, 77 ff.

4. Der Wunsch nach einer Weiterbeschäftigung über das 65. Lebensjahr hinaus wird vornehmlich durch immaterielle und soziale Erwägungen bestimmt. Finanzielle Überlegungen haben demgegenüber eine untergeordnete Bedeutung.

§ 3 Erwerbstätigkeit älterer Arbeitnehmer aus demographischer, gerontologischer und betriebswirtschaftlicher Sicht

Während das Problem der Zwangspensionierung älterer Arbeitnehmer in der arbeitsrechtlichen Diskussion in der Bundesrepublik Deutschland bisher kaum aufgegriffen wurde[1], haben sich andere Wissenschaftsdisziplinen schon ausführlich damit beschäftigt. Namentlich aus den Bereichen der Bevölkerungswissenschaft, der Gerontologie, der Soziologie und der Betriebswirtschaftslehre liegen bereits wichtige Forschungsergebnisse vor. Diese Erkenntnisse gewinnen zum Teil unmittelbare Bedeutung für die juristische Diskussion. Zum Teil sind sie geeignet, allgemeine Vorbehalte gegen eine Weiterbeschäftigung älterer Arbeitnehmer über das 65. Lebensjahr hinaus zu entkräften. Aus diesen Gründen soll der insoweit relevante Erkenntnisstand vorab zusammenfassend dargestellt werden.

I. Erkenntnisse der Bevölkerungswissenschaft

Die demographische Entwicklung in der Bundesrepublik Deutschland ist in den nächsten Jahren und Jahrzehnten durch einen Rückgang der Bevölkerungszahl bei gleichzeitigem Anstieg des Anteils der über 60 bzw. 65jährigen Personen an der Gesamtbevölkerung gekennzeichnet. Diese Entwicklungstendenzen legen es nahe, älteren Arbeitnehmern eine Erwerbstätigkeit über das 65. Lebensjahr hinaus zu ermöglichen.

1. Auswirkungen des Bevölkerungsrückgangs auf den Arbeitsmarkt

Die Gesamtbevölkerung (einschließlich der Ausländer) in der Bundesrepublik ist seit 1975 rückläufig[2]. 1974 betrug die Bevölkerungszahl

---

[1] In den USA wird die Zwangspensionierung älterer Arbeitnehmer als Ausdruck einer Altersdiskriminierung ("age discrimination") angesehen und ist seit langem Gegenstand arbeitsrechtlicher Untersuchungen; durch die "Age Discrimination in Employment Act Amendments of 1978" wurde jede Form der einseitigen Verrentung aus Altersgründen vor Erreichen des 70. Lebensjahres verboten; entsprechende betriebliche bzw. tarifvertragliche Bestimmungen wurden untersagt; vgl. zu der Diskussion in den USA *Dohse / Jürgens / Russig,* Zeitschrift für Sozialreform 1979, 548 ff.

[2] Die Bevölkerungsentwicklung ist in den übrigen europäischen Ländern nicht völlig gleichartig. Neuere Vorausschätzungen der natürlichen Bevölkerungsentwicklung deuten jedoch darauf hin, daß für die Jahrtausendwende auch in Belgien, Finnland, Luxemburg, Österreich, Schweden, der Schweiz

62,1 Millionen, Ende 1979 nur noch 61,4 Millionen[3]. Die deutsche Bevölkerung nimmt bereits seit 1972 ab[4].

Diese Entwicklung ist auf einen bereits Mitte der 60er Jahre einsetzenden Geburtenrückgang zurückzuführen. Die Zahl der Lebendgeborenen ist von über 1 Million in den Jahren um 1965 bis auf 576 000 im Jahre 1978 gesunken[5]. Die in neuester Zeit und wahrscheinlich auch in den nächsten Jahren zunehmende absolute Zahl der Geborenen beruht auf dem Altersaufbau der Bevölkerung (starke Geburtsjahrgänge um 1960). Sie darf „nicht als Änderung im generativen Verhalten gedeutet werden“[6].

Um den Bevölkerungsstand nur halten zu können, müßten in 100 Ehen etwa 230 Kinder geboren werden[7]. Gegenwärtig werden in 100 Ehen lediglich etwa 150 Kinder geboren. Zum Erhalt einer zumindest stagnierenden Bevölkerungszahl müßten statt bisher 18 % in Zukunft 45 % aller Paare bereit sein, 3 oder mehr Kinder großzuziehen[8]. Eine derartige Änderung des generativen Verhaltens erscheint unwahrscheinlich. Aus diesem Grunde kommen neuere bevölkerungswissenschaftliche Untersuchungen übereinstimmend zu dem Ergebnis, daß weder eine weitere Senkung der Sterberate noch ein Abbau kinderfeindlicher Lebensbedingungen die Tendenz zu einem Bevölkerungsrückgang nachhaltig unterbrechen würde[9].

Die in Tabelle 5 dargestellte Prognose über die zukünftige Bevölkerungsentwicklung beruht deshalb auf der Annahme gleichbleibender Sterblichkeit und Geburtenhäufigkeit (gemessen an den Geburtenziffern von 1976). Lediglich im Modell B ist ein Anstieg der Geburtenhäufigkeit zwischen 1990 und 2010 unterstellt, der zu einem Ausgleich der Zahl der jährlich Geborenen und Gestorbenen führen soll („Nullwachstum“). Nach beiden Modellrechnungen nimmt die Zahl der deutschen Bevölke-

---

und in Großbritannien Bevölkerungsabnahmen zu erwarten sind. In den übrigen Ländern verlangsamt sich das Bevölkerungswachstum. Vgl. zu dieser Entwicklung *Höhn / Schwarz*, Demographische Lage, 59 ff.

[3] Vgl. *Höhn / Schwarz*, Demographische Lage, 59 ff.

[4] *Höhn / Schwarz*, Demographische Lage, 59 ff.; *Klauder*, MittAB 1980, 485.

[5] *Höhn / Schwarz*, Demographische Lage, 59 ff.; *Klauder*, MittAB 1980, 485; *ders.*, BeitrAB 16, 120.

[6] BMJFG (Hrg.), Bevölkerungsentwicklung, 12; unter „generativem Verhalten“ wird nach *Bolte* (Bestimmungsgründe, 64) jenes Verhalten der Menschen verstanden, das ihre Fortpflanzung betrifft.

[7] Vgl. dazu *Höhn / Schwarz*, Demographische Lage, 34 ff.; *Klauder*, MittAB 1980, 486.

[8] Vgl. zu diesen Berechnungen *Buttler*, Bevölkerungsrückgang, 51 f.; *Höhn / Schwarz*, Demographische Lage, 42 f.

[9] So BMJFG (Hrg.), Bevölkerungsentwicklung, 13; *Höhn / Schwarz*, Demographische Lage, 55 f.; *Klauder*, MittAB 1980, 486.

Tabelle 5

Entwicklung der deutschen Bevölkerung (ohne Wanderung) im Bundesgebiet bei zwei Annahmen über die Geburtenhäufigkeit

Stichtag 1. 1. ...	Annahme[1)]	Alter von ... bis unter ... Jahren: unter 19		19 - 60		60 u. mehr		Deutsche Bevölkerung insgesamt
		1 000	%	1 000	%	1 000	%	1 000
1977	A	15 262	26,5	30 263	52,6	12 063	20,9	57 587
	B	15 262	26,5	30 263	52,6	12 063	20,9	57 587
1980	A	14 106	24,8	31 302	55,1	11 440	20,1	56 848
	B	14 106	24,8	31 302	55,1	11 440	20,1	56 848
1985	A	11 958	21,5	32 195	57,8	11 511	20,7	55 664
	B	11 958	21,5	32 195	57,8	11 511	20,7	55 664
1990	A	10 548	19,3	32 592	59,7	11 493	21,0	54 633
	B	10 548	19,3	32 592	59,7	11 493	21,0	54 633
1995	A	10 562	19,7	31 586	59,0	11 346	21,2	53 493
	B	10 705	20,0	31 586	58,9	11 346	21,2	53 637
2000	A	10 336	19,9	29 617	57,0	11 982	23,1	51 935
	B	10 907	20,8	29 617	56,4	11 982	22,8	52 506
2005	A	9 520	19,0	28 285	56,6	12 209	24,4	50 014
	B	10 714	20,9	28 285	55,2	12 209	23,8	51 208
2010	A	8 434	17,6	27 794	58,0	11 695	24,4	47 922
	B	10 465	20,9	27 794	55,6	11 695	23,4	49 953
2015	A	7 568	16,5	26 669	58,2	11 553	25,2	45 789
	B	10 405	21,3	26 876	55,0	11 553	23,7	48 834
2020	A	7 112	16,3	24 755	56,8	11 736	26,9	43 602
	B	10 579	22,2	25 425	53,3	11 736	24,6	47 740
2025	A	6 798	16,5	22 047	53,4	12 416	30,1	41 262
	B	10 803	23,2	23 367	50,2	12 417	26,7	46 587
2030	A	6 364	16,4	19 547	50,4	12 858	33,2	38 768
	B	10 790	23,8	21 736	47,9	12 858	28,3	45 384
2035	A	5 805	16,0	18 449	51,0	11 939	33,0	36 194
	B	10 651	24,1	21 643	48,9	11 940	27,0	44 234
2040	A	5 274	15,7	17 682	52,6	10 645	31,7	33 601
	B	10 589	24,5	21 960	50,8	10 645	24,6	43 194
2045	A	4 873	15,7	16 559	53,3	9 641	31,0	31 073
	B	10 658	25,2	22 064	52,2	9 641	22,8	42 302
2050	A	4 570	15,9	15 106	52,7	9 013	31,4	28 688
	B	10 773	25,8	21 809	52,4	9 013	21,7	41 595

1) *Annahmen*:
1. Nur deutsche Bevölkerung. Basis 1. 1. 1977
2. Keine Wanderungen über die Grenzen des Bundesgebietes.
3. Sterblichkeit: für A und B wie in 5. Koord. Bevölkerungsvorausschätzung. Ab 1980 konstant.
4. Geburtenhäufigkeit:
   A: Geburtenhäufigkeit 1976 (NRR = 0,66);
   B: Bis 1990 Geburtenhäufigkeit 1976, von 1991 - 2010 Zunahme auf NRR 1,00, danach konstant.

Quelle: Statistisches Bundesamt, zit. nach BMJFG (Hrg.), Bevölkerungsentwicklung, 57.

Tabelle 6

Veränderungen des deutschen Erwerbspersonenpotentials

Zeitraum	in Mio Var. A		Var. B
1960/70		– 1,3	
1970/75		– 0,5	
1975/80		+ 0,3	
1980/90		+ 0,7	
1990/2000		– 1,7	
2000/10		– 1,7	
2010/20	– 2,3		– 1,8
2020/30	– 3,4		– 2,3
2030/40	– 2,1		– 0,5
2040/50	– 1,9		– 0,0

Quelle: *Klauder*, Bevölkerungsentwicklung, 102.

rung zwischen 1980 und 1990 um ca. 2 Millionen ab. Bis zum Jahre 2000 beträgt die Verringerung 4 - 5 Millionen Menschen. Danach beschleunigt sich der Bevölkerungsrückgang.

Auf den Arbeitsmarkt wird sich der Geburten- und Bevölkerungsrückgang erst ab 1990 auswirken. In den 80er Jahren wachsen zunächst noch die recht starken Geburtenjahrgänge der 50er und der beginnenden 60er Jahre in das Erwerbsleben hinein. Trotz der im Durchschnitt längeren Bildungs- und Ausbildungszeit und den Möglichkeiten, vorzeitig Altersruhegeld in Anspruch zu nehmen, dürfte das Potential an deutschen Arbeitskräften zwischen 1980 und 1990 noch um ca. 800 000 Personen zunehmen[10]. Bis zu diesem Zeitpunkt droht deshalb ein Anhalten der hohen Arbeitslosigkeit.

Ab 1990 wird sich jedoch die bis dahin steigende Tendenz bei der Entwicklung des deutschen Erwerbspersonenangebotes umkehren, da sich dann der Mitte der 60er Jahre einsetzende starke Geburtenrückgang auf den Arbeitsmarkt auszuwirken beginnt. Das Institut für Arbeitsmarkt und Berufsforschung hat auf der Grundlage der in Tabelle 6 dargestellten Modellrechnungen für die zukünftige Bevölkerungsentwicklung die zu erwartenden Veränderungen des Erwerbspersonenpotentials errechnet.

[10] *Klauder*, MittAB 1980, 487; *ders.*, Bevölkerungsentwicklung, 102; vgl. auch *Buttler*, Bevölkerungsrückgang, 88.

Wie sich aus Tabelle 6 ergibt, nimmt das deutsche Erwerbspersonenangebot im Zeitraum zwischen 1990 und 2000 sowie zwischen 2000 und 2010 jeweils um 1,7 Millionen Personen ab. Diese Tendenz dürfte sich zumindest bis zum Jahre 2030 noch verstärken. Demnach droht im Zeitraum nach 1990 „möglicherweise ein erneuter und zunehmender Mangel an Arbeitskräften“[11].

Sollte sich diese demographische Entwicklung bestätigen, erscheint es angezeigt, auch älteren Arbeitnehmern nach Vollendung des 65. Lebensjahres eine Fortsetzung ihrer Erwerbstätigkeit zu ermöglichen. Klauder bezeichnet dies als „eine reale Möglichkeit zur teilweisen Schließung eventueller Arbeitskräftelücken“[12]. Gleichzeitig könnte dadurch aber auch „dem individuellen Alterungsprozeß und den persönlichen Wünschen verstärkt Rechnung getragen“ werden[13].

Andererseits ist zu berücksichtigen, daß der Bevölkerungsrückgang sich erst 1990 auf den Arbeitsmarkt auszuwirken beginnt. Bis dahin muß mit einer anhaltend hohen Arbeitslosigkeit gerechnet werden. Die Möglichkeit einer Weiterbeschäftigung für ältere Arbeitnehmer über das 65. Lebensjahr hinaus könnte vor diesem Hintergrund bis zum Jahre 1990 zu einer zusätzlichen Belastung des Arbeitsmarktes führen.

Allerdings dürften die beschäftigungspolitischen Konsequenzen einer derartigen Ausweitung der Flexibilität — bei gleichbleibender Zuschlagsregelung in der gesetzlichen Rentenversicherung — nicht sehr groß sein. Dafür spricht schon die Tatsache, daß lediglich 5 bis 10 % der Erwerbstätigen an einer Weiterbeschäftigung nach dem 65. Lebensjahr interessiert sind. Einige davon werden diesen Wunsch nicht realisieren können, weil sie durch Frühinvalidität oder Tod vorzeitig aus dem Arbeitsleben ausscheiden. Nach Berechnungen des Instituts für Arbeitsmarkt und Berufsforschung wird der Arbeitsplatzverlust männlicher Arbeitnehmer bis 1985 zu 37,4 % auf Frühinvalidität und zu 33,5 % auf dem Tod des Arbeitnehmers beruhen[14].

Auch wenn man in Rechnung stellt, daß der relative Anteil derjenigen, die an einer Weiterarbeit über das 65. Lebensjahr hinaus interes-

---

[11] *Klauder*, Wirtschaftsdienst 1979, 507; vgl. auch *Buttler*, Bevölkerungswachstum, 88 ff.; *Meinhold*, Wirtschaftswoche 1982, Nr. 22, 122.

[12] *Klauder*, Bevölkerungsentwicklung, 109 f.; Klauder kommt zu dem Ergebnis, daß der durch eine verstärkte Alterserwerbstätigkeit zu erwartende Kompensationseffekt selbst dann, wenn die Erwerbsquoten der 62jährigen Männer und 59jährigen Frauen bis zum 70. Lebensjahr konstant blieben, lediglich $^1/_3$ bis $^1/_4$ des zu erwartenden Potentialrückgangs ausmache.

[13] *Klauder*, Bevölkerungsentwicklung, 109; so ausdrücklich auch *Buttler*, Bevölkerungsrückgang, 93 f.

[14] *Bloß*, MittAB 1979, 168.

siert sind, bei älteren Arbeitnehmern und in manchen Wirtschaftsbereichen auf über 10 % ansteigt, ändert das an der — absolut betrachtet — geringen beschäftigungspolitischen Bedeutung nichts. Die Erwerbsquote der älteren Arbeitnehmer, auf die sich der relative Anteil bezieht, ist in den letzten Jahren stark gefallen. Für die 60 bis 65jährigen Männer betrug sie beispielsweise 1972 noch 68,5 % und 1979 nur noch 39,5 %[15]. Außerdem ist gerade im Bereich des produzierenden und verarbeitenden Gewerbes, das eine hohe Arbeitnehmerzahl aufweist, das Interesse an einer Weiterbeschäftigung über das 65. Lebensjahr hinaus besonders gering.

Darüber hinaus werden Arbeitsplätze, die aufgrund einer Zwangspensionierung frei werden, allenfalls zu 60 - 70 % wieder besetzt[16]. Nur bei zwei Drittel dieser Neubesetzungen werden erfahrungsgemäß registrierte Arbeitslose berücksichtigt[17]. Dadurch reduziert sich der beschäftigungspolitische Effekt erneut.

Schon diese Überlegungen zeigen, daß sich die Zwangspensionierung älterer Arbeitnehmer beschäftigungspolitisch kaum begründen läßt. Im übrigen schafft sie — anders als die denkbare Vorverlegung der flexiblen Altersgrenze in der gesetzlichen Rentenversicherung — keinen bloßen Anreiz, sondern einen unausweichlichen Zwang zur vorzeitigen Berufsaufgabe.

Schließlich sollten Maßnahmen zum Abbau der gegenwärtigen Arbeitslosigkeit so ausgewählt und gestaltet werden, daß „sie nicht die eventuellen Probleme der Jahre nach 1990 zu sehr verstärken“[18]. Eine flexible Regelung des Übergangs vom Erwerbsleben in den Ruhestand, je nach beschäftigungspolitischer Situation ergänzt durch sozialversicherungsrechtliche Anreize für eine freiwillige frühere oder spätere Beendigung der Erwerbstätigkeit, wird der demographischen Entwicklung weitaus besser gerecht, als arbeitsrechtliche Maßnahmen zur Zwangsbeendigung von Arbeitsverhältnissen.

---

[15] Statistisches Bundesamt (Hrg.), Statistisches Jahrbuch 1974, 135; Statistisches Jahrbuch 1980, 93.

[16] Vgl. *Blume / Plum / Naegele*, Altersgrenze, 41 ff.; *Gölter*, Soziale Arbeit 1979, 422; IAB (Hrg.), Kurzbericht VI/1 v. 17. 11. 1981; *Meinhold* (Wirtschaftswoche 1982, Nr. 22, 120) rechnet nur mit einer Wiederbesetzungsquote von 30 %.

[17] Vgl. IAB (Hrg.), Kurzbericht VI/1 v. 17. 11. 1981, 2.

[18] *Klauder*, MittAB 1980, 488; vgl. auch *ders.*, BeitrAB 16, 124; *ders.*, Wirtschaftsdienst 1979, 507; gegen eine Zwangspensionierung aus beschäftigungspolitischen Gründen auch *Piel* in Die Zeit vom 16. 4. 1982, 18; vgl. auch *Meinhold*, Wirtschaftswoche 1982, Nr. 22, 122.

2. Auswirkungen des Alterungsprozesses auf die Finanzierung von Sozialleistungen

Die niedrige Geburtenhäufigkeit in der Bundesrepublik Deutschland führt nicht nur zu einem Rückgang der Bevölkerungszahl, sondern auch zu einem fortlaufenden Alterungsprozeß der deutschen Bevölkerung. Schon die in Tabelle 6 wiedergegebene Prognose über die Bevölkerungsentwicklung zeigt, daß der Anteil der über 60jährigen Personen von gegenwärtig etwa 20 % auf 23 % im Jahre 2000 und schließlich auf über 33 % im Jahre 2030 ansteigen dürfte. Jeder dritte Deutsche wird dann über 60 Jahre alt sein. Dieser Alterungsprozeß wird bestätigt durch Berechnungen des Internationalen Arbeitsamtes in Genf. Danach soll der Anteil der Einwohner, die 65 oder mehr Jahre als sind, in der Bundesrepublik zwischen 1980 und 2020 von 15,0 auf 19,2 % steigen[19].

Es handelt sich dabei nicht um eine auf die Bundesrepublik beschränkte Entwicklung. In der gleichen Zeitspanne von 40 Jahren wird der Anteil der über 65jährigen Einwohner in den Niederlanden von 11,5 auf 18,7, in Finnland von 11,8 auf 19,8, in der Schweiz von 13,5 auf 21,3, in Jugoslawien von 9,2 auf 17,0, in Kanada von 8,9 auf 14,2, in Polen von 10,0 auf 15,1, in Australien von 9,3 auf 14,1, in Schweden von 16,2 auf 20,7, in Frankreich von 13,7 auf 17,4, in den USA von 10,7 auf 14,2, in der UdSSR von 10 auf 13, im Vereinigten Königreich von 14,9 auf 17,7 und in der DDR von 16,3 auf 18,3 Prozent zunehmen[20].

Dieser Alterungsprozeß wird zu einem erheblichen Anstieg der Sozialleistungsquote, definiert als die Summe der Sozialleistungen im Verhältnis zum Bruttosozialprodukt, führen. Diese Quote dürfte bei gleichbleibender Geburtenhäufigkeit im Jahre 1985 28,6 %, im Jahre 2000 30,4 % und im Jahre 2030 40,7 % betragen[21]. Die Alterssicherungsquote, die das Verhältnis der für die Alterssicherung verwandten Sozialleistungen zum Bruttosozialprodukt beschreibt, wird sich zwischen 1985 und 2030 vermutlich von 11,1 % auf 20,5 % fast verdoppeln[22].

Der fortlaufende Alterungsprozeß führt außerdem zu einem immer ungünstigeren Alterslastquotienten. Dadurch wird das Verhältnis zwischen der Bevölkerung im Alter von 60 und mehr Jahren und der Bevölkerung im Alter von 19 bis 59 Jahren beschrieben. Diese Relation sinkt zunächst wegen des Nachdrängens geburtenstarker Jahrgänge von 36,5 % im Jahre 1980 auf 35,8 % im Jahre 1990 ab[23]. Bis zum Jahre

---

[19] IAO (Hrg.), Bevölkerung, 3.

[20] IAO (Hrg.), Bevölkerung, 3.

[21] *Geißler*, Auswirkungen, 147; zum Begriff der Sozialleistungsquote vgl. *ders.*, Auswirkungen, 136 f.

[22] *Geißler*, Auswirkungen, 147; zum Begriff der Alterssicherungsquote vgl. *ders.*, Auswirkungen, 137 f.

[23] Vgl. zur Entwicklung des Alterslastquotienten *Standfest*, Bevölkerungsentwicklung, 158 f.; *Höhn / Schwarz*, Demographische Lage, 57.

2000 steigt sie jedoch auf 40,5 % an und erreicht im Jahre 2030 mit 65,8 % ihren Höhepunkt. Daraus läßt sich für die gesetzliche Rentenversicherung die Schlußfolgerung ziehen, daß immer weniger Erwerbstätige durch ihre Beiträge die Alterssicherung für immer mehr Rentner zahlen müssen.

Die Beiträge zur Rentenversicherung müssen aufgrund dieser Entwicklung — bei unverändertem Finanzierungssystem der Rentenversicherung — von 18 % im Jahre 1979 auf bis zu 30 % im Jahre 2030 steigen[24]. Selbst wenn man berücksichtigt, daß diesem Anstieg wegen des Geburtenrückgangs Entlastungen in anderen Bereichen gegenüberstehen (insbesondere Unterhalts-, Erziehungs- und Ausbildungskosten für Kinder und Jugendliche), würden „die zwischen 1970 und 2010 Geborenen relativ stärker als andere Generationen durch demographisch bedingte Lasten benachteiligt werden"[25].

Die Finanzierungsprobleme im Bereich der Alterssicherung könnten zumindest etwas gemildert werden, wenn man leistungsfähigen und arbeitswilligen Arbeitnehmern die Möglichkeit einräumte, auch über das 65. Lebensjahr hinaus erwerbstätig zu sein. Sollte der Gesetzgeber den Finanzierungsproblemen mit einer Kürzung der Renten oder einer Heraufsetzung der Altersgrenzen zu begegnen versuchen, würde sogar „ein indirekter Druck auf die Arbeitnehmer ausgeübt ..., zur Sicherung ihres Lebensunterhalts bzw. zur Wahrung eines angemessenen Lebensstandards länger zu arbeiten"[26].

Zusammenfassend läßt sich feststellen, daß die Erkenntnisse der Bevölkerungswissenschaft es nahelegen, älteren Arbeitnehmern auch nach Vollendung des 65. Lebensjahres die Möglichkeit zu einer Weiterbeschäftigung einzuräumen.

II. Erkenntnisse der Gerontologie

Auch die Ergebnisse der gerontologischen Forschung sprechen für eine „Erweiterung des persönlichen Freiheitsspielraumes bei der Bestimmung des eigenen Pensionierungsalters"[27]. Zur Gerontologie zählen alle Wissenschaften, die sich mit Fragen des Alterns beschäftigen, beispielsweise die Alterssoziologie, die Alterspsychologie und die Altersmedizin (Geriatrie)[28]. Der interdisziplinäre Charakter dieser Wis-

---

[24] Vgl. dazu *Buttler*, Bevölkerungsrückgang, 119; *Meinhold*, Wirtschaftswoche 1982, Nr. 22, 124; *Standfest*, Bevölkerungsentwicklung, 159.

[25] *Standfest*, Bevölkerungsentwicklung, 161.

[26] *Kossbiel*, ZfB 1979, 127.

[27] So *Rosenmayr*, Mensch, 107; ähnlich auch BDA (Hrg.), Mitarbeiter, 14 ff.; *Lehr*, ZfB 1979, 137 ff.; *Schönholzer*, Übergang, 43 ff.

[28] Zum Begriff „Gerontologie" vgl. *Lehr*, Psychologie, 12; *Rosenmayr*, Mensch, 25 ff.

senschaft führt zu einem komplexen Geflecht von Erkenntnissen, die für unsere Fragestellung einschlägig sind.

1. Berufliche Leistungsfähigkeit im Alter

Die Gerontologie hat sich besonders intensiv mit der Frage beschäftigt, welchen Veränderungen die berufliche Leistungsfähigkeit im Alter unterliegt. Unter beruflicher Leistungsfähigkeit soll hier die Gesamtheit der körperlichen und geistigen Eigenschaften und Fähigkeiten verstanden werden, die zur Ausübung einer beruflichen Tätigkeit notwendig sind. Generelle Aussagen darüber sind nur in begrenztem Umfang möglich, weil die berufliche Leistungsfähigkeit sich letztlich nur im Zusammenhang mit einer bestimmten Tätigkeit beurteilen läßt[29].

Über den Zusammenhang von Lebensalter und geistiger Leistungsfähigkeit liegen eine Fülle empirischer Untersuchungen vor. Der Einfluß des Lebensalters auf die körperliche Leistungsfähigkeit ist allerdings noch unzureichend erforscht[30]. Außerdem kommen die vorliegenden Arbeiten zu teilweise uneinheitlichen Ergebnissen[31]. Viele Untersuchungen sind einer heftigen Methodenkritik ausgesetzt[32]. Das gilt insbesondere für solche Arbeiten, die auf reinen Laboratoriumsexperimenten basieren, da ihre Versuchsanordnung der Situation am Arbeitsplatz häufig nicht entspricht.

Trotz dieser Einschränkungen zeigt der gegenwärtige Forschungsstand „die Unrichtigkeit vieler in der Öffentlichkeit verbreiteter und durch manche ungenügend orientierte Experten unterstützter Auffassungen über das Ausmaß und die Ursachen der Veränderung der beruflichen Leistungsfähigkeit im höheren Erwachsenenalter“[33].

a) Individuell unterschiedliche Entwicklung der beruflichen Leistungsfähigkeit

Insbesondere die verbreitete Vorstellung, ein höheres Lebensalter sei zwangsläufig mit einem generellen Absinken der beruflichen Lei-

---

[29] Vgl. BDA (Hrg.), Mitarbeiter, 20 f.; *Buttler*, Bevölkerungsrückgang, 97; *Schönholzer*, Übergang, 32.

[30] *Thomae / Lehr*, Leistungsfähigkeit, XI.

[31] *Thomae / Lehr*, Leistungsfähigkeit, 76.

[32] Vgl. dazu *Lehr*, Psychologie, 60 ff.; *dies.*, Zeitschrift für Gerontologie 1975, 307 f.; *Lehr / Thomae*, Dienste, 7 ff.; *Schönholzer*, Übergang, 32 f.; *Thomae / Lehr*, Leistungsfähigkeit, 9 ff.; *Tietze*, Arbeitsorganisation, 89 f.

[33] So *Thomae / Lehr*, Leistungsfähigkeit, 76; unter „höherem Erwachsenenalter“ wird hier das Alter über 55 Jahre verstanden.

stungsfähigkeit verbunden, kann aufgrund der neueren gerontologischen Forschungsergebnisse nicht länger aufrechterhalten werden[34].

Diese negative Einschätzung der Leistungsfähigkeit älterer Arbeitnehmer beruht nicht zuletzt auf dem sogenannten Defizit-Modell des Alterns[35]. Danach besteht eine Art biogenetischer Determinismus zwischen Alter und Leistungsfähigkeit, der zu einem allein altersbedingten unbeeinflußbaren Leistungsabfall führen soll[36]. Das Defizit-Modell entstand auf der Grundlage von Intelligenzuntersuchungen und Untersuchungen zur Reaktionsfähigkeit, die am Beginn der wissenschaftlichen Erforschung altersbedingter Veränderungen der menschlichen Leistungsfähigkeit standen[37]. Die Untersuchungen zeigten einen spektakulären Rückgang der gemessenen Intelligenzleistungen von der Mitte des vierten Lebensjahrzehnts an.

Nach dem heutigen Erkenntnisstand läßt sich Altern als „Vorgang der Veränderung“[38] umschreiben, der keinesfalls ausschließlich oder auch nur überwiegend am kalendarischen Alter orientiert ist und einheitlich verläuft. Altern ist vielmehr ein „individueller Prozeß“[39], der teilweise genetisch bedingt ist, teilweise auf anderen insbesondere sozialen Umständen beruht[40]. Auch die berufliche Leistungsfähigkeit älterer Arbeitnehmer ist durch zahlreiche interindividuelle Unterschiede gekennzeichnet und keine bloße Funktion des kalendarischen Alters. Vielmehr wird insbesondere die geistige aber auch die körperliche Leistungsfähigkeit durch eine Reihe altersunabhängiger Einflußgrößen bestimmt[41].

---

[34] So *Bäcker*, Soziale Sicherheit 1980, 4; BDA (Hrg.), Mitarbeiter, 14; *Lammers*, Arbeiter, 61 ff.; *Lehr*, Psychologie, 84 ff.; *dies.*, Zeitschrift für Gerontologie 1975, 306; *Lehr / Thomae*, Dienste, 7 ff.; *Pohl*, Soziale Welt 1976, 295 ff.; *Rosenmayr*, Mensch, 78 ff.; *Schönholzer*, Übergang 43 ff.; *Scholz*, Arbeitsphysiologie, 87; *Thomae*, Altersgrenze, 54; *ders.*, Zeitschrift für Gerontologie 1972, 151 ff.; *Thomae / Lehr*, Leistungsfähigkeit, 76.

[35] Zur Entstehung des Defizit-Modells vgl. *Lehr*, Psychologie, 48 ff.; *Rosenmayr*, Mensch, 78 f.; *Thomae / Lehr*, Leistungsfähigkeit, 5 ff.; *Wiebe*, Arbeitnehmer, 26 ff.

[36] *Bäcker*, Soziale Sicherheit 1980, 4.

[37] Vgl. dazu die Angaben unten FN 35.

[38] *Lehr*, Psychologie, 12.

[39] *Schönholzer*, Übergang, 32; ähnlich *Blume / Plum / Naegele*, Altersgrenze, 4; *Lehr*, Zeitschrift für Gerontologie 1975, 312 f.

[40] So *Bäcker*, Soziale Sicherheit 1980, 4; *Lehr*, Psychologie, 12; *Mrochen*, Alter, 42 ff.; *Rosenmayer*, Mensch, 87; *Schönholzer*, Übergang, 31.

[41] BDA (Hrg.), Mitarbeiter, 14; *Lehr*, Psychologie, 65 ff.; *Lehr / Thomae* Dienste, 7 ff.; *Pohl*, Soziale Welt 1976, 296; *Schönholzer*, Übergang, 32 ff.; *Thomae / Lehr*, Leistungsfähigkeit, 10 ff.; *Wiebe*, Arbeitnehmer, 26 ff.

(1) Einfluß der Ausgangsbegabung

Als ein altersunabhängiger Faktor, der die Veränderung der geistigen Leistungsfähigkeit mitbeeinflußt, ist die Ausgangsbegabung anzusehen[42]. Bei verschiedenen Längsschnittuntersuchungen, in denen gleiche Personengruppen zu verschiedenen Zeitpunkten wiederholt getestet wurden, zeigte sich bei Personen mit einem höheren „Ausgangs-IQ", wenn überhaupt, ein deutlich schwächerer Abbau intellektueller Leistungen als bei Personen mit niedrigerem „Ausgangs-IQ".

Nach Riegel dürfte „die verhältnismäßig große Übereinstimmung der Ergebnisse der letzten Arbeiten eine Abhängigkeit des Leistungsabbaus von der Intelligenzhöhe zumindest für die oberen Intelligenzstufen nahelegen"[43]. Er hält jedoch noch weitere Untersuchungen für notwendig.

(2) Einfluß des Bildungsgrades

Die intellektuelle Leistungsfähigkeit älterer Arbeitnehmer wird auch wesentlich durch ihre Schulbildung beeinflußt[44]. Rudinger kam 1974 bei einer Querschnittsuntersuchung zur Intelligenzleistung im Altersbereich zwischen 20 und 90 Jahren zu dem Ergebnis, daß die geringeren Leistungen der älteren Testpersonen häufig auf deren geringerer Schulbildung und nicht auf deren Lebensalter zurückzuführen seien[45]. Nach Thomae / Lehr traten „bei einer Gegenüberstellung der intellektuellen Leistungen von 20- und 70jährigen, die eine vergleichbare Schulbildung hatten, ... Leistungsunterschiede zwischen den Altersgruppen weitgehend zurück"[46].

(3) Einfluß der beruflichen Tätigkeit

Weitere Untersuchungen weisen darauf hin, daß die Art der Berufstätigkeit entscheidend die körperliche und geistige Leistungsfähigkeit zu beeinflussen vermag[47]. Vernon stellte bei einer Befragung von 90 000 Bewerbern für die englische Marine fest, daß diejenigen Berufsgruppen, von denen nur in geringem Maße intellektuelle Funktionen verlangt wurden, am ehesten Abbauerscheinungen erkennen ließen[48]. So-

---

[42] *Lehr*, Psychologie, 65 ff.; *Riegel*, Ergebnisse, 158 ff.; *Thomae / Lehr*, Leistungsfähigkeit, 10 ff.; *Wiebe*, Arbeitnehmer, 30.

[43] So *Riegel*, Ergebnisse, 161.

[44] *Lehr*, Psychologie, 68 ff.; *Pohl*, Soziale Welt 1976, 296; *Rosenmayr*, Mensch, 82; *Thomae*, Zeitschrift für Gerontologie 1972, 153; *Thomae / Lehr*, Leistungsfähigkeit, 13; *Wiebe*, Arbeitnehmer, 31 f.

[45] Vgl. dazu *Pohl*, Soziale Welt 1976, 296.

[46] *Thomae / Lehr*, Leistungsfähigkeit, 13.

[47] *Lammers*, Arbeiter, 18 f.; *Lehr*, Psychologie, 72 ff.; *Pohl*, Soziale Welt 1976, 296 f.; *Thomae / Lehr*, Leistungsfähigkeit, 14 f.

[48] Vgl. *Thomae / Lehr*, Leistungsfähigkeit, 14.

weit dagegen die Berufstätigkeit eine Übung solcher Funktionen gewährleistete, war sogar eine Steigerung der geistigen Leistungsfähigkeit zu verzeichnen. Im Hinblick auf bestimmte intellektuelle Fähigkeiten sind ältere Arbeitnehmer jüngeren Kollegen häufig überlegen, weil sich bei ihnen ein „spezielles Berufsgedächtnis" herausgebildet hat[49].

Auch die körperliche Leistungsfähigkeit kann durch Training erhalten oder sogar gesteigert werden. Jokl kommt in einer Untersuchung, die er mit 1700 Sportlern durchführte, zu dem Schluß, „daß von einem an eine bestimmte Altersklasse gebundenen Verfall (der körperlichen Leistungsfähigkeit, d. Verf.) nicht die Rede sein kann und daß durch Training sogar eine leistungsmäßige Überlegenheit von alten Personen gegenüber jüngeren zustande kommt"[50].

(4) Einfluß der Gesundheit

Ein weiterer Faktor, der die Entwicklung der beruflichen Leistungsfähigkeit beeinflußt, ist der Gesundheitszustand[51]. Spieth faßt zahlreiche Untersuchungsergebnisse mit dem Hinweis zusammen, „daß ein wesentlicher Anteil der ‚durchschnittlichen Alternsveränderungen', wie sie bei Querschnittsuntersuchungen mit psychologischen Tests gefunden wurden, weit eher mit Krankheitsprozessen zusammenhängen, die nicht unvermeidlich mit höherem Alter eintreten, die aber mit zunehmendem Alter einfach wahrscheinlicher werden"[52].

(5) Einfluß einer anregenden Umgebung

Die Entwicklung der geistigen Leistungsfähigkeit hängt auch davon ab, ob die Umgebung stimulierend oder wenig anregend ist[53]. Weinstock und Bennet verglichen in einer Längsschnittuntersuchung eine Gruppe älterer Personen, die während eines Jahres in einer anregenden, zur eigenen Aktivität ermunternden Umgebung lebten mit einer anderen im Hinblick auf sonstige Merkmale vergleichbaren Gruppe, die für diesen Zeitraum in eine weniger anregende Umgebung kam[54]. Innerhalb des Jahres blieben die intellektuellen Leistungen der ersten

---

[49] Vgl. *Pohl*, Soziale Welt, 1976, 296.

[50] Zit. nach *Lammers*, Arbeiter, 19.

[51] Vgl. *Lehr*, Psychologie, 76 ff.; *Pohl*, Soziale Welt 1976, 295 f.; *Rosenmayr*, Mensch, 83; *Thomae*, Zeitschrift für Gerontologie 1972, 153; *Thomae / Lehr*, Leistungsfähigkeit, 15 f.

[52] Zit. nach *Lehr*, Psychologie, 79.

[53] *Lehr*, Psychologie, 75 f.; *Pohl*, Soziale Welt 1976, 297; *Thomae / Lehr*, Leistungsfähigkeit, 15 f.

[54] Vgl. dazu *Lehr*, Psychologie, 75.

Gruppe konstant, während sie in der zweiten Gruppe deutlich absanken.

(6) Einfluß der gesellschaftlichen Vorstellungen vom Alter

Schließlich wird die Entwicklung der körperlichen und geistigen Leistungsfähigkeit auch durch die stereotypen negativen Einstellungen der gesellschaftlichen Umwelt zum Leistungsvermögen älterer Arbeitnehmer beeinflußt[55]. Diese Einstellungen gehen entgegen den gesicherten Erkenntnissen der Gerontologie von einer generellen Abnahme der psychischen und physischen Leistungsfähigkeit im Alter aus.

„Die weitaus überwiegende Mehrheit der älteren Mitbürger stellt nicht durch ihr eigenes Verhalten bzw. durch ihnen anhaftende psychische oder physische Merkmale eine Problemgruppe dar, sondern sie wird durch Vorurteile nicht nur der ‚Gesellschaft' allgemein, sondern durch globale Urteile vieler sozialpolitischer und medizinischer Experten zur Problemgruppe gemacht[56]." An dieser „Stigmatisierung älterer Arbeitnehmer" dürfte auch das inzwischen überholte „Defizit-Modell" der Gerontologie nicht ganz unschuldig sein[57].

Schneider stellte in einer 1970 veröffentlichten Untersuchung fest, daß sich stereotype Urteile „über Eigenschaften und Verhaltensweisen nicht nur am Geschlecht, der Hautfarbe, der Nationalität, usw. orientieren, sondern auch am Lebensalter"[58]. Das negative Altersbild findet sich vielfach auch in Schulbüchern und in der Werbung[59].

Diese stereotypen Verallgemeinerungen beeinflussen die Leistungsfähigkeit der betroffenen älteren Arbeitnehmer. Soziologische und psychologische Untersuchungen haben mehrfach ergeben, daß Urteile der Umgebung die Urteile der betroffenen Personen über sich selbst entscheidend prägen[60]. Die negative Einschätzung des eigenen Leistungsvermögens führt vielfach auch zu einer Verringerung der tatsächlichen Leistungsfähigkeit oder Leistungsbereitschaft[61].

---

[55] So BDA (Hrg.), Mitarbeiter, 14; *Lehr*, Dienste, 3 ff.; *Pohl*, Soziale Welt 1976, 298; *Schönholzer*, Übergang, 45; *Thomae / Lehr*, Leistungsfähigkeit, 68; *Wiebe*, Arbeitnehmer, 45 ff.

[56] So *Lehr / Thomae*, Dienste, 2; ähnlich *Landwehrmann*, Zeitschrift für Gerontologie 1975, 254 ff.

[57] So *Lehr*, Psychologie, 54; *Pohl*, Soziale Welt 1976, 292 ff.; *Rosenmayr*, Mensch, 79.

[58] Zit. nach *Pohl*, Soziale Welt 1976, 293.

[59] Vgl. dazu *Lehr*, Dienste, 5.

[60] *Lehr* (Dienste, 4) hält dies „durch eine fast nicht mehr überschaubare Liste von Forschungen" für belegt. Vgl. auch *Pohl*, Soziale Welt 1976, 298.

[61] *Pohl*, Soziale Welt 1976, 298 m. w. N.; *Schönholzer*, Übergang, 45; *Thomae / Lehr*, Leistungsfähigkeit, 68; *Wiebe*, Arbeitnehmer, 46.

Tabelle 7

Hinweise zur Tendenz altersbedingter Veränderungen der menschlichen Eigenschaften und Fähigkeiten im Arbeitsleben*)

Mit steigendem Lebensalter		
erhöhen sich in der Regel folgende menschliche Fähigkeiten bis zu einem individuellen Maximum	bleiben folgende menschliche Fähigkeiten weitgehend erhalten	verringern sich folgende menschliche Fähigkeiten
Körperliche (physische) Eigenschaften und Fähigkeiten)**		
Geübtheit (in Abhängigkeit von Art und Dauer der Tätigkeit)	Widerstandsfähigkeit gegen eine physische Dauerbelastung unterhalb der Dauerbelastungsgrenze	Muskelkraft Beweglichkeit Widerstandsfähigkeit gegen eine kurzzeitige physische Belastung oberhalb der Dauerbelastungsgrenze Vermögen zur Anpassung an klimatische Umweltbedingungen Sehvermögen Hörvermögen Tastsinn
Geistige (psychische) Eigenschaften und Fähigkeiten)**		
Erfahrung Geübtheit (in Abhängigkeit von Art und Dauer der Tätigkeit) Urteilsvermögen, u. a. Treffsicherheit bei Zuordnungs- und Konstruktionsaufgaben Gesprächsfähigkeit (sprachliche Gewandtheit, Ausdrucksvermögen) Fähigkeit zum dispositiven Denken Selbständigkeit Genauigkeit bei geringem Komplexitätsgrad der Aufgabe Fähigkeit zur menschlichen Zusammenarbeit Verantwortungsbewußtsein Zuverlässigkeit Ausgeglichenheit und Beständigkeit menschliche Reife positive Einstellung zur Arbeit Sicherheitsbewußtsein	Allgemeinwissen Fähigkeit zur Informationsaufnahme und -verarbeitung Aufmerksamkeit Konzentrationsfähigkeit Merkfähigkeit (Langzeitgedächtnis) Widerstandsfähigkeit gegen eine im Arbeitsprozeß übliche psychische Belastung Lernfähigkeit (unter bestimmten didaktischen Voraussetzungen)	geistige Beweglichkeit und Umstellungsfähigkeit Geschwindigkeit der Informationsaufnahme und -verarbeitung (Reaktionsvermögen) bei komplexer Aufgabenstellung Widerstandsfähigkeit gegen eine hohe psychische Dauerbelastung Abstraktionsvermögen Kurzzeitgedächtnis Risikobereitschaft

*) Die in der Tabelle getroffenen Aussagen beziehen sich auf die altersbedingten Veränderungen, die eintreten können, nachdem die natürliche, in der Regel aufbauende menschliche Entwicklung abgeschlossen ist.

** Lediglich aus systematischen Gründen wurden die körperlichen und geistigen Fähigkeiten, die wegen ihrer Interdependenz stets in einer Gesamtschau gesehen werden müssen, in der Tabelle getrennt aufgeführt.

Quelle: *Müller-Hagen* in: BDA (Hrg.), Mitarbeiter, 18 f.

Neben den genannten Umständen gibt es noch weitere Faktoren, die die Entwicklung der beruflichen Leistungsfähigkeit beeinflussen. In diesem Zusammenhang werden beispielsweise das Ausmaß des Berufserfolges, die Lebenseinstellung, die Bereitschaft zu Sozialkontakten, der soziale Status und die Herkunft genannt[62].

Die individuelle Entwicklung der beruflichen Leistungsfähigkeit im höheren Lebensalter wird demnach keineswegs ausschließlich oder auch nur überwiegend durch die Anzahl der Lebensjahre bestimmt, die das Individuum hinter sich gebracht hat. „Der Schulbildung, dem Beruf und der dadurch gegebenen Trainingsmöglichkeit wie auch der Gesundheit kommt eine weit größere Bedeutung zu[63].“ Die berufliche Leistungsfähigkeit kann deshalb im Einzelfall schon vor Vollendung des 65. Lebensjahres beeinträchtigt sein. Sie kann aber auch über diesen Zeitpunkt hinaus konstant bleiben. Die Individualität der Entwicklung spricht jedenfalls dafür, durch arbeitsrechtliche Maßnahmen einen flexiblen Übergang zwischen Erwerbsleben und Ruhestand zu ermöglichen.

b) Funktionsdifferenzierte Entwicklung beruflicher Leistungsfähigkeit

Die berufliche Leistungsfähigkeit entwickelt sich nicht nur individuell unterschiedlich sondern auch funktionsdifferenziert. Die einzelnen Funktionen der körperlichen und geistigen Leistungsfähigkeit verändern sich im Laufe des Lebens in unterschiedlicher Weise[64]. Einem Abbau bestimmter Fähigkeiten steht ein Aufbau anderer Fähigkeiten gegenüber. Eine Reihe von Eigenschaften und Fähigkeiten hat sich als weitgehend altersbeständig erwiesen. Tabelle 7 vermittelt einen Überblick über diese Funktionsdifferenzierung.

(1) Entwicklung geistiger Eigenschaften und Fähigkeiten

Die Auseinandersetung mit dem Defizit-Modell des Alterns hat auch zu einem Abgehen von dem Konzept der „Allgemeinen Intelligenz“ geführt[65]. Faktorenanalytische Studien zeigten, „daß unterschiedliche

---

[62] Vgl. BDA (Hrg.), Mitarbeiter, 14; *Lehr*, Psychologie, 79 ff.; *Rosenmayr*, Mensch, 82 f.; *Schönholzer*, Übergang, 40 f.; *Thomae*, Altersgrenze, 54; *Thomae / Lehr*, Leistungsfähigkeit, 17 f.

[63] *Lehr*, Psychologie, 86; vgl. auch *Thomae / Lehr*, Leistungsfähigkeit, 76.

[64] BDA (Hrg.), Mitarbeiter, 15; *Buttler*, Bevölkerungsrückgang, 97 f.; *Mrochen*, Alter, 42 ff.; *Lehr*, Psychologie, 60; *Scholz*, Arbeitsphysiologie, 87.

[65] Vgl. dazu *Lehr*, Psychologie, 60; *Schönholzer*, Übergang, 40; *Tews*, Soziologie 2, 170; *Thomae / Lehr*, Leistungsfähigkeit, 18.

psychische Funktionen und Fähigkeiten sich im Laufe des Lebens in unterschiedlicher Weise verändern"[66].

Zunehmend bestätigt sich die von Horn und Cattel entwickelte Unterscheidung zwischen "fluid intelligence" und "cristallized intelligence"[67]. Danach nehmen mit zunehmendem Alter all diejenigen Fähigkeiten ab, die sich unter dem Begriff "fluid intelligence" zusammenfassen lassen und die besondere Anforderungen an eine schnelle und flexible Reaktion stellen. Dazu zählen geistige Beweglichkeit, Umstellungsfähigkeit, Kombinationsfähigkeit, Orientierung in neuen Situationen und dergleichen. Gleichzeitig weisen die mit "cristallized intelligence" zu umschreibenden Fähigkeiten wie Allgemeinwissen, Erfahrungswissen, Wortschatz und Sprachverständnis mit zunehmendem Alter Verbesserungen auf. Die meisten Untersuchungen bestätigen außerdem mit zunehmendem Alter eine steigende Zufriedenheit mit der Berufssituation und eine positive Einstellung zur Arbeit verbunden mit einem größeren Verantwortungsbewußtsein[68].

(a) Reaktionszeit und Informationsverarbeitung

Eine Reihe von Untersuchungen zur Reaktionsgeschwindigkeit und zur Geschwindigkeit der Informationsverarbeitung weisen bei älteren Menschen eine Tendenz zur Verlangsamung des Verhaltens nach[69]. Birren sieht darin den „primären Alternsprozeß", der auch die Lernfähigkeit und die Psychomotorik älterer Menschen beeinflußt[70]. Eliminiert man den Zeitfaktor, erreichen ältere Menschen bei der Erledigung entsprechender Aufgaben häufig gleich gute oder bessere Leistungen als jüngere[71]. Die Verlangsamung der Reaktion ist zumindest teilweise auf ein erhöhtes Sicherheitsstreben älterer Menschen zurückzuführen[72]. Risikoreiche Entscheidungen suchen sie häufig zu vermeiden. Ob bei der festzustellenden Tendenz zur Verlangsamung derartige reversible

---

[66] So *Lehr*, Psychologie, 60.

[67] Vgl. dazu *Lehr*, Psychologie, 60 f.; *Rosenmayr*, Mensch, 79; *Schönholzer*, Übergang, 40; *Thomae / Lehr*, Leistungsfähigkeit, 18.

[68] BDA (Hrg.), Mitarbeiter, 15; *Blume / Plum / Naegele*, Altersgrenze, 99; *Landwehrmann* u. a., Ältere, 118; *Lehr*, Zeitschrift für Gerontologie 1975, 306; *Schönholzer*, Übergang, 42; *Scholz*, Arbeitsphysiologie, 87; *Thomae*, Zeitschrift für Gerontologie 1972, 151.

[69] Vgl. *Lehr*, Psychologie, 62 ff.; *Riegel*, Ergebnisse, 161 ff.; *Rosenmayr*, Mensch, 79 ff.; *Schönholzer*, Übergang, 38; *Scholz*, Arbeitsphysiologie, 87; *Tews*, Soziologie 2, 170; *Thomae / Lehr*, Leistungsfähigkeit, 9 f.; *Tietze*, Arbeitsorganisation, 91.

[70] Zit. nach *Lehr*, Psychologie, 62 f.; vgl. auch *Rosenmayr*, Mensch, 79; *Thomae / Lehr*, Leistungsfähigkeit, 10.

[71] So *Lehr*, Psychologie, 62 f.; *Thomae / Lehr*, Leistungsfähigkeit, 9.

[72] Vgl. dazu *Thomae / Lehr*, Leistungsfähigkeit, 36 f.; *Wiebe*, Arbeitnehmer, 37.

und damit beeinflußbare Prozesse ausschlaggebend sind oder ob es sich um einen irreversiblen gehirnphysiologischen Vorgang handelt, ist noch nicht hinreichend erforscht[73]. Jedenfalls bestätigen die bisherigen Erkenntnisse die Richtigkeit der Unterscheidung zwischen "fluid intelligence" und "cristallized intelligence".

Die Untersuchungen zur Reaktionszeit und Informationsverarbeitung erlauben noch weitere Feststellungen zur geistigen Leistungsfähigkeit älterer Arbeitnehmer.

Welford, Morris und Schock konnten bei Versuchen mit 20 - 79jährigen Versuchspersonen zeigen, daß Geschwindigkeit und Genauigkeit bei der Aufgabenbewältigung bis zum Alter von 40 Jahren zunehmen[74]. Nach dem 40. Lebensjahr sinkt zwar die Geschwindigkeit und Reaktionsschnelligkeit, aber die Genauigkeit steigt weiter. Dadurch wird die Auffassung gestützt, daß Ältere langsamer aber genauer arbeiten, während Jüngere flinker sind, jedoch im allgemeinen mehr Fehler machen[75].

Einen weiteren wichtigen Einfluß auf Reaktionszeit und Genauigkeit der Aufgabenerfüllung übt die Komplexität der jeweiligen Aufgabenstellung aus[76]. Bei Versuchen mit einfach strukturierten Anweisungen schnitten jüngere und ältere Testpersonen fast gleich gut ab. Bei stärkerer Komplexität der Aufgabenstellung erhöhten sich Fehlreaktionen und Reaktionszeit bei den Älteren. Diese Erkenntnisse werden teilweise auf eine Abnahme der Abstraktionsfähigkeit und teilweise auf eine Beeinträchtigung des Kurzzeitgedächtnisses zurückgeführt[77].

(b) Lernfähigkeit

Vielfach wird ein altersbedingtes Nachlassen der Gedächtnisleistungen und damit verbunden der Lernfähigkeit angenommen[78]. Besonders häufig wird dafür eine Verschlechterung des Kurzzeitgedächtnisses verantwortlich gemacht[79]. Zahlreiche Untersuchungen kommen zu dem Ergebnis, daß das Kurzzeitgedächtnis mit zunehmendem Alter insbesondere dann abnimmt, wenn nach der Aufnahme des Lernmaterials eine andere Aktivität den Einprägungsvorgang stört. Wechsler und

---

[73] So *Lehr*, Psychologie, 65; *Rosenmayr*, Mensch, 79; *Thomae / Lehr*, Leistungsfähigkeit, 10.

[74] Vgl. *Thomae / Lehr*, Leistungsfähigkeit, 39.

[75] So *Thomae / Lehr*, Leistungsfähigkeit, 39; *Wiebe*, Arbeitnehmer, 37.

[76] Vgl. dazu *Thomae / Lehr*, Leistungsfähigkeit, 39 f.; *Wiebe*, Arbeitnehmer, 37.

[77] *Thomae / Lehr*, Leistungsfähigkeit, 39.

[78] Kritisch *Lehr*, Psychologie, 86 ff.; *Thomae / Lehr*, Leistungsfähigkeit, 23 ff.

[79] Vgl. dazu *Thomae / Lehr*, Leistungsfähigkeit, 27.

Gilbert stellten bei einem Vergleich von 20 - 29jährigen und 60 - 69jährigen Versuchspersonen überdies ein starkes altersbedingtes Nachlassen des assoziativen Gedächtnisses fest[80].

Die auf diese Untersuchungsergebnisse gestützte These von einem deutlichen Lerndefizit der Älteren wird durch zahlreiche andere Versuche allerdings in Frage gestellt. Thorndike, einer der Begründer der modernen Lernforschung weist darauf hin, daß weniger das Alter als vielmehr die mangelnde Gewöhnung an die Gepflogenheiten schulischen Lernens eine Abnahme der Lernfähigkeit Älterer bewirke[81]. Tatsächlich konnte die Lernleistung älterer Versuchspersonen durch Einschub von methodischen Trainingsphasen gesteigert werden[82].

Die Lernmethode scheint auch in anderer Hinsicht von Bedeutung zu sein. „Lernen in Teilen" begünstigt Jüngere. Beim „Lernen im Ganzen" fand Downs keinerlei Altersunterschiede[83]. Soweit in den Tests nicht sinnfreies Material sondern sinnhaftes Material verwandt wurde, zeigte sich teilweise sogar eine Überlegenheit älterer Versuchspersonen[84].

Die Lernfähigkeit wird im übrigen durch den erworbenen Bildungsgrad, die Art der Berufstätigkeit und andere „somatische, soziale und psychische Faktoren" bestimmt[85]. Sie dürfte also „nur eingeschränkt von altersbedingten Abbauerscheinungen abhängig sein"[86].

(2) Entwicklung körperlicher Eigenschaften und Fähigkeiten

Die angesprochene Funktionsdifferenzierung zeigt sich auch bei der Entwicklung körperlicher Eigenschaften und Fähigkeiten. Einer Abnahme von Fähigkeiten im Alter steht insbesondere eine größere Geübtheit und Erfahrung gegenüber[87].

Die Entwicklung der körperlichen Leistungsfähigkeit soll für einige Bereiche im Überblick dargestellt werden.

---

[80] Vgl. dazu *Thomae / Lehr*, Leistungsfähigkeit, 25 f.; vgl. auch *Lehr*, Psychologie, 91 f.

[81] Vgl. *Lehr*, Psychologie, 88; *Thomae / Lehr*, Leistungsfähigkeit, 24.

[82] Vgl. *Lehr*, Psychologie, 93; *Thomae / Lehr*, Leistungsfähigkeit, 29.

[83] So *Lehr*, Psychologie, 93; *Thomae / Lehr*, Leistungsfähigkeit, 29.

[84] Vgl. *Lehr*, Psychologie, 89; *Lehr / Thomae*, Dienste, 10; *Thomae / Lehr*, Leistungsfähigkeit, 24.

[85] So *Thomae / Lehr*, Leistungsfähigkeit, 29; vgl. auch *Lehr / Thomae*, Dienste, 10 f.; *Wiebe*, Arbeitnehmer, 39.

[86] *Wiebe*, Arbeitnehmer, 39; ähnlich auch *Rosenmayr*, Mensch, 81; *Scholz*, Arbeitsphysiologie, 87.

[87] *Glasbrenner*, Alterserfordernis, 31; *Schönholzer*, Übergang, 37; *Scholz*, Arbeitsphysiologie, 87.

(a) Kraft und Dauerbelastbarkeit

Die Muskelkraft, die Vitalkapazität, das heißt das Lungenfassungsvermögen und der Stoffwechsel-Grundumsatz nehmen nach einem Maximum zwischen dem 20. und 30. Lebensjahr mit zunehmendem Alter ab[88]. Nach Untersuchungen von Müller führt das zu einer Abnahme der körperlichen Höchstleistungsfähigkeit (= maximale Sauerstoffaufnahme) nach dem 30. Lebensjahr[89]. Allerdings bleibt sowohl für Männer als auch für Frauen die Dauerleistungsfähigkeit bis über das 60. Lebensjahr hinaus konstant.

Daraus läßt sich schließen, „daß körperliche Leistungen mittleren Grades durchaus auch von älteren Menschen unter Umständen bis über das 60. Lebensjahr hinaus erbracht werden können“[90]. Scholz fand diese Annahme bei Untersuchungen in Gießereibetrieben bestätigt[91]. Bei 14- bis über 60jährigen Arbeitern konnte er keine Altersabhängigkeit der mittleren ermüdungsfreien Dauerleistungsfähigkeit ermitteln. Zu ähnlichen Ergebnissen kam Schmidt in einer Untersuchung bei Produktionsarbeitern der chemischen Großindustrie. Er stellt zusammenfassend fest, „daß von einem altersbedingten generellen Nachlassen der Leistungsfähigkeit bei Arbeitnehmern im mittleren und höheren Erwachsenenalter im Bereich hochtechnisierter Arbeitsplätze nicht die Rede sein kann“[92].

Einschränkungen gelten jedoch dann, wenn die körperliche Beanspruchung die mittlere Dauerleistungsfähigkeit ständig übersteigt. Eine derartige Schwerstarbeit mit hoher physischer Dauerbelastung führt ebenso wie eine unter Zeitdruck auszuführende oder auch mit differenzierten Wahrnehmungsleistungen gekoppelte Arbeit „mit zunehmendem Alter eher zu Überforderungen“[93]. Hier wirkt sich erneut die schon angesprochene Tendenz zur Verlangsamung aus.

(b) Sinnesorgane

Schon von früher Jugend an nimmt die Funktionsfähigkeit der Sinnesorgane teilweise ab[94]. Das Sehvermögen wird durch eine Verminderung der Akkomodationskraft des Auges, das heißt dessen Einstellungs-

---

[88] Vgl. *Glasbrenner*, Alterserfordernis, 25 f.; *Lammers*, Arbeiter, 12 ff.; *Rosenmayr*, Mensch, 86 ff.; *Schönholzer*, Übergang, 37.

[89] Zit. nach *Lammers*, Arbeiter, 15 f.

[90] *Lammers*, Arbeiter, 16; ähnlich *Glasbrenner*, Alterserfordernis, 27.

[91] Vgl. dazu *Lammers*, Arbeiter, 16 f.

[92] *Schmidt*, actuelle Gerontologie 1974, 25.

[93] So *Thomae / Lehr*, Leistungsfähigkeit, 55; vgl. auch *Lehr*, Psychologie, 174; *Scholz*, Arbeitsphysiologie, 87; *Wiebe*, Arbeitnehmer, 19.

[94] Vgl. *Schönholzer*, Übergang, 36 f.

vermögen auf die Entfernung der betrachteten Gegenstände, durch eine verlängerte Adaptionszeit bei der Hell-Dunkel-Adaption, durch die sogenannte Alterssichtigkeit und eine Sehschärfenminderung beeinträchtigt[95]. Mit zunehmendem Alter nimmt außerdem die Fähigkeit zur Wahrnehmung hochfrequenter Töne ab[96].

Diese sensorischen Veränderungen sind allerdings teilweise so geringfügig, daß sie schon deshalb nicht zu einer Beeinträchtigung der beruflichen Leistungsfähigkeit führen. Außerdem wirken sie sich nur bei solchen beruflichen Tätigkeiten aus, die besondere Anforderungen an die visuelle und akustische Wahrnehmungsfähigkeit stellen. In diesen Fällen kann überdies häufig eine Korrektur durch mechanische Hilfsmittel (Brillen, Beleuchtung) vorgenommen werden.

Nicht ganz einheitlich wird die Frage beantwortet, ob der Tastsinn und damit verbunden die Handfertigkeit und Geschicklichkeit zwangsläufig altersbedingt abnimmt. Für eine altersbedingte Abnahme spricht die Untersuchung von Smith, der drei Gruppen von Arbeitnehmern im Alter von 30, 40 und 50 Jahren während eines Zeitraumes von 4 Stunden Muttern und Schrauben zusammenfügen ließ[97]. Die 40jährigen erreichten 93,6 % und die 50jährigen 86,5 % der Leistung der 30jährigen. Die Tatsache, daß die Durchschnittsleistung der 30jährigen immerhin von 34 % der 40jährigen und 15 % der 50jährigen Arbeitnehmer erreicht wurde, deutet allerdings auf eine individuell unterschiedlich verlaufende Entwicklung der Geschicklichkeit hin.

Murrel verglich in einem Test die Leistungen jüngerer und älterer Berufsbohrer bei Arbeiten mit einem Drillbohrer[98]. Dabei ergaben sich keine altersabhängigen Leistungsunterschiede. Dieses Ergebnis läßt vermuten, „daß ständig geübte berufliche Fähigkeiten nicht abnehmen, oder, daß durch die gesammelten Erfahrungen der Verlust bestimmter Fähigkeiten ausgeglichen werden kann“[99].

(c) Widerstandsfähigkeit gegen Umweltbelastungen

Starke Umweltbelastungen haben unabhängig vom Alter der betroffenen Arbeitnehmer gesundheitsbeeinträchtigende Wirkungen. Luft-

---

[95] Vgl. *Glasbrenner*, Alterserfordernis, 34 f.; *Lammers*, Arbeiter, 28 ff.; *Schönholzer*, Übergang, 36; *Thomae / Lehr* (Leistungsfähigkeit, 34) stellen die primäre Altersabhängigkeit der Verlängerung der Adaptionszeit in Frage; *Tietze*, Arbeitsorganisation, 87.

[96] So *Glasbrenner*, Alterserfordernis, 34; *Lammers*, Arbeiter, 31; *Schönholzer*, Übergang, 36; *Thomae / Lehr*, Leistungsfähigkeit, 34; *Tietze*, Arbeitsorganisation, 87.

[97] Zit. nach *Lammers*, Arbeiter, 23 f.

[98] Zit. nach *Lammers*, Arbeiter, 35.

[99] *Schönholzer*, Übergang, 37.

verschmutzung kann zu Krankheiten der Atmungsorgane führen, die lang anhaltende Einwirkung von starkem Lärm zu einer Dauerschädigung des Gehörs und starke Hitze zu Belastungen von Herz und Kreislauf[100].

Da die Anfälligkeit für Krankheiten der Atmungsorgane mit zunehmendem Alter steigt, wird vermutet, „daß ältere Arbeiter noch ungünstiger als junge auf Luftverunreinigungen durch Staub und Dämpfe, die die Luftwege und die Lunge reizen, reagieren“[101]. Untersuchungen über die Hitzebelastung in Hüttenwerken stellten bei älteren Arbeitern eine Abnahme des physiologischen Regulationsvermögens gegenüber extremen Temperaturen fest[102].

Belbin und andere stellten demgegenüber bei Arbeiten, die ein starkes Maß an Verantwortungsbewußtsein verlangten, selbst dort bessere Leistungen älterer Arbeitnehmer fest, wo hohe Umweltbelastungen — wie zum Beispiel Staub, Rauch, Hitze — gegeben waren[103]. Trotz der Widersprüchlichkeit dieser Ergebnisse wird weithin die Annahme vertreten, daß die Widerstandsfähigkeit gegenüber Umweltbelastungen altersbedingt abnehme[104].

Der gegenwärtige gerontologische Forschungsstand zur Entwicklung der beruflichen Leistungsfähigkeit erlaubt folgende zusammenfassende Feststellungen:

1. Die Entwicklung der beruflichen Leistungsfähigkeit verläuft individuell verschieden. Das kalendarische Alter ist nur in geringem Maße als eine Determinante möglicher Veränderungen anzusehen. Einen entscheidenderen Einfluß haben beispielsweise die Ausgangsbegabung, der erworbene Bildungsgrad, die Übung von Fähigkeiten durch die berufliche Tätigkeit, Anregungen durch die Umwelt, stereotype Vorurteile gegenüber älteren Arbeitnehmern, die Einstellung zur Arbeit und die soziale Herkunft.

2. Die einzelnen Funktionen der körperlichen und geistigen Leistungsfähigkeit nehmen überdies einen unterschiedlichen Verlauf. Im Alter tritt beim Menschen kein allgemeiner Leistungsabbau, sondern vielmehr ein Wandel in der Struktur seiner Fähigkeiten ein. Aufgaben mit komplexer Aufgabenstellung, die unter Zeitdruck ver-

---

[100] Vgl. dazu *Wiebe*, Arbeitnehmer, 21 ff.

[101] So *Wiebe*, Arbeitnehmer, 22.

[102] Vgl. dazu *Glasbrenner*, Alterserfordernis, 30; *Lammers*, Arbeiter, 21 f.

[103] Vgl. dazu *Lehr*, Psychologie, 172; *Thomae / Lehr*, Leistungsfähigkeit, 53.

[104] So z. B. BDA (Hrg.), Mitarbeiter, 18; *Glasbrenner*, Alterserfordernis, 30 f.; *Lammers*, Arbeiter, 21 f.; *Scholz*, Arbeitsphysiologie, 87; *Wiebe*, Arbeitnehmer, 21 ff.; *Tietze*, Arbeitsorganisation, 88.

richtet werden müssen und die hohe Anforderungen an die geistige Beweglichkeit, das Reaktionsvermögen und an eine schnelle Informationsverarbeitung stellen, sind für ältere Arbeitnehmer weniger geeignet. Das gleiche gilt für Tätigkeiten, die eine überdurchschnittlich hohe physische oder psychische Dauerbelastung mit sich bringen oder unter extrem schwierigen Umgebungseinflüssen ausgeübt werden müssen.

Negative Leistungsveränderungen können aber vielfach durch größere Geübtheit und Erfahrung sowie durch die positive Einstellung zur Arbeit kompensiert werden. Außerdem sind Aufgaben, die neben Geübtheit und Erfahrung ein besonderes Maß an Urteilsvermögen, Gesprächsfähigkeit, Wissen und Verantwortungsbewußtsein erfordern, für ältere Arbeitnehmer besonders geeignet, weil diese Fähigkeiten sich mit zunehmendem Alter in der Regel verbessern.

3. Eine feste Altersgrenze, von der ab sich die berufliche Leistungsfähigkeit aller oder auch nur des Großteils der Arbeitnehmer ohne Rücksicht auf die jeweils wahrgenommene berufliche Tätigkeit vermindert, läßt sich aufgrund dieser individuellen und funktionsdifferenzierten Entwicklung nicht bestimmen. Das gilt auch für eine Altersgrenze, die auf die Vollendung des 65. Lebensjahres abstellt.

2. Gesundheitszustand älterer Arbeitnehmer

Schon oben ist auf den Einfluß hingewiesen worden, den der Gesundheitszustand auf die berufliche Leistungsfähigkeit ausübt[105]. Entgegen dem stereotypen Vorurteil vom stets hilfsbedürftigen und kranken alten Menschen kommen neuere gerontologische Untersuchungen zu einer differenzierteren Aussage über den Gesundheitszustand älterer Menschen.

Biologen und Mediziner weisen einerseits auf die Zunahme bestimmter Krankheiten bei Älteren hin. Nach Platt zählen dazu ein Anstieg der Hypertonie, die Schlaganfälle begünstigt, eine Zunahme von Diabetes mellitus und von Lungenemphysemen, die zum Beispiel Lungenentzündungen begünstigen[106]. Dazu kommen noch Beeinträchtigungen der Sinnesorgane, Arteriosklerose, Häufung von Arthrosen, Vergrößerung der Prostata und Mißbildungen im Uterus sowie zunehmende Stoffwechselstörungen. Auch die Rekonvaleszens ist bei älteren Menschen häufig schwieriger und langwieriger als bei jüngeren[107]. Andererseits

[105] Siehe dazu oben § 3 II 1 a (4).

[106] *Platt*, Biologie, 139 zit. nach *Rosenmayr*, Mensch, 85 m. w. N.

[107] So *Lammers*, Arbeiter, 36 f.

seits ergeben neuere Untersuchungen, daß „Altern nicht unabdingbar und typischerweise mit Erkrankung und Pflegebedürftigkeit verbunden ist“[108].

Um einen genaueren Überblick über den Gesundheitszustand älterer Arbeitnehmer zu gewinnen, werden häufig die Daten über krankheitsbedingte Fehltage und die Unfallhäufigkeit sowie die Zahl der Berufs- und Erwerbsunfähigkeitsrenten herangezogen.

a) Krankheitsbedingte Fehlzeiten

Insbesondere die krankheitsbedingten Fehlzeiten dienen vielfach dazu, auf indirektem Wege generelle Aussagen über den Gesundheitszustand und die Leistungsfähigkeit älterer Arbeitnehmer zu treffen. Bäcker nimmt sie als Beleg für seine These, daß „der Prozeß des Alterns tatsächlich mit nachweisbaren Leistungsminderungen einhergeht und daß dies kein individueller, sondern ein kollektiver, breite Teile der Arbeitnehmer ergreifender Vorgang ist“[109].

Eine Sichtung zahlreicher Untersuchungen zeigt allerdings, daß jüngere Arbeitnehmer häufiger fehlen als ältere, allerdings jeweils nur für kurze Zeit, während ältere Arbeitnehmer zwar seltener fehlen, aber pro Krankheitsfall mehr Fehltage aufweisen[110]. Die größere Anzahl der Fehltage pro Krankheitsfall bei älteren Arbeitnehmern dürfte im wesentlichen auf die längere Rekonvaleszenzzeit zurückzuführen sein[111]. Eine kollektiv zunehmende Gesundheitsbeeinträchtigung oder Krankheitsanfälligkeit älterer Arbeitnehmer läßt sich daraus aber nicht entnehmen. Dagegen spricht schon die geringere Zahl der Krankheitsfälle bei dieser Berufsgruppe.

Der Aussagewert statistisch ermittelter Fehltage ist auch deshalb sehr gering, weil der Krankenstand von zahlreichen Faktoren beeinflußt wird, die mit dem Gesundheitszustand nicht im Zusammenhang stehen. Bei den jüngeren Arbeitnehmern führt vielfach die geringe Dauer der Betriebszugehörigkeit und ein mangelndes Verantwortungsbewußtsein dazu, schon bei harmlosen Erkrankungen den Arzt aufzusuchen oder zumindest der Arbeit fernzubleiben[112]. Demgegenüber ver-

---

[108] *Rosenmayr*, Mensch, 96 m. w. N.

[109] *Bäcker*, Soziale Sicherheit 1979, 355; vgl. auch *ders.*, Sozialer Fortschritt 1979, 85.

[110] So auch *Bäcker*, Soziale Sicherheit 1979, 356; *Lehr*, Zeitschrift für Gerontologie 1975, 310; *Lehr*, Psychologie, 180 ff.; *Schmidt*, actuelle Gerontologie 1974, 23; *Thomae / Lehr*, Leistungsfähigkeit, 58 ff.; *Schönholzer*, Übergang, 43.

[111] So *Lehr*, Psychologie, 180; *Thomae / Lehr*, Leistungsfähigkeit, 58 ff.

[112] Vgl. auch *Lammers*, Arbeiter, 37 ff.

suchen Ältere, sei es aus Scheu, den Arbeitsplatz zu verlieren oder aus Verantwortungsbewußtsein jegliches „Krankfeiern“ möglichst zu vermeiden[113]. Weitere Faktoren, die den Krankenstand beeinflussen, sind beispielsweise das Betriebsklima, der Kontakt zu Mitarbeitern und Vorgesetzten sowie die Aufstiegs- und Verdienstmöglichkeiten[114].

Schließlich wird die Krankheitshäufigkeit auch durch die Art der wahrgenommenen Tätigkeit bestimmt. Spiegelhalter und Schnabel haben in ihrer Untersuchung eine deutlich geringere Zahl der Krankheitsfälle und krankheitsbedingten Fehlzeiten bei Angestellten als bei Arbeitern festgestellt[115]. Bäcker selbst weist auf status- und qualifikationsbedingte Unterschiede in der Krankheitshäufigkeit hin[116].

Diese Feststellungen stehen einem verallgemeinerungsfähigen Schluß von den Daten über krankheitsbedingte Fehlzeiten auf eine kollektive Beeinträchtigung des Gesundheitszustandes aller oder auch nur der Mehrheit älterer Arbeitnehmer entgegen[117].

b) Unfallhäufigkeit

Der Gesundheitszustand der Arbeitnehmer wird nicht nur durch Krankheiten, sondern auch durch Unfälle bedroht. Lehr hat dazu festgestellt, „daß hinsichtlich der Unfallhäufigkeit kein eindeutiger Unterschied zwischen verschiedenen Altersgruppen besteht“[118]. Dem kann nach einem Vergleich der vorliegenden Untersuchungen nicht gefolgt werden. Zwar gibt es vereinzelt Studien, die eine derartige Indifferenz aufweisen[119]. Ebenso wird mitunter eine erhöhte Unfallhäufigkeit bei zunehmendem Alter festgestellt. Überwiegend zeigt sich jedoch die umgekehrte Tendenz zur Abnahme der Unfallhäufigkeit bei zunehmendem Alter[120]. Auch die von der Bundesregierung vorgelegten Unfallverhütungsberichte bestätigen diese Tendenz.

---

[113] *Lehr*, Psychologie, 180; *Thomae / Lehr*, Leistungsfähigkeit, 58.

[114] *Lehr*, Psychologie, 183; *Thomae / Lehr*, Leistungsfähigkeit, 60 f.

[115] Vgl. dazu *Lehr*, Zeitschrift für Gerontologie 1975, 310; *dies.*, Psychologie, 181; *Thomae / Lehr*, Leistungsfähigkeit, 58 f.

[116] *Bäcker*, Soziale Sicherheit 1979, 356.

[117] So auch *Schmidt*, actuelle Gerontologie 1974, 23.

[118] *Lehr*, Zeitschrift für Gerontologie 1975, 310; ähnlich *Tews*, Soziologie 2, 172; *Schönholzer*, Übergang, 43.

[119] Einen Überblick über vorliegende Untersuchungsergebnisse geben *Lammers*, Arbeiter, 40 ff.; *Lehr*, Psychologie, 176 ff.; *Thomae / Lehr*, Leistungsfähigkeit, 55 ff.

[120] Vgl. *Lammers*, Arbeiter, 40 ff.; *Lehr*, Psychologie, 176 ff.; *Schmidt*, actuelle Gerontologie, 1974, 23; *Thomae / Lehr*, Leistungsfähigkeit, 55 ff.

Der neueste Bericht aus dem Jahre 1980 kommt zu dem Ergebnis, daß nahezu die Hälfte (48 %) aller Arbeitsunfälle auf die Altersgruppe bis 30 Jahre fällt, zu der aber nur 34 % aller Beschäftigten zählen[121]. Die über 50jährigen Arbeitnehmer, die immerhin 18 % der Beschäftigten stellen, sind nur zu 9 % an den Arbeitsunfällen beteiligt. Dadurch wird die Aussage früherer Berichte, wonach die Unfallhäufigkeit mit zunehmendem Alter abnimmt, bestätigt[122].

Im Hinblick auf Unfallgefährdungen unterscheiden sich die Arbeitsplätze jüngerer und älterer Arbeitnehmer im Regelfall nicht[123]. Die Ursache für die höhere Unfallhäufigkeit der jüngeren Arbeitnehmer dürfte vor allem auf mangelnde Vorsicht sowie größere Impulsivität und Risikofreudigkeit zurückzuführen sein[124]. Als Grund für die geringere Unfallhäufigkeit der älteren Arbeitnehmer wird vor allem ihre größere Besonnenheit und Aufmerksamkeit bei der Berufsausübung genannt[125].

Das vorliegende Datenmaterial erlaubt die Feststellung, daß Gesundheit und Leistungsfähigkeit älterer Arbeitnehmer durch Arbeitsunfälle in geringerem Maße belastet werden als bei jüngeren Arbeitnehmern.

c) *Berufs- und Erwerbsunfähigkeit*

Auch die Zahl der anerkannten Bezieher von Erwerbs- und Berufsunfähigkeitsrenten kann zur Beurteilung des Gesundheitszustandes älterer Arbeitnehmer herangezogen werden. Eine besondere Aussagekraft wird dabei häufig den Daten über „Niveau und Struktur der Frühinvalidität" beigemessen[126]. Als frühinvalide gelten Arbeitnehmer, die vor Erreichen der Altersgrenzen, die zum Bezug von Altersruhegeld berechtigen, berufs- oder erwerbsunfähig werden[127].

Aus Tabelle 8 ist zu ersehen, daß von den Neuzugängen an Versichertenrenten im Jahre 1979 in der Rentenversicherung der Arbeiter 55,57 % und in der Rentenversicherung der Angestellten 37,15 % auf Erwerbs- und Berufsunfähigkeitsrenten entfielen. In beiden Versicherungszwei-

---

[121] BT-Drs. VIII/3650.

[122] Vgl. dazu *Lammers*, Arbeiter, 40 f.

[123] So *Lehr*, Psychologie, 177; *Thomae / Lehr*, Leistungsfähigkeit, 55 f., anders *Lammers*, Arbeiter, 41.

[124] Vgl. *Lehr*, Psychologie, 177; *Lehr*, Zeitschrift für Gerontologie 1975, 310; *Lammers*, Arbeiter, 42; *Thomae / Lehr*, Leistungsfähigkeit, 56.

[125] Vgl. *Lammers*, Arbeiter, 41.

[126] So *Bäcker*, Soziale Sicherheit 1979, 356 ff.; *ders.*, Sozialer Fortschritt 1779, 85 ff.; *Lammers*, Arbeiter, 42 ff.

[127] Vgl. *Bäcker*, Soziale Sicherheit 1979, 356.

Tabelle 8

Anteil der Berufs- und Erwerbsunfähigkeitsrenten an den gesamten Renten-Neuzugängen

	Rentenversicherung der Angestellten	Rentenversicherung der Arbeiter
1977	34,88	50,05
1978	38,25	53,55
1979	37,15	55,57

Quelle: Eigene Berechnungen auf der Grundlage der Angaben in VDR-Statistik, Bd. 54, 77 ff.

gen sind die Anteile gegenüber 1977 gestiegen. Von den Neuzugängen des Jahres 1979 entfielen in der Arbeiter-Rentenversicherung 41,13 % und in der Angestellten-Rentenversicherung 21,7 % auf Berufs- und Erwerbsunfähigkeitsrenten, die bereits vor dem 60. Lebensjahr gewährt wurden[128]. Bis zum 64. Lebensjahr sind die Anteile auf 54,74 % bzw. 31,5 % angestiegen.

Daraus ist zu entnehmen, daß mehr als die Hälfte der Arbeiter und ein knappes Drittel der Angestellten schon vor Vollendung des 65. Lebensjahres wegen Erwerbs- oder Berufsunfähigkeit aus Beruf oder Erwerbsleben ausscheiden. Der eingetretene Verschleiß von Arbeitskraft und Gesundheit erlaubt keine weitere Ausübung des alten Berufes oder einer anderen Erwerbstätigkeit.

Allerdings kommt den statistischen Angaben nur eine begrenzte Aussagekraft zu. Bei Jahrgangsbetrachtungen bleiben Verschiebungen in der Altersstruktur der Versicherten unberücksichtigt[129]. Außerdem ist der Anstieg des Anteils der Berufs- und Erwerbsunfähigkeitsrenten auch auf die Arbeitsmarktlage zurückzuführen[130]. Bei hoher Arbeitslosigkeit nimmt erfahrungsgemäß die Bereitschaft zu, schon früh einen Rentenantrag zu stellen. Die Erwerbsunfähigkeitsrente übernimmt vielfach die „Funktion einer Altersrente“[131].

---

[128] Eigene Berechnungen auf der Grundlage der Angaben in VDR-Statistik, Bd. 54, 77 ff.

[129] So auch *Bäcker*, Soziale Sicherheit 1979, 357; *Bäcker / Naegele*, WSI-Mitteilungen 1981, 685.

[130] Vgl. *Bäcker*, Soziale Sicherheit 1979, 357; *Bäcker / Naegele*, WSI-Mitteilungen 1981, 685 f.; *Lammers* (Arbeiter, 45 f.) nennt zusätzliche nicht gesundheitlich bedingte Ursachen für die Inanspruchnahme von Berufs- und Erwerbsunfähigkeitsrenten.

[131] Das gilt auch für Frauen, die die für den Bezug des Altersruhegeldes notwendige Wartezeit noch nicht erfüllt haben, vgl. dazu *Bäcker / Naegele*, WSI-Mitteilungen 1981, 686.

Im übrigen weisen die Angaben über die Berufs- und Erwerbsunfähigkeitsrenten zwar auf gesundheitliche Verschleißerscheinungen bei einem Großteil der Arbeitnehmer hin. Sie legen aber auch im Umkehrschluß die Vermutung nahe, daß ein beachtlicher Teil der Angestellten und Arbeiter gesundheitlich zu einer Weiterbeschäftigung über das 65. Lebensjahr hinaus in der Lage ist.

Diese Vermutung bestätigt sich, wenn man ältere Arbeitnehmer nach ihrem Gesundheitszustand befragt. Der überwiegende Teil der Forscher, die derartige subjektive Gesundheitsbewertungen mit dem objektiven Gesundheitszustand verglichen haben, kommt zu dem Ergebnis, daß zwischen beiden Angaben überraschend hohe Korrelationen bestehen[132].

Meis hat bei einer Befragung von Rentenempfängern im Alter zwischen 66 und 72 Jahren festgestellt, daß sich 65,5 % der Angestellten und 44,7 % der Arbeiter für gesundheitlich voll leistungsfähig hielten[133]. Eine bedingte gesundheitliche Leistungsfähigkeit gaben 15,7 % der Angestellten und 34,1 % der Arbeiter an.

Von den 1866 Arbeitnehmern, im Alter von 55 bis über 65 Jahren, die Blume / Plum / Naegele in ihrer bereits erwähnten Studie befragt haben, bezeichneten 39,6 % ihren Gesundheitszustand als gut und sehr gut, weitere 41,7 % als zufriedenstellend[134]. Die höherqualifizierten Arbeitnehmer und die Angestellten schätzten ihren Gesundheitszustand noch besser ein. Nur 4,4 % der Befragten bewerteten ihre Gesundheit als schlecht oder sehr schlecht. Außerdem erklärten immerhin 41,7 % nur einmal im Jahr oder seltener einen Arzt aufzusuchen.

Den Anteil der 63 bis 65jährigen Arbeitnehmer, die „gesundheitlich gesehen noch berufsfähig" sind, schätzt Tennstedt — bei Ausklammerung der berufs- und erwerbsunfähigen Arbeitnehmer — auf etwa 63 %[135]. Russische Mediziner und Psychologen halten einen Anteil von 70 % der über 65jährigen Arbeitnehmer bei entsprechender gesundheitlicher Betreuung und günstigen Arbeitsbedingungen noch für in der Lage weiterzuarbeiten[136]. Amerikanische Untersuchungen kommen zu der Feststellung, daß 63 % der Pensionierten gesundheitlich noch zu einer Vollbeschäftigung fähig sind[137].

---

132 So *Rosenmayr*, Mensch, 95.

133 *Meis*, Beschäftigungslage, 36, zit. nach *Lammers*, Arbeiter, 192.

134 Vgl. *Blume / Plum / Naegele*, Altersgrenze, 289 ff.

135 Vgl. *Tennstedt*, Berufsanforderungen, 117.

136 Vgl. dazu *Lehr*, ZfB 1979, 139; zu ähnlichen Ergebnissen kommen Untersuchungen in der DDR; vgl. dazu *Mrochen*, Alter, 45 ff.

137 Vgl. *Lehr*, ZfB 1979, 139.

Auch wenn man diese Angaben angesichts des Anteils der berufs- und erwerbsunfähigen Personen für überhöht ansieht, zeigen sie doch, daß ein beachtlicher Teil älterer Arbeitnehmer gesundheitlich in der Lage ist, über das 65. Lebensjahr hinaus zu arbeiten. Gerontologen weisen immer wieder darauf hin, daß zumindest für diese Gruppe berufliche Tätigkeit sogar gesundheitsfördernd sein kann[138]. Lehr sieht darin „die beste Geroprophylaxe". Eine erzwungene Aufgabe der Berufstätigkeit bei bestehender Leistungsfähigkeit und Arbeitswilligkeit „bedeutet für viele Menschen geradezu eine Herabsetzung des psychophysischen Wohlbefindens"[139]. Dafür sprechen nach Ansicht von Lehr Beobachtungen, die als „Pensionierungsschock" oder „Pensionierungstod" bezeichnet werden.

Zusammenfassend läßt sich feststellen, daß ein erheblicher Teil der Arbeitnehmer nach Vollendung des 65. Lebensjahres gesundheitlich zu einer Weiterbeschäftigung in der Lage ist, die bei günstigen Arbeitsbedingungen und entsprechender medizinischer Betreuung sogar gesundheitsfördernd wirken dürfte.

III. Erkenntnisse der Betriebswirtschaftslehre

In den letzten Jahren ist innerhalb der Betriebswirtschaftslehre eine Theorie der Pensionierung entstanden, die die Grundlagen für eine rationale betriebliche Pensionierungspolitik schaffen will. Dabei hat sich gezeigt, „daß nur in Ausnahmefällen eine allgemeine Pensionierung bei Erreichen einer bestimmten Altersgrenze die betriebswirtschaftlich optimale Strategie sein dürfte"[140].

Die betriebswirtschaftliche Beurteilung einer Weiterbeschäftigung älterer Arbeitnehmer über das 65. Lebensjahr hinaus wird regelmäßig auf einen Vorteils-Nachteils-Vergleich gegründet[141]. Methodisch erfolgt dieser Vergleich entweder in einem halb-quantitativen Verfahren als Kosten-Nutzen-Analyse oder in einem nicht-quantitativen Verfahren durch freie Würdigung der Argumente. Insbesondere die folgenden Argumente sind dabei aus betrieblicher Sicht zu berücksichtigen.

Eine starre arbeitsrechtliche Altersgrenze stellt eine feste betriebliche Planungsgröße dar, die eine einfache administrative und versicherungstechnische Beendigung von Arbeitsverhältnissen ermöglicht[142]. Aber sie

---

[138] Vgl. *Lehr*, ZfB 1979, 140 f.; *Schlegel*, Neue Justiz 1980, 177; sowie die Angaben in Sozialer Fortschritt 1975, 34.

[139] *Lehr*, ZfB 1979, 141.

[140] ZfB 1979, 126; vgl. auch *Kossbiel*, ZfB 1979, 127 ff.; *Sadowski*, Pensionierungspolitik, passim.

[141] Vgl. dazu *Kossbiel*, ZfB 1979, 129.

[142] Vgl. *Schönholzer*, Übergang, 258.

hindert den Betrieb daran, die differenzierte Entwicklung der beruflichen Leistungsfähigkeit des einzelnen Arbeitnehmers zu berücksichtigen. Insbesondere kann er das in langen Berufsjahren erworbene „Potential betriebs- und fachspezifischer Kenntnisse und Erfahrungen ältere Mitarbeiter“ nicht länger nutzen[143].

Dieser Überlegung kommt angesichts des zu erwartenden wirtschaftlichen Strukturwandels zunehmende Bedeutung zu. Danach dürfte sich die Bundesrepublik langfristig „zu einer forschungs- und entwicklungsintensiven Wirtschaft mit hohem Dienstleistungsanteil“ entwikkeln[144]. Dies wird sich vor allem auf die Zahl der Arbeitsplätze im tertiären Sektor und im Dienstleistungsbereich des sekundären Sektors günstig auswirken. Gerade den Leistungsanforderungen dieser Arbeitsplätze kommen auch ältere Arbeitnehmer weitgehend nach.

Eine Weiterbeschäftigung älterer Mitarbeiter über das 65. Lebensjahr hinaus könnte allerdings die Aufstiegschancen aufstrebender Nachwuchskräfte vermindern. Dies Argument trifft jedoch — „wenn überhaupt — nur auf die Weiterbeschäftigung von Führungskräften und Spezialisten“ zu[145]. Außerdem wäre aus betrieblicher Sicht ein schrittweiser Rückzug älterer Führungskräfte verbunden mit einem schrittweisen Hineinwachsen jüngerer Mitarbeiter in die Verantwortung sinnvoller[146]. Ein derart differenziertes Vorgehen wird durch eine starre Altersgrenze verhindert.

Im übrigen würden bei einer Weiterbeschäftigung älterer Mitarbeiter Eingliederungs- und Einarbeitungskosten zunächst zu einem späteren Zeitpunkt und auf lange Sicht gesehen seltener anfallen[147]. Bei rückläufigem Arbeitskräfteangebot, wie es für die Jahre nach 1990 zu erwarten ist, könnten durch eine Weiterbeschäftigung auch Gewinneinbußen infolge von längeren Stellenvakanzen vermieden werden.

Die Weiterbeschäftigung älterer Arbeitnehmer über das 65. Lebensjahr hinaus entspricht schließlich auch humanen Zielsetzungen, die unter dem Gesichtspunkt sozialer Verantwortung das unternehmerische Handeln mit beeinflussen[148]. Der Betrieb trägt durch eine Weiterbeschäftigung den Wünschen seiner arbeitswilligen und leistungsfähigen älteren Arbeitnehmer Rechnung, vermeidet Unzufriedenheit und leistet einen Beitrag zum Erhalt der Gesundheit des Arbeitnehmers.

---

[143] So *Kossbiel*, ZfB 1979, 129; vgl. auch *Schönholzer*, Übergang, 259.

[144] Vgl. *Klauder*, Wirtschaftsdienst 1979, 504; *Kossbiel*, ZfB 1979, 128.

[145] So *Kossbiel*, ZfB 1979, 130 f.

[146] *Kossbiel*, ZfB 1979, 131.

[147] *Kossbiel*, ZfB 1979, 129.

[148] *Kossbiel*, ZfB 1979, 130; *Sadowski*, Pensionierungspolitik, 21.

Sadowski faßt die betriebswirtschaftlichen Erkenntnisse über die optimale betriebliche Pensionierungspolitik mit dem Hinweis zusammen, daß „eine nach Individuen und ihren Qualifikationen unterscheidende, langfristige Pensionierungspolitik ökonomisch empfehlenswert und der üblichen starren Praxis überlegen ist“[149].

Eine Reihe von amerikanischen Unternehmen verzichtet aufgrund dieser Überlegungen seit Jahren auf eine Altersgrenze für die Beendigung von Beschäftigungsverhältnissen und hat damit gute Erfahrungen gemacht[150]. Auch die Bundesvereinigung der Deutschen Arbeitgeberverbände hält generelle Beschäftigungsgrenzen „nur bei Tätigkeiten mit hohen physischen oder psychischen Anforderungen für sinnvoll“[151]. In einer von Schönholzer durchgeführten Befragung bei schweizerischen Unternehmen sprachen sich 57 % für eine größere Flexibilität bei der Beendigung von Arbeitsverhältnissen aus[152]. Dabei wollte eine Mehrheit auch die Möglichkeit einer Weiterbeschäftigung über das 65. Lebensjahr hinaus eröffnen[153].

Die Erkenntnisse der Bevölkerungswissenschaft, der Gerontologie und der Betriebswirtschaftslehre legen es nahe, dem Wunsch von Arbeitnehmern, auch über das 65. Lebensjahr hinaus beschäftigt zu bleiben, stärker als bisher Rechnung zu tragen.

---

149 *Sadowski*, Pensionierungspolitik, 104.
150 *Sadowski*, ZfB 1979, 147.
151 BDA (Hrg.), Mitarbeiter, 30.
152 *Schönholzer*, Übergang, 295.
153 *Schönholzer*, Übergang, 273.

Zweiter Teil

Altersgrenzen außerhalb des Arbeitsrechts

§ 4 Altersgrenzen in den Ruhegeldbestimmungen des Rentenversicherungsrechts

Zur Rechtfertigung altersbedingter Kündigungen und arbeitsrechtlicher Altersgrenzen wird in Rechtsprechung und Literatur vielfach auf Altersgrenzenregelungen außerhalb des Arbeitsrechts verwiesen[1]. Namentlich die Altersgrenzen in den Ruhegeldbestimmungen des Rentenversicherungsrechts sprechen nach Ansicht des Bundesarbeitsgerichts für die „sachliche Berechtigung" einer auf die Vollendung des 65. Lebensjahres bezogenen arbeitsrechtlichen Altersgrenze[2].

Ob die insoweit einschlägigen sozialversicherungsrechtlichen Bestimmungen tatsächlich zu einer derartigen Rechtfertigung herangezogen werden können, läßt sich nur vor dem Hintergrund ihrer rentenversicherungsrechtlichen Bedeutung beurteilen.

I. Bedeutung der Altersgrenzen im Rentenversicherungsrecht

Die Ruhegeldvorschriften im Rentenversicherungsrecht[3] dienen der Sicherung des Lebensunterhalts im Alter, wenn den Versicherten eine Erwerbstätigkeit nicht mehr möglich oder nicht mehr zumutbar ist[4]. Die Gewährung von Altersruhegeld hängt wesentlich vom Erreichen be-

---

[1] Vgl. BAG 23, 257 (272); *Ammermüller*, DB 1973, 823; *Bötticher*, Anm. zu BAG SAE 1962, 173; *Nikisch*, Arbeitsrecht I, 760; *Schimana*, BB 1970, 1141; *Zöllner*, Anm. zu BAG AP Nr. 1 zu § 1 KSchG (Personenbedingte Kündigung).

[2] BAG 23, 257 (272).

[3] Für Arbeitnehmer sind dabei zu unterscheiden: die Rentenversicherung der Arbeiter im vierten Buch der Reichsversicherungsordnung (RVO) v. 19. 7. 1911 (RGBl. S. 509), i. d. F. der Bekanntmachung v. 15. 12. 1924 (RGBl. I S. 799); die Rentenversicherung der Angestellten nach dem Angestelltenversicherungsgesetz (AVG) vom 20. 12. 1911 (RGBl. I S. 989), i. d. F. der Bekanntmachung v. 28. 5. 1924 (RGBl. I S. 563); die Rentenversicherung für bergmännisch Beschäftigte nach dem Reichsknappschaftsgesetz (RKG) v. 23. 6. 1923 (RGBl. I S. 431), i. d. F. der Bekanntmachung v. 1. 7. 1926 (RGBl. I S. 369).

[4] Zur ratio legis der Altersgrenzenregelung vgl. unten § 4 II 2.

stimmter Altersgrenzen ab. Sie markieren den Eintritt des Altersversicherungsfalles, also jener Risiken, „gegen deren Nachteile die Versicherung Schutz gewähren soll"[5].

Die Altersgrenze für das „normale"[6] Altersruhegeld ist mit Vollendung des 65. Lebensjahres erreicht[7]. Von diesem Zeitpunkt an können alle Versicherten, die die Wartezeit von 15 Jahren erfüllt haben, auf Antrag[8] Altersruhegeld beziehen. Seit 1965 ist es den Versicherten jedoch auch möglich, einen späteren Zeitpunkt für den Bezug zu bestimmen[9]. Weitere Voraussetzungen brauchen nicht erfüllt zu sein. Insbesondere ist neben dem Bezug von „normalem" Altersruhegeld eine unbegrenzte Weiterarbeit möglich[10].

Versicherte, die über das 65. Lebensjahr hinaus erwerbstätig sind und ein Altersruhegeld nicht in Anspruch nehmen, erhalten für jeden Kalendermonat bis zur Vollendung des 67. Lebensjahres einen Zuschlag zu dem Jahresbetrag ihres Altersruhegeldes[11]. Der Zuschlag beträgt für jeden Kalendermonat nach Vollendung des 65. Lebensjahres, für den der Versicherte das Altersruhegeld nicht beansprucht und Beiträge entrichtet hat, 0,6 % der Jahresrente, auf die der Versicherte ohne Aufschub Anspruch gehabt hätte[12]. Versicherte, die zuvor vorgezogenes oder flexibles Altersruhegeld in Anspruch genommen haben oder die

---

[5] BSG 20, 48 (50); 32, 270 (272); vgl. auch *Bley*, Sozialrecht, 152 f.; *Etmer / Schulz*, RVO, § 1248, Anm. 6 a; *Richter*, Grundlagen, 95; *Rüfner*, Einführung, 96; RVO-Gesamtkommentar, § 1248, Anm. 7; *Schulin*, Sozialversicherungsrecht, Rdnr. 67; *Wannagat*, Lehrbuch, 291 f.

[6] Diese Terminologie findet sich bei *Bley*, Sozialrecht, 171 ff.; *Döring*, System, 45 ff.; *Gitter*, Sozialrecht, 138 f.; *Richter*, Grundlagen, 102; *Richter / Frei*, Grundzüge, 155 ff.; *Zweng / Scheerer*, RVO, § 1248, Anm. III; statt von „normalem" Altersruhegeld wird teilweise von „allgemeinem" Altersruhegeld gesprochen; so etwa *Schulin*, Sozialversicherungsrecht, Rdnr. 330.

[7] Vgl. § 1248 Abs. 5 i. V. m. Abs. 7 S. 2 RVO; § 25 Abs. 5 i. V. m. Abs. 7 S. 2 AVG; § 48 Abs. 5 i. V. m. § 49 Abs. 3 S. 2 RKG; vgl. dazu *Zweng / Scheerer*, RVO, § 1248, Anm. III A.

[8] Zu dem Streit, ob der Antrag materielle oder formelle Anspruchsvoraussetzung ist, vgl. BSG 13, 79 (81); *Etmer / Schulz*, RVO, § 1248, Anm. 6 b; *Ilgenfritz*, RKG, § 48, Rdnr. 3; RVO-Gesamtkommentar, § 1248, Anm. 2 a; Verbandskommentar, RVO, § 1248, Rdnr. 3; *Wannagat*, Lehrbuch, 296; *Zweng / Scheerer*, RVO, § 1248, Anm. III A.

[9] Vgl. § 1248 Abs. 6 RVO; § 25 Abs. 6 AVG; § 48 Abs. 6 RKG; die dadurch ermöglichte Verschiebung des Eintritts des Versicherungsfalles ist von der verspäteten Beantragung der Rente zu unterscheiden, vgl. dazu Verbandskommentar, RVO, § 1248, Rdnr. 4 u. 20.

[10] *Bley*, Sozialrecht, 171; *Döring*, System, 49; *Gitter*, Sozialrecht 138; *Richter*, Grundlagen, 102; *Richter / Frei*, Grundzüge, 156; *Schulin*, Sozialversicherungsrecht, Rdnr. 330 f.; *Zweng / Scheerer*, RVO, § 1248, Anm. III.

[11] Vgl. dazu *Döring*, System, 50; *Pelikan*, Rentenversicherung, 263; *Zweng / Scheerer*, RVO, § 1254, Anm. V.

[12] § 1254 Abs. 1 a RVO; § 31 Abs. 1 a AVG; § 53 Abs. 4 a RKG.

nach Vollendung des 63. Lebensjahres Rente wegen Berufs- bzw. Erwerbsunfähigkeit bezogen haben, erhalten keinen Zuschlag[13].

Statt des normalen Altersruhegeldes bei Vollendung des 65. Lebensjahres können Versicherte auch vorgezogenes oder flexibles Ruhegeld in Anspruch nehmen. Flexibles Ruhegeld steht allen Versicherten ab Vollendung des 63. Lebensjahres zu, wenn sie die sehr lange Wartezeit von 35 Jahren zurückgelegt haben[14]. Schwerbehinderte im Sinne des § 1 des Schwerbehindertengesetzes oder berufs- bzw. erwerbsunfähige Versicherte können bereits bei Vollendung des 60. Lebensjahres flexibles Altersruhegeld beanspruchen[15].

Ebenfalls nach Vollendung des 60. Lebensjahres können Frauen, die in den letzten zwanzig Jahren überwiegend eine rentenversicherungspflichtige Beschäftigung oder Tätigkeit ausgeübt haben[16] und Arbeitslose, die innerhalb der letzten eineinhalb Jahre mindestens 52 Wochen arbeitslos waren[17], vorgezogenes Altersruhegeld in Anspruch nehmen. Die notwendige Wartezeit beträgt jeweils 15 Jahre. Alle Versicherten, die vor Vollendung des 65. Lebensjahres vorgezogenes oder flexibles Ruhegeld beziehen, können nur einer begrenzten Weiterbeschäftigung nachgehen[18].

Um den besonderen Verhältnissen im Bergbau Rechnung zu tragen[19], gewährt die knappschaftliche Rentenversicherung unter besonderen Voraussetzungen nach Vollendung des 60. Lebensjahres Knappschaftsruhegeld und nach Vollendung des 50. Lebensjahres Bergmannsrente[20]. Weitere Sonderleistungen sind das Anpassungsgeld und die Knappschaftsausgleichsleistung[21].

---

[13] *Pelikan*, Rentenversicherung, 266; RVO-Gesamtkommentar, § 1254, Anm. 1 a; *Zweng / Scheerer*, RVO, § 1254, Anm. V 1 A.

[14] § 1248 Abs. 1 1. Alt. i. V. m. Abs. 7 S. 1 RVO; § 25 Abs. 1 1. Alt i. V. m. Abs. 7 S. 1 AVG; § 48 Abs. 1 Nr. 1 1. Alt i. V. m. § 49 Abs. 3 S. 1 RKG.

[15] § 1248 Abs. 1 2. Alt. i. V. m. Abs. 7 S. 1 RVO; § 25 Abs. 1 2. Alt. i. V. m. Abs. 7 S. 1 AVG; § 48 Abs. 1 Nr. 1 2. Alt i. V. m. § 49 Abs. 3 S. 1 RKG; Verbandskommentar, RVO, § 1248, Rdnr. 4.

[16] § 1248 Abs. 3 i. V. m. Abs. 7 S. 2 RVO; § 25 Abs. 3 i. V. m. Abs. 7 S. 2 AVG; § 48 Abs. 3 i. V. m. § 49 Abs. 3 S. 2 RKG.

[17] § 1248 Abs. 2 i. V. m. Abs. 2 S. 2 RVO; § 25 Abs. 2 i. V. m. Abs. 7 S. 2 AVG; § 48 Abs. 2 i. V. m. § 49 Abs. 3 S. 2 RKG; vgl. dazu Verbandskommentar, RVO, § 1248, Rdnr. 8; *Zweng / Scheerer*, RVO, § 1248, Anm. I u. III C.

[18] § 1248 Abs. 4 RVO; § 25 Abs. 4 AVG; § 48 Abs. 4 RKG.

[19] So *Gellhorn*, Knappschaftsversicherung, 21.

[20] § 48 Abs. 1 Nr. 2 i. V. m. § 49 Abs. 2 RKG; § 45 Abs. 1 Nr. 2 i. V. m. § 49 Abs. 2 RKG; vgl. dazu Ilgenfritz, RKG, § 48, Rdnr. 9 ff. und § 45 Rdnr. 5 ff.

[21] § 98 a RKG; Richtlinien über die Gewährung von Anpassungsgeld an Arbeitnehmer des Steinkohlenbergbaus v. 13. 12. 1971, BAnz. Nr. 233 v. 15. 12. 1971 S. 1; zuletzt geändert am 31. 10. 1978, BAnz. Nr. 209 v. 7. 11. 1978, S. 5.

Von diesen Sonderregelungen abgesehen, bietet die rentenversicherungsrechtliche Altersgrenzenregelung den Versicherten, die die jeweils erforderlichen Wartezeiten erfüllt haben, mehrere Wahlmöglichkeiten.

Ab der Vollendung des 63. bzw. bei Vorliegen der besonderen Voraussetzungen ab Vollendung des 60. Lebensjahres können sie entscheiden, ob sie Rente beziehen oder unter Verzicht auf die Rente weiterarbeiten wollen. Sie können aber auch neben dem Rentenbezug im Rahmen der rentenversicherungsrechtlichen Erwerbs- und Beschäftigungsgrenzen weiterarbeiten. Eine unbeschränkte Weiterarbeit bzw. Erwerbstätigkeit ist bis zur Vollendung des 65. Lebensjahres neben dem Rentenbezug nicht zulässig.

Bei vorzeitiger Inanspruchnahme von Altersruhegeld wird die Rente nicht durch besondere Abschläge gemindert. Wegen der geringeren Zahl der anrechnungsfähigen Versicherungsjahre fällt sie jedoch niedriger aus als bei späterem Beginn des Rentenbezuges. Bei einer zurückgelegten Versicherungszeit von 40 Jahren erhält der Versicherte bei Verlust eines Versicherungsjahres ca. 2,5 % weniger Rente[22]. Demnach wäre eine ab dem 63. Lebensjahr in Anspruch genommene Rente um ca. 5 % und eine ab dem 60. Lebensjahr in Anspruch genommene Rente um ca. 12,5 % niedriger als die entsprechende Rente ab der Vollendung des 65. Lebensjahres. Hat der Versicherte weniger als 40 Jahre zurückgelegt, fällt die Minderung der Rentenhöhe prozentual noch stärker aus[23]. Bei nur 15 Versicherungsjahren beträgt sie beispielsweise jährlich 6,67 %[24].

Nach Vollendung des 65. Lebensjahres hat der Arbeitnehmer die Möglichkeit, sein Arbeitsverhältnis zu beenden und lediglich das Altersruhegeld in Anspruch zu nehmen. Soweit die Höhe des Altersruhegeldes allerdings hinter dem bisher bezogenen Arbeitseinkommen zurückbleibt und andere Formen der Alterssicherung nicht vorliegen, ist der Arbeitnehmer gezwungen, seinen Lebensstandard zu senken[25].

Schon aus finanziellen Erwägungen kann sich deshalb der Wunsch nach einer Fortsetzung der beruflichen Tätigkeit ergeben. Der Versicherte hat die Möglichkeit, neben seinem vollen Arbeitsverdienst Altersruhegeld in Anspruch zu nehmen. Ab Vollendung des 65. Lebens-

---

[22] *Pelikan,* Rentenreform, 10; *ders.,* Rentenversicherung, 255; bei fünfzig Versicherungsjahren beträgt die jährliche Minderung 2 %; vgl. dazu *Pelikan,* Rentenreform, 15; *Zweng / Scheerer,* RVO, § 1248 Anm. I u. § 1254, Anm. V 2 A.

[23] *Pelikan,* Rentenreform, 10; *ders.,* Rentenversicherung, 255.

[24] *Pelikan,* Rentenreform, 15; *ders.,* Rentenversicherung, 265.

[25] *Hanau,* RdA 1976, 24.

jahres gelten für ihn keine sozialversicherungsrechtlichen Verdienst- oder Beschäftigungsgrenzen. Da er als Bezieher von Altersruhegeld keine Beiträge zur Rentenversicherung leisten muß[26], ist sein Nettoarbeitsentgelt sogar höher als zuvor.

Der Versicherte hat jedoch nach Vollendung des 65. Lebensjahres auch die Möglichkeit, sein bestehendes Arbeitsverhältnis unverändert fortzusetzen und den Antrag auf Altersruhegeld aufzuschieben. Sein Einkommen bleibt in diesem Falle weitgehend unverändert, da er zur Beitragszahlung an die Rentenversicherung verpflichtet bleibt. Sein Anspruch auf Altersruhegeld erhöht sich aber nicht nur durch die größere Zahl der anrechnungsfähigen Versicherungsjahre, sondern auch durch den Zuschlag, der auf sein Altersruhegeld bis zur Vollendung des 67. Lebensjahres gezahlt wird.

Ob sich ein solcher Rentenaufschub für den Arbeitnehmer lohnt, läßt sich nur im Einzelfall entscheiden. Die prozentuale Erhöhung des Altersruhegeldes durch Zuschlag und Weiterarbeit macht bei zweijährigem Verzicht und einer zurückgelegten Versicherungszeit von 50 Versicherungsjahren 18,4 % aus. Bei fünfzehn Versicherungsjahren beträgt die Steigerung schon 27,7 %[27]. Bei kürzerem Rentenaufschub ist die prozentuale Steigerung entsprechend geringer. Absolut gerechnet steht sich der Versicherte durch Zuschlag und Weiterarbeit in der Regel erst dann besser als bei früherer Inanspruchnahme der Rente, wenn er das erhöhte Altersruhegeld für längere Zeit beziehen kann[28].

Der Rentenaufschub lohnt sich aber insbesondere für diejenigen Versicherten, die bei der Vollendung des 65. Lebensjahres erst wenige Versicherungsjahre zurückgelegt haben[29]. Außerdem wirkt sich die Weiterarbeit dann aus, wenn durch zusätzliche anrechnungsfähige Versicherungsjahre die Voraussetzung für die weitere Anrechnung von Ersatz- und Ausfallzeiten geschaffen wird[30]. Schließlich hat eine Weiterarbeit nach dem 65. Lebensjahr auch für denjenigen Versicherten ein besonderes Interesse, dessen Angehörige sehr jung sind, so daß sich die Erhöhung des Altersruhegeldes für längere Zeit in einer Witwen- oder Waisenrente niederschlagen kann[31].

---

[26] Vgl. § 1229 Abs. 1 Nr. 1 RVO; § 6 Abs. 1 Nr. 1 AVG; § 31 Nr. 1 RKG.

[27] *Pelikan*, Rentenreform, 16; *ders.*, Rentenversicherung, 265; weitere Berechnungsbeispiele bei *Hanau*, RdA 1976, 24.

[28] Vgl. *Hanau*, RdA 1976, 24; *Pelikan*, Rentenreform, 16; *ders.*, Rentenversicherung, 266.

[29] *Pelikan*, Rentenreform, 16; *ders.*, Rentenversicherung, 266.

[30] *Hanau*, RdA 1976, 24; *Pelikan*, Rentenreform, 16; *ders.*, Rentenversicherung, 266.

[31] *Hanau*, RdA 1976, 24.

II. Bedeutung der rentenversicherungsrechtlichen Altersgrenzen für die Beendigung von Arbeitsverhältnissen

Vor diesem Hintergrund kann nun der Frage nachgegangen werden, ob die Altersgrenzenregelung im Rentenversicherungsrecht eine Beendigung von Arbeitsverhältnissen durch altersbedingte Kündigungen oder arbeitsrechtliche Altersgrenzen bei Vollendung des 65. Lebensjahres zu rechtfertigen vermag. Eine „automatische" Beendigung von Arbeitsverhältnissen erfolgt — entgegen einer in der Praxis verbreiteten Ansicht — bei Erreichen der sozialversicherungsrechtlichen Altersgrenzen nicht[32]. Vielmehr entscheiden arbeitsrechtliche Regeln darüber, ob ein Arbeitsverhältnis bei Vollendung des 65. Lebensjahres endet oder darüber hinaus fortdauert[33].

Allerdings wird eine Beendigung von Arbeitsverhältnissen unter Bezugnahme auf die Altersgrenzen im Rentenversicherungsrecht vor Vollendung des 65. Lebensjahres durch Art. 6 § 5 RRG weitgehend verhindert[34]. Auf diese Vorschrift wird teilweise die Zulässigkeit einer Beendigung von Arbeitsverhältnissen nach Vollendung des 65. Lebensjahres gestützt. Außerdem werden auch die Gründe, die zur Festlegung von Altersgrenzen im Rentenversicherungsrecht geführt haben, zur Rechtfertigung altersbedingter Kündigungen und arbeitsrechtlicher Altersgrenzen herangezogen.

1. Folgerungen aus Art. 6 § 5 RRG

Art. 6 § 5 Abs. 1 RRG bestimmt, daß der Eintritt des Altersversicherungsfalles[35] vor Vollendung des 65. Lebensjahres kein in der Person des Arbeitnehmers liegender Grund ist, der eine Kündigung gemäß § 1 Abs. 2 S. 1 Kündigungsschutzgesetz[36] sozial rechtfertigen könnte. Auch

---

[32] Zu den Vorstellungen der Praxis vgl. *Ammermüller*, DB 1973, 822; *Schleßmann*, Lösung, 36.

[33] LAG Düsseldorf AP 54 Nr. 134; *Großmann / Schneider*, Arbeitsrecht, Rdnr. 329; *Peters*, Geschichte, 126; *Schleßmann*, Lösung, 36; *ders.*, Kündigung, 125; *Weiler*, Problem, 44 ff.; wohl auch *Ammermüller*, DB 1973, 822.

[34] Es handelt sich dabei um eine Vorschrift mit materiell arbeitsrechtlichem Charakter; der Bericht des Ausschusses für Arbeit und Sozialordnung, BT-Drs. VI/3767, 22, spricht dementsprechend von Vorschriften „auf dem Gebiet des Arbeitsrechts"; vgl. dazu auch *Ammermüller*, DB 1973, 822; *Brill* AR-Blattei, Arbeitsvertrag — Arbeitsverhältnis VIII A, IV; *Säcker*, RdA 1976, 99.

[35] Um eine sichere Anwendung der Vorschrift zu ermöglichen, wird man auf den Eintritt des Altersversicherungsfalles abstellen müssen und nicht auf das zeitlich nicht fixierte Recht zur Beantragung von Altersruhegeld. Vgl. dazu *Gumpert*, BB 1973, 521; *Brill*, AR-Blattei, Arbeitsvertrag — Arbeitsverhältnis VIII A, IV.

[36] Kündigungsschutzgesetz (KSchG) v. 25. 8. 1969 (BGBl. I S. 1317).

bei der sozialen Auswahl nach § 1 Abs. 3 S. 1 KSchG muß der Eintritt des Altersversicherungsfalles unberücksichtigt bleiben.

Nach Art. 6 § 5 Abs. 2 RRG entfalten außerdem Vereinbarungen, die eine Beendigung von Arbeitsverhältnissen bei Eintritt des Altersversicherungsfalles vorsehen, vor Vollendung des 65. Lebensjahres keine Wirkungen. Eine Ausnahme gilt für den Fall, daß die Vereinbarung innerhalb der letzten drei Jahre vor der ersten möglichen Beantragung von Ruhegeld durch den Arbeitnehmer schriftlich bestätigt wird. Die Bestimmung erfaßt sowohl individualrechtliche Vereinbarungen als auch Betriebsvereinbarungen und Tarifverträge[37].

Schon der Wortlaut der Vorschrift läßt Rückschlüsse auf die Zulässigkeit der Beendigung von Arbeitsverhältnissen nach Vollendung des 65. Lebensjahres nicht zu. Art. 6 § 5 Abs. 1 RRG regelt ausdrücklich nur die Zulässigkeit der Kündigung eines Arbeitnehmers, der vor Vollendung des 65. Lebensjahres Ruhegeld aus der gesetzlichen Rentenversicherung beantragen kann. Diejenigen Fälle, in denen der Eintritt des Altersversicherungsfalles bei oder nach Vollendung des 65. Lebensjahres zum Anlaß einer Kündigung genommen wird, sind von der Vorschrift nicht erfaßt.

Nach Art. 6 § 5 Abs. 2 RRG gilt eine Vereinbarung, die eine Beendigung des Arbeitsverhältnisses bei Eintritt des Altersversicherungsfalles vor Vollendung des 65. Lebensjahres vorsieht als „auf die Vollendung des 65. Lebensjahres abgeschlossen". Die Vorschrift besagt nicht, daß die Vereinbarung bei Vollendung des 65. Lebensjahres wirksam wird[38]. Dem Wortlaut läßt sich allenfalls die Vorstellung des Gesetzgebers entnehmen, daß eine Vereinbarung über die Beendigung eines Arbeitsverhältnisses bei oder nach Vollendung des 65. Lebensjahres wirksam sein könne, nicht aber, daß sie in jedem Fall wirksam sein müsse.

Teilweise wird versucht, aus Art. 6 § 5 RRG im Wege des Umkehrschlusses zu entnehmen, daß die Beendigung von Arbeitsverhältnissen nach Vollendung des 65. Lebensjahres uneingeschränkt zulässig sein soll[39].

---

[37] So auch *Ammermüller*, DB 1973, 824; *Säcker*, RdA 1976, 100; keine Feststellung treffen *Brill*, AR-Blattei, Arbeitsvertrag — Arbeitsverhältnis VIII A; *Gumpert*, BB 1973, 521 f.

[38] So *Hanau*, RdA 1976, 25; a. A. *Brill*, AR-Blattei, Arbeitsvertrag — Arbeitsverhältnis VIII A, IV; vgl. auch *Ammermüller*, DB 1973, 824; *Sieg*, Anm. zu BAG SAE 1978, 21; *Thiele*, GK-BetrVG, § 75, Rdnr. 38; *Weiler*, Problem, 195.

[39] Vgl. *Ammermüller*, DB 1973, 823; *Brill*, AR-Blattei, Arbeitsvertrag — Arbeitsverhältnis VIII A, IV; ähnlich *Stahlhacke*, Kündigung, Rdnr. 286.

Ein Umkehrschluß ist jedoch methodisch nur dann zulässig, wenn er „ersichtlich vom Gesetzgeber gewollt oder nach der Teleologie des Gesetzes geboten ist“[40]. Art. 6 § 5 RRG zielt lediglich darauf ab, den Arbeitnehmer, der Anspruch auf flexibles Altersruhegeld hat, vor einer zwangsweisen Beendigung seines Arbeitsverhältnisses zu bewahren[41]. Die Zulässigkeit der Beendigung von Arbeitsverhältnissen soll nicht grundsätzlich, sondern nur für diesen Fall geregelt werden. Deshalb ist Art. 6 § 5 RRG auch nicht in die einschlägigen Gesetze eingeordnet worden, sondern nach Zuordnung der übrigen Vorschriften des Rentenreformgesetzes isoliert stehengeblieben[42].

Diese Auslegung entspricht auch dem Willen des Gesetzgebers. Nach dem schriftlichen Bericht des Ausschusses für Arbeit und Sozialordnung sichert die Vorschrift „im Zusammenhang mit der Einführung der flexiblen Altersgrenze die Entscheidungsfreiheit des Arbeitnehmers vor Vollendung des 65. Lebensjahres Altersruhgeld zu beziehen oder weiter zu arbeiten, auf dem Gebiete des Arbeitsrechts“ ab[43]. Dadurch wird deutlich, daß ein Umkehrschluß von der Unzulässigkeit der Beendigung eines Arbeitsverhältnisses aus Anlaß des Eintritts des Altersversicherungsfalles vor Vollendung des 65. Lebensjahres auf ihre Zulässigkeit nach Vollendung des 65. Lebensjahres weder mit dem Zweck der Vorschrift noch mit dem Willen des Gesetzgebers zu vereinbaren ist.

2. Folgerungen aus dem Sinn und Zweck der rentenversicherungsrechtlichen Altersgrenzenregelung

Auch dem Sinn und Zweck der Altersgrenzenregelung im Rentenversicherungsrecht läßt sich keine Rechtfertigung für die uneingeschränkte Zulässigkeit einer Beendigung von Arbeitsverhältnissen bei Vollendung des 65. Lebensjahres entnehmen.

a) Altersgrenzen als Ausdruck abnehmender Leistungsfähigkeit

Traditioneller Zweck der Altersgrenzenregelung ist es, den Versicherten eine Rente zur Verfügung zu stellen, „wenn die körperliche und geistige Leistungsfähigkeit nachläßt“[44]. Dem Ruhegeld kommt insofern eine Kompensationsfunktion zu[45].

---

[40] *Larenz*, Methodenlehre, 376.

[41] So auch *Ammermüller*, DB 1973, 823 f.; *Gumpert*, BB 1973, 521; *Hanau*, RdA 1976, 25; *Säcker*, RdA 1976, 92.

[42] *Ammermüller*, DB 1973, 823; *Säcker*, RdA 1976, 99.

[43] Schriftlicher Bericht des Ausschusses für Arbeit und Sozialordnung, BT-Drs. VI/3767, 22.

[44] *Döring*, System, 46.

[45] Vgl. zu dieser Funktion der Altersrenten Schulin, Sozialversicherungsrecht, Rdnr. 289; ähnlich auch *Bley*, Sozialrecht, 132 f.

In den ersten Jahrzehnten ihres Bestehens wurde die gesetzliche Altersversicherung sogar lediglich als Unterfall der Invalidenversicherung angesehen. Die Altersgrenze sollte eine „ziemlich sichere Präsumtion für die Invalidität“[46] abgeben. Schon in der oft als Magna Charta der Sozialversicherung bezeichneten Kaiserlichen Botschaft vom 17. 11. 1881 kam dieser Zusammenhang zum Ausdruck. Danach sollten „auch diejenigen, welche durch Alter oder Invalidität erwerbsunfähig werden, ... der Gesamtheit gegenüber einen begründeten Anspruch auf ein höheres Maß staatlicher Fürsorge“ haben, „als ihnen bisher hat zutheil werden können“[47]. Aus diesem Grunde wurde die Altersgrenze, die zum Bezug von Altersrente berechtigen sollte, auf die Vollendung des 70. Lebensjahres festgesetzt[48]. Sie wurde zunächst auch unverändert in die RVO übernommen[49]. Erst im Jahre 1916 — nach zwischenzeitlichem Erlaß des Versicherungsgesetzes für Angestellte[50] — wurde die Altersgrenze in der RVO auf 65 Jahre herabgesetzt[51].

Die mit der Altersgrenzenregelung verbundene Vermutung des Eintritts von Erwerbsunfähigkeit könnte zu dem Schluß führen, daß die gleichzeitige Beendigung bestehender Arbeitsverhältnisse intendiert war. Dieser Überlegung steht jedoch die tatsächliche Ausgestaltung der Altersrente entgegen. Sie wurde lediglich als „Zuschuß zu dem noch vorhandenen Arbeitsverdienst“[52] angesehen. Die Höhe der Rente wurde bewußt niedriger gehalten als die Invalidenrente, um den Arbeiter zu veranlassen, „die Arbeitsfähigkeit solange wie möglich auszunutzen“[53]. Erst bei nachgewiesener Erwerbsunfähigkeit trat an die Stelle der Al-

[46] So der Abgeordnete *Hegel* in der zweiten Lesung des Gesetzentwurfes, Verhandlungen des Reichstages, Bd. 106, 1202.

[47] Abgedruckt bei *Gitter*, Sozialrecht, 14; *Peters*, Geschichte, 50 f.; *Wannagat*, Lehrbuch, 63 f.

[48] Zur geschichtlichen Entwicklung und zur Entstehungsgeschichte der gesetzlichen Altersversicherung vgl. *Döring*, System, 11 ff.; *Gitter*, Sozialrecht, 6 ff.; *Peters*, Geschichte, 15 ff., 64 ff.; *Richter*, Grundlagen, 21 ff.; *Richter / Frei*, Grundzüge, 16 ff.; *Wannagat*, Lehrbuch, 40 ff.

[49] Zur Entstehungsgeschichte der Reichsversicherungsordnung vgl. *Peters*, Geschichte, 75 ff.; *Wannagat*, Lehrbuch, 76 f.

[50] V. 28. 12. 1911 (RGBl. S. 989); in Kraft getreten am 1. 1. 1913; seit 28. 5. 1924 umbenannt in Angestelltenversicherungsgesetz (RGBl. I S. 563); zur Entstehungsgeschichte der Angestelltenversicherung vgl. *Koch* u. a., Angestelltenversicherungsgesetz, Bd. I, 2 ff.; *Olshausen*, Versicherungsgesetz für Angestellte, Einführung 7 ff.; *Pannier*, AVG, Vorbem. 3 ff.; *Peters*, Geschichte, 92 ff.

[51] Durch Gesetz betreffend die Alters- und Waisenrente v. 12. 6. 1916 (RGBl. S. 525).

[52] Begründung des Entwurfs für ein Gesetz betreffend die Invaliditäts- und Altersversicherung, Verhandlungen des Reichstages, Bd. 108, Aktenstück Nr. 10, 49; vgl. dazu auch *Döring*, System, 16 m. w. N.

[53] Begründung des Gesetzentwurfes, Verhandlungen des Reichstages, Bd. 108, Aktenstück Nr. 10, 49; Berechnungsbeispiele zur Höhe der Rentenleistungen finden sich bei *Döring*, System, 17 ff.

tersrente die höhere Invalidenrente. Der Gesetzgeber ging also davon aus, daß Arbeitnehmer auch bei Bezug von Altersrente einer Beschäftigung nachgingen, soweit dies ihre Leistungsfähigkeit zuließ.

Durch eine Änderung der RVO aus dem Jahre 1922[54] wurde die Differenzierung in Alters- und Invalidenrenten aufgegeben. Es wurde einheitlich Invalidenrente gewährt, wenn der Versicherte das Alter von 65 Jahren vollendet hatte oder infolge von Krankheit oder anderen Gebrechen dauernd invalide war. Eine Weiterbeschäftigung nach Erreichen der gesetzlichen Altersgrenze und auch nach Inanspruchnahme der vorgesehenen Altersrente blieb weiterhin zulässig und war angesichts des verbliebenen Zuschußcharakters der Rente weitgehend auch notwendig.

Eine entscheidende Änderung des Rechtszustandes trat durch die Rentenreform des Jahres 1957 ein. Die Rente wurde zwar weiterhin als Kompensation abnehmender Leistungsfähigkeit des Arbeitnehmers angesehen. Es erfolgte jedoch eine deutliche Trennung der Altersversicherung von der Versicherung wegen Berufs- und Erwerbsunfähigkeit. Diese wirkte sich insbesondere auf die Berechnung und Finanzierung der Renten aus[55]. Die Renten wurden nicht mehr als Zuschuß zum Lebensunterhalt, sondern als selbständige Lebensgrundlage angesehen. Die Rente erhielt eine „Lohnersatzfunktion"[56] und sollte fortlaufend an die jeweiligen wirtschaftlichen Verhältnisse angepaßt werden.

Diese Verbindung zwischen der Kompensations- und der Lohnersatzfunktion der Altersrente könnte für die uneingeschränkte Zulässigkeit einer Beendigung von Arbeitsverhältnissen nach Vollendung des 65. Lebensjahres sprechen. Gegen eine solche Auslegung spricht jedoch ein weiterer Funktionswandel, der für die Altersgrenzenregelung in der gesetzlichen Rentenversicherung ab 1957 kennzeichnend ist.

b) Altersgrenzen als Ausdruck individueller Lebensgestaltung

Seit 1957 versucht die Gesetzgebung die bis dahin weitgehend starre Altersgrenzenregelung[57] in der gesetzlichen Rentenversicherung fle-

---

[54] Vgl. Gesetz v. 10. 11. 1922 (RGBl. I S. 849); dazu *Döring*, System, 31.

[55] Begründung des Gesetzentwurfes der Bundesregierung für die Arbeiter und Angestelltenrentenversicherung, BT-Drs. II/2432, 59; *Wannagat*, Lehrbuch, 120 f.

[56] Vgl. BT-Drs. II/2432, 58; *Wannagat*, Lehrbuch, 115.

[57] Bergmännisch Beschäftigte hatten schon seit Erlaß des RKG Anspruch auf Rente nach Vollendung des 50. Lebensjahres, wenn sie nach mindestens 25 Dienstjahren unter Einschluß einer 15jährigen Tätigkeit im Bergbau keine gleichwertige Lohnarbeit mehr fanden; vgl. § 36 RKG i. d. F. v. 1. 7. 1926 (RGBl. I S. 369); weitere Ausnahmen gab es in der Angestelltenversicherung; vgl. dazu *Etmer / Schulz*, RVO, § 1248, Anm. 4.

xibler zu gestalten. Dadurch soll dem einzelnen Versicherten ein möglichst großer Spielraum für die individuelle Ausgestaltung des Übergangs vom Arbeitsleben ins Rentnerdasein eröffnet werden[58].

Die Rentenreform des Jahres 1957 hat das bei Vollendung des 65. Lebensjahres zu zahlende normale Altersruhegeld deshalb um ein vorgezogenes Altersruhegeld nach Vollendung des 60. Lebensjahres ergänzt. Das vorgezogene Altersruhegeld kann seitdem von Frauen und langzeitig Arbeitslosen in Anspruch genommen werden. Die größere Flexibilität wirkte sich zunächst also nur im Sinne einer Vorverlegung der Altersgrenze für zwei Versichertengruppen aus.

Ein weiterer Schritt auf dem Wege zu einer individuelleren Gestaltung des Übergangs vom Arbeitsleben in den Ruhestand erfolgte durch das Rentenversicherungsänderungsgesetz aus dem Jahre 1965. Es eröffnete allen Versicherten die Möglichkeit zu bestimmen, daß ein späterer Zeitpunkt als die im Gesetz genannte Altersgrenze für die Erfüllung der Rentenvoraussetzungen maßgebend sein sollte[59]. Der Versicherte hat seitdem die Möglichkeit, „durch Entrichtung weiterer Beiträge die Wartezeit zu erfüllen oder die Höhe seines Altersruhegeldes zu verbessern“[60]. Die Vorschrift setzt voraus, daß bestehende Arbeitsverhältnisse bei Erreichen der Altersgrenzen nicht enden, sondern auch über das 65. Lebensjahr hinaus fortgesetzt werden können. In der Literatur ist die Regelung deshalb als „Einführung einer ‚flexiblen‘ Altersgrenze nach oben“[61] charakterisiert worden.

Die individuellen Gestaltungsmöglichkeiten beim Eintritt in das Rentenalter sind schließlich durch das Rentenreformgesetz aus dem Jahre 1972, das neben anderen erheblichen Veränderungen des Rentenversicherungsrechts[62] zur Einführung der flexiblen Altersgrenze führte, noch erheblich verstärkt worden.

Die Einführung der flexiblen Altersgrenze sollte nach der Begründung des Gesetzentwurfes durch die Bundesregierung „der unterschiedlichen Leistungsfähigkeit der älteren Versicherten“ Rechnung tragen und „dem Einzelnen größere Freiheit und mehr Selbstbestimmung in bezug auf seinen Lebensabend“ einräumen[63]. Von der Vollendung des

---

[58] Vgl. zu dieser Funktion der Altersgrenzenregelung *Döring*, System, 46 ff.

[59] Vgl. Verbandskommentar, RVO, § 1248, Rdnr. 20.

[60] So die Gesetzesbegründung, BT-Drs. IV/2572, 24.

[61] *Schulin*, Sozialversicherungsrecht, Rdnr. 329.

[62] Vgl. dazu Begründung des Gesetzentwurfes, BT-Drs. VI/2916, 37 ff.; *Pelikan*, Rentenreform.

[63] BT-Drs. VI/ 2916, 37.

63. Lebensjahres an sollten die Versicherten „entsprechend ihrem Leistungsvermögen und ihren persönlichen Verhältnissen frei entscheiden können, ob sie Altersruhegeld beziehen oder weiterarbeiten wollen". Auch nach Vollendung des 65. Lebensjahres sollten Versicherte wie bisher bestimmen können, „ob sie Altersruhegeld beziehen und daneben ganz oder teilweise arbeiten, oder ob sie unter Verzicht auf das Altersruhegeld weiterarbeiten und dadurch zusätzliche Versicherungszeiten erwerben wollen".

Dieselben Überlegungen finden sich auch im schriftlichen Bericht des Ausschusses für Arbeit und Sozialordnung. Nach seiner Auffassung eröffnet die flexible Altersgrenze den aktiv erwerbstätigen Versicherten die Möglichkeit, „frei und eigenverantwortlich darüber zu entscheiden, wann sie aus dem aktiven Erwerbsleben ausscheiden wollen. Um der unterschiedlichen Leistungsfähigkeit im Alter Rechnung zu tragen, soll dem einzelnen Versicherten die Entscheidung über den Termin seines Ausscheidens aus dem Erwerbsleben überlassen bleiben"[64].

Daß diese Entscheidungsfreiheit auch für die Zeit nach Vollendung des 65. Lebensjahres gilt, wird durch die zusammen mit der flexiblen Altersgrenze eingeführte Zuschlagsregelung besonders unterstrichen. Damit hat der Gesetzgeber sogar einen besonderen Anreiz für die Weiterbeschäftigung nach Vollendung des 65. Lebensjahres geschaffen[65].

Die in den Ruhegeldregelungen der gesetzlichen Rentenversicherung zum Ausdruck kommende Zielsetzung des Gesetzgebers geht eindeutig dahin, den individuellen Fähigkeiten und Bedürfnissen des einzelnen Versicherten weitestgehend Rechnung zu tragen und seine Entscheidungsfreiheit zu stärken. Das gilt sowohl für den Zeitraum vor Vollendung des 65. Lebensjahres als auch für die Zeit danach. Es hieße, diesen gesetzgeberischen Willen zu konterkarieren, wollte man die Beendigung bestehender Arbeitsverhältnisse bei Vollendung des 65. Lebensjahres durch altersbedingte Kündigungen oder arbeitsrechtliche Altersgrenzen uneingeschränkt zulassen[66].

3. Folgerungen aus den unterschiedlichen Rechtsfolgen einer Altersgrenzenregelung im Rentenversicherungs- und Arbeitsrecht

Dieses Ergebnis wird bestätigt, wenn man die unterschiedlichen Rechtsfolgen einbezieht, die die rentenversicherungsrechtlichen Alters-

---

[64] Schriftlicher Bericht des Ausschusses für Arbeit und Sozialordnung, BT-Drs. VI/3767, 5 f.

[65] *Zweng / Scheerer*, RVO, § 1254, Anm. V 1 A; *Döring*, System, 50 spricht insofern von einer „nach oben flexibel" gestalteten Altersgrenze.

[66] Ähnlich auch *Hanau*, RdA 1976, 25.

grenzen einerseits und altersbedingte Kündigungen bzw. arbeitsrechtliche Altersgrenzen andererseits jeweils auslösen.

Beim Erreichen der Altersgrenzen im Rentenversicherungsrecht steht dem Versicherten, der auch die übrigen Voraussetzungen erfüllt hat, ein Anspruch auf Zahlung von Altersruhegeld zu. Die Regelung hat für ihn also begünstigende Wirkung. Demgegenüber können altersbedingte Kündigungen und arbeitsrechtliche Altersgrenzen zu einer zwangsweisen Beendigung von Arbeitsverhältnissen führen. Diese Maßnahmen haben zumindest für den Arbeitnehmer, der noch über eine ausreichende Leistungsfähigkeit und Arbeitswilligkeit verfügt, eine erheblich belastende Wirkung.

Bei belastenden arbeitsrechtlichen Regelungen ist fast immer der grundrechtlich geschützte Rechtskreis des Arbeitnehmers betroffen. Soweit die Grundrechtsbindung reicht, ergeben sich deshalb für derartige Regelungen besondere Beschränkungen, die bei Maßnahmen mit begünstigender Wirkung regelmäßig nicht zu beachten sind. Außerdem greifen bei belastenden Regelungen zahlreiche Schutzvorschriften ein, die die Vertragsfreiheit des Arbeitnehmers sichern und ihm bestimmte Arbeitsbedingungen garantieren sollen. Die Rechtfertigung einer belastenden Altersgrenzenregelung im Arbeitsrecht unter Hinweis auf die begünstigende Regelung im Rentenversicherungsrecht ist auch deshalb fragwürdig.

Zusammenfassend läßt sich feststellen, daß altersbedingte Kündigungen und arbeitsrechtliche Altersgrenzen, die auch gegen den Willen der betroffenen Arbeitnehmer zu einer Beendigung von Arbeitsverhältnissen bei Vollendung des 65. Lebensjahres führen, sich nicht mit dem Hinweis auf das Rentenversicherungsrechts rechtfertigen lassen. Die flexible Regelung der rentenversicherungsrechtlichen Altersgrenzen, durch die der unterschiedlichen Leistungsfähigkeit älterer Arbeitnehmer und ihren individuellen Wünschen sowohl vor als auch nach Vollendung des 65. Lebensjahres Rechnung getragen wird, spricht sogar eher gegen eine derartige arbeitsrechtliche Zwangspensionierung.

§ 5 Altersgrenzenregelung im Recht der Arbeitslosenversicherung

Unter Bezugnahme auf § 100 Abs. 2 Arbeitsförderungsgesetz[1] hat Ammermüller versucht, einen Rechtsgrundsatz aufzustellen, wonach „das Arbeitsverhältnis zum vollendeten 65. Lebensjahr unabhängig von einem Kündigungsgrund gekündigt werden kann“[2]. Nach seiner Vorstellung rechtfertigt die Vorschrift die Beendigung eines Arbeitsverhältnisses gegen den Willen des Arbeitnehmers, wenn dieser die Altersgrenze von 65 Jahren erreicht hat.

Nach § 100 Abs. 2 AFG hat derjenige, der das 65. Lebensjahr vollendet hat, vom Beginn des folgenden Monats an keinen Anspruch auf Arbeitslosengeld mehr. Das Erreichen der Altersgrenze schließt als negative Anspruchsvoraussetzung den Bezug von Arbeitslosengeld aus[3].

Das Arbeitslosengeld stellt die versicherungsrechtliche Hauptleistung der Arbeitslosenversicherung dar[4] und dient wie alle Leistungen dieser Versicherung dem „Schutz der Arbeitnehmer gegen die wirtschaftlichen Folgen der Arbeitslosigkeit“[5]. Beim Arbeitslosengeld handelt es sich um eine Kompensationsleistung mit Lohnersatzfunktion[6]. Es soll, wenn auch nicht in voller Höhe, den Ausfall an Arbeitsentgelt ausgleichen, den ein Versicherter durch den Eintritt der Arbeitslosigkeit erfährt[7].

Nach dem früher geltenden Recht konnte auch nach Vollendung des 65. Lebensjahres und neben dem Bezug von Altersruhegeld Arbeitslosengeld bezogen werden. Erst nach Ablauf von 156 Tagen ruhte der Anspruch auf Arbeitslosengeld für die Zeit, für die dem Arbeitslosen ein Anspruch auf Rente zuerkannt war[8]. Diese Regelung führte dazu, daß sich Rentner, die an einer Vermittlung in Arbeit nicht mehr ernst-

---

[1] Arbeitsförderungsgesetz (AFG) v. 25. 6. 1969 (BGBl. I S. 582).

[2] *Ammermüller*, DB 1973, 823.

[3] *Geffers / Schwarz*, AFG, § 100, Rdnr. 4; *Eckert*, GK-AFG, § 100, Rdnr. 64.

[4] Vgl. § 3 Abs. 2 Nr. 6 AFG.

[5] GK-AFG, Einf. XXVII; ähnlich *Rüfner*, Einführung, 143; vgl. auch *Bley*, Sozialrecht, 206; *Gitter*, Sozialrecht, 167 ff.

[6] *Bley*, Sozialrecht, 209; *Geffers / Schwarz*, AFG, Einf. vor § 100 ff., 1; GK-AFG, Einf. XXVII; *Krebs*, AFG, Einf., E 9; *Schönefelder / Kranz / Wanka*, AFG, Vorb. § 100, Rdnr. 3.

[7] § 112 AFG; vgl. auch *Bley*, Sozialrecht, 209.

[8] Vgl. § 87 Abs. 5 Gesetz über Arbeitsvermittlung und Arbeitslosenversicherung (AVAVG) v. 16. 7. 1927 (RGBl. I S. 187) i. d. F. der Bekanntmachung v. 3. 4. 1957 (BGBl. I S. 321, 706); vgl. dazu BSG SozR 4100 § 100 AFG Nr. 1, 4; *Krebs*, AFG, § 100, Rdnr. 23; *Schönefelder / Kranz / Wanka*, AFG, § 100, Rdnr. 21.

haft interessiert waren, beim Arbeitsamt als Arbeitssuchende meldeten, um neben der Rente ihren Leistungsanspruch aus der Arbeitslosenversicherung auszuschöpfen[9].

Die Altersgrenzenregelung soll vor allem diesen Doppelbezug von Arbeitslosengeld und gesetzlicher Altersrente verhindern[10]. Allerdings gilt § 100 Abs. 2 AFG auch für Arbeitslose, die keinen Anspruch auf Leistungen aus der gesetzlichen Rentenversicherung haben[11]. Sie müssen nach Wegfall des Arbeitslosengeldes gegebenenfalls auf Leistungen nach dem Bundessozialhilfegesetz[12] zurückgreifen.

Eine Beendigung von Arbeitsverhältnissen wird durch § 100 Abs. 2 AFG nicht ausdrücklich angeordnet, könnte sich allerdings aus dem Sinn und Zweck der Altersgrenzenregelung und ihrer systematischen Stellung im gesamten Recht der Arbeitsförderung ergeben.

I. Folgerungen aus dem Sinn und Zweck der Altersgrenzenregelung

Der schon erwähnte Hauptzweck der Altersgrenzenregelung liegt darin, den Doppelbezug von Altersruhegeld und Arbeitslosengeld nach Vollendung des 65. Lebensjahres zu verhindern. Beide Versicherungsleistungen haben eine Lohnersatzfunktion. Sie dienen dem Prinzip nach der vollen Unterhaltssicherung der Versicherten. Ihre Kumulierung kann zu einer Gesamthöhe der Bezüge führen, die sozialpolitisch unerwünscht ist. Um dieses zu verhindern, hat der Gesetzgeber die Altersgrenzenregelung eingeführt.

Er hat sich dabei von der unterschiedlichen Zweckbestimmung der Arbeitslosenversicherung und der gesetzlichen Rentenversicherung leiten lassen. Anerkannter Zweck der Arbeitslosenversicherung ist es, den Unterhalt von Versicherten zu gewährleisten, die grundsätzlich noch im Arbeitsleben stehen, jedoch vorübergehend arbeitslos sind[13]. Demgegenüber dienen die Rentenleistungen der gesetzlichen Rentenversicherung der Unterhaltssicherung von Versicherten, die aus dem Arbeitsleben ausgeschieden sind[14].

---

[9] GK-AFG, Einf. XXVIII; *Schönefelder / Kranz / Wanka*, AFG, § 100, Rdnr. 21.

[10] *Schönefelder / Kranz / Wanka*, AFG, Vorb. § 100, Rdnr. 5.

[11] BSG SozR 4100 § 100 AFG, Nr. 1, 1 ff.; *Eckert*, GK-AFG, § 100, Rdnr. 64.

[12] Bundessozialhilfegesetz (BSHG) i. d. F. der Bekanntmachung v. 13. 2. 1976 (BGBl. I S. 289, ber. BGBl. I S. 1150).

[13] BVerfG 31, 185 (190); BSG SozR 4100 § 100 AFG Nr. 1, 2; vgl. auch *Bley*, Sozialrecht, 153.

[14] BVerfG 31, 185 (190); BSG SozR 4100 § 100 AFG Nr. 1, 2.

Tabelle 9

Arbeitslose im Bundesgebiet nach Altersgruppen und der Dauer der Arbeitslosigkeit

Ende September 1980

Männer und Frauen

Altersgruppe	Arbeits-lose ins-gesamt	davon (Spalte 1) waren arbeitslos					
		unter 1 Monat	1 Monat bis unter 3 Monate	3 Monate bis unter ½ Jahr	½ Jahr bis unter 1 Jahr	1 Jahr bis unter 2 Jahre	2 Jahre und länger
unter 20	100	31,3	42,2	14,8	8,8	2,5	0,4
20 bis unter 25	100	24,3	35,1	19,1	15,0	4,9	1,6
25 bis unter 30	100	19,3	30,6	21,4	19,2	7,0	2,6
30 bis unter 35	100	18,1	28,5	20,7	19,8	8,8	4,1
35 bis unter 40	100	17,6	27,4	19,7	19,9	9,7	5,8
40 bis unter 45	100	16,2	25,2	19,1	20,6	10,8	8,2
45 bis unter 50	100	13,6	22,0	18,2	20,9	13,0	12,2
50 bis unter 55	100	10,1	17,9	17,1	22,0	15,5	17,4
55 bis unter 60	100	6,5	15,4	16,7	24,0	16,8	20,6
60 bis unter 65	100	5,1	12,6	15,7	34,7	18,8	13,0
Insges. Sept. 1980	100	17,7	27,5	18,6	19,2	9,6	7,4

Quelle: ANBA 1981, 164.

Empirische Untersuchungen zeigen, daß ein Versicherter, der bei Vollendung des 65. Lebensjahres arbeitslos ist oder zu einem späteren Zeitpunkt arbeitslos wird, regelmäßig keinen neuen Arbeitsplatz erhält und deshalb aus dem Arbeitsleben ausscheidet.

Die Tabelle 9 zeigt, daß die Dauer der Arbeitslosigkeit stark vom Lebensalter abhängt[15]. Die Verbleibdauer ist bei jüngeren Arbeitslosen deutlich geringer als bei älteren Arbeitslosen. Diese Tendenz wird bei der Gruppe der langfristig Arbeitslosen, die das 60. Lebensjahr überschritten haben, durch die Möglichkeit der Inanspruchnahme vorgezogenen Altersruhegeldes etwas verdeckt[16].

---

[15] Vgl. dazu auch ANBA 1982, 18; *Bäcker / Naegele*, WSI-Mitteilungen 1981, 682; *Brinkmann*, MittAB 1979, 521; *Egle*, MittAB 1977, 227 f.; *Rosenbladt / Büchtemann*, MittAB 1980, 560 f.; vgl. dazu auch die Begründung zum Regierungsentwurf für ein AFG, BT-Drs. V/2291, 79 zu § 90.

[16] Zur verdeckten Arbeitslosigkeit älterer Arbeitnehmer vgl. auch *Bäcker*, Sozialer Fortschritt 1979, 117 f.

Tabelle 10: **Deutsche Arbeitslose vom September 1974, gegliedert nach dem Alter sowie ihrem Verbleib im September 1975, in %**

Verbleib September 1975	bis unter 20 Jahre	20 bis unter 25 Jahre	25 bis unter 30 Jahre	30 bis unter 35 Jahre	35 bis unter 40 Jahre	40 bis unter 45 Jahre	45 bis unter 50 Jahre	50 bis unter 55 Jahre	55 bis unter 60 Jahre	60 Jahre und älter	Insgesamt
Arbeitslos	27,4	26,1	27,1	29,5	40,6	42,9	44,3	46,2	47,3	15,0	33,5
Aufnahme einer Arbeit	45,2	44,9	46,1	48,6	40,0	39,9	37,9	29,7	17,1	5,6	37,7
darunter:											
Teilzeitarbeit ..	3,1	7,2	9,3	13,6	11,4	10,4	9,6	8,1	3,5	2,9	7,2
Ausbildung, Fortbildung oder Umschulung ...	12,0	8,8	7,5	4,7	3,2	3,2	2,6	0,7	—	—	5,1
Sonstige Abgänge	15,5	20,3	19,3	17,2	16,3	14,0	15,1	23,3	35,6	79,5	23,7
darunter:											
Hausfrau	7,2	15,4	16,8	13,5	11,6	9,5	9,4	12,0	4,8	2,5	10,8
Rentner	—	0,1	0,2	0,4	1,1	0,9	2,4	4,6	24,9	74,3	8,4
krank	—	0,7	1,7	1,6	2,7	3,2	3,0	6,2	5,5	2,7	2,3

Quelle: *Brinkmann / Schober-Gottwald*, MittAb 1976, 98.

Dem großen Verbleibrisiko älterer Arbeitsloser entsprechen sinkende Wiedereingliederungschancen in den Arbeitsprozeß[17]. Aus der Tabelle 10 geht hervor, daß von den Arbeitslosen, die das 60. Lebensjahr überschritten haben, nach einem Jahr nur 5,6 % erneut eine Arbeit aufgenommen haben. Demgegenüber sind 74,3 % Rentner geworden. Insbesondere unter den Bedingungen einer angespannten Arbeitsmarktlage muß „die Arbeitslosigkeit im höheren Lebensalter als Vorstufe zum endgültigen Ausscheiden aus dem Erwerbsleben angesehen werden“[18].

Der Versicherungsfall der Arbeitslosigkeit wird bei älteren Arbeitnehmern also zunehmend durch den Versicherungsfall des Alters verdrängt. Deshalb soll die Unterhaltssicherung nach Vollendung des 65. Lebensjahres durch Leistungen der gesetzlichen Rentenversicherung — oder ausnahmsweise nach dem BSHG — und nicht durch Leistungen der Arbeitslosenversicherung erfolgen.

Die Altersgrenzenregelung im AFG will also beim Zusammentreffen mehrerer Versicherungsfälle eine unerwünschte Kumulierung von Versicherungsleistungen systemgerecht beseitigen. Sie zielt jedoch nicht darauf ab, bestehende Arbeitsverhältnisse gegen den Willen der betroffenen Arbeitnehmer zu beenden und den Altersversicherungsfall zwangsweise herbeizuführen. Der Gesetzgeber trägt der Tatsache Rechnung, daß arbeitslose Versicherte nach Vollendung des 65. Lebensjahres in der Regel auf Dauer Altersrentner bleiben. Es entspricht jedoch nicht seinem Wunsch, alle Beschäftigten bei Erreichen dieser Altersgrenze zwangsweise zu Altersrentnern zu machen. Der Sinn und Zweck der Altersgrenzenregelung trägt deshalb die von Ammermüller vertretene Auffassung nicht.

II. Folgerungen aus der systematischen Stellung der Altersgrenzenregelung

Dieses Ergebnis wird durch die systematische Einordnung der Altersgrenzenregelung in das gesamte Recht der Arbeitsförderung bestätigt. Der beschäftigungspolitischen Zielsetzung des AFG entspricht es, daß der Verhinderung und Beseitigung von Arbeitslosigkeit eine vorrangige Bedeutung zugemessen wird[19]. Arbeitslosigkeit soll vornehmlich durch

---

[17] So auch ANBA 1982, 18; *Bäcker*, Sozialer Fortschritt 1979, 114 ff.; *Bäcker / Naegele*, WSI-Mitteilungen 1981, 682; *Brinkmann*, MittAB 1979, 522 f.; *Egle / Karr / Leupoldt*, MittAB 1980, 105 f.; *Karr*, MittAB 1979, 161 f.; *Rosenbladt / Büchtemann*, MittAB 1980, 565 f.

[18] Vgl. *Bäcker / Naegele*, WSI-Mitteilungen 1981, 682.

[19] *Gagel / Jülicher*, AFG, § 1, Rdnr. 2; *Nehammer*, GK-AFG, § 2, Anm. 1; *Krebs*, AFG, Einf. E 6, § 2, Rdnr. 2; *Schönefelder / Kranz / Wanka*, AFG, § 2, Rdnr. 2.

Vermittlung in Arbeit beseitigt und nicht durch Versicherungsleistungen gelindert werden[20]. Die Vermittlungstätigkeit der Bundesanstalt für Arbeit macht den „Hauptzweck des im AFG verankerten Systems zum Schutz gegen Arbeitslosigkeit" aus[21].

Das Bundessozialgericht hat ausdrücklich betont, daß „dieser Schutzzweck ... auch nach Vollendung des 65. Lebensjahres erhalten" bleibt[22]. Auch Arbeitslose, die die Altersgrenze des § 100 Abs. 2 AFG erreicht haben, können deshalb die Vermittlungsleistungen der Bundesanstalt für Arbeit in Anspruch nehmen. Die Tatsache, daß ältere Arbeitslose Leistungen der gesetzlichen Rentenversicherung beziehen, darf „nicht so interpretiert werden, als ob allemal kein Interesse an der Wiederaufnahme der Berufstätigkeit und an der Vermittlung eines Arbeitsplatzes mehr bestünde"[23]. Die Auffassung von Ammermüller müßte zu dem paradoxen Ergebnis führen, daß Arbeitnehmer zunächst unter Hinweis auf § 100 Abs. 2 AFG ihr Beschäftigungsverhältnis beenden müßten, sich aber anschließend aufgrund des AFG wieder in Arbeit vermitteln lassen könnten.

Im übrigen hat der Gesetzgeber in das AFG besondere Maßnahmen zur Arbeitsbeschaffung für ältere Arbeitnehmer aufgenommen. Danach kann die Bundesanstalt für Arbeit Arbeitgebern Lohnkostenzuschüsse für die zusätzliche Einstellung von älteren Arbeitnehmern zahlen[24]. Außerdem können Darlehen oder Zuschüsse für den Aus- und Aufbau von Betrieben gewährt werden, durch die eine Beschäftigung älterer Arbeitnehmer angestrebt wird[25].

Der Begriff des „älteren Arbeitnehmers" wird durch das Gesetz nicht definiert. Nach § 3 der Anordnung zur Arbeitsbeschaffung für ältere Arbeitnehmer zählt dazu, wer auf Grund seines fortgeschrittenen Alters und sonstiger in seiner Person begründeter Umstände oder sich verändernder Anforderungen des Arbeitslebens im Wettbewerb mit anderen Arbeitnehmern nicht mehr ohne Hilfen nach dem AFG auskommt[26].

---

[20] Vgl. § 5 AFG; sowie *Gagel / Jülicher*, AFG, § 2, Rdnr. 3; *Geffers / Schwarz*, AFG, § 5, Rdnr. 2; *Nehammer*, GK-AFG, § 5, Anm. 1; *Krebs*, AFG, § 5, Rdnr. 1; *Rüfner*, Einführung, 145.

[21] BSG SozR 4100 § 100 AFG, Nr. 1, 4.

[22] BSG SozR 4100 § 100 AFG, Nr. 1, 4.

[23] *Bäcker / Naegele*, WSI-Mitteilungen 1981, 683.

[24] § 97 AFG; vgl. auch § 2 Nr. 6 AFG.

[25] § 98 AFG.

[26] Anordnung des Verwaltungsrates der Bundesanstalt für Arbeit über Maßnahmen zur Arbeitsbeschaffung für ältere Arbeitnehmer (Anordnung nach § 99 AFG) v. 31. 10. 1969 (ANBA 1970 S. 1), abgedruckt bei GK-AFG, Anh. zu § 99.

Als Mindestalter hat die Bundesanstalt für Arbeit die Vollendung des 45. Lebensjahres angesetzt[27]. In der Literatur werden teilweise andere Altersuntergrenzen genannt[28]. Eine Obergrenze besteht demgegenüber nicht. Der Anspruch auf Vermittlungsbemühungen der Bundesanstalt für Arbeit endet erst, wenn eine Vermittlung aus Gründen, die in der Person des Erwerbstätigen liegen, unmöglich ist[29]. Bis zu dieser Grenze werden auch und gerade Arbeitnehmer, die das 65. Lebensjahr vollendet haben, von den Arbeitsbeschaffungsmaßnahmen für ältere Arbeitnehmer erfaßt[30]. „Dies rechtfertigt sich einmal daraus, daß auch ältere Menschen unter Umständen noch auf Erwerbseinkommen angewiesen sein können, zum anderen aber auch wegen ihres oft noch vorhandenen Bedürfnisses nach Erwerbstätigkeit, das unter dem Gesichtspunkt freier Persönlichkeitsentwicklung zu beachten ist[31]."

Durch die Maßnahmen soll ein „Beitrag zur Lösung des Problemes der Arbeitslosigkeit älterer Arbeitnehmer" geleistet werden[32]. Der Gesetzgeber wollte „den Tarifpartnern nicht nur zeigen, welche Bedeutung" er „diesem Problem beimißt, sondern sie insbesondere dazu veranlassen, in verstärktem Maße in ihrem Bereich ältere Arbeitnehmer wieder- oder fortzubeschäftigen"[33]. Das gesetzgeberische Ziel besteht also gerade darin, die Weiterbeschäftigung älterer Arbeitnehmer, einschließlich solcher, die das 65. Lebensjahr vollendet haben, zu sichern.

Damit findet die Auffassung von Ammermüller nicht nur in Wortlaut und Zwecksetzung der Altersgrenzenregelung des § 100 Abs. 2 AFG keine Stütze. Die von ihm angestrebte zwangsweise Beendigung der Arbeitsverhältnisse von Arbeitnehmern, die das 65. Lebensjahr vollendet haben, läuft der Zielsetzung des Gesetzgebers, wie sie im AFG ihren Ausdruck findet, sogar entgegen.

---

[27] RdErl. 343/79, zit. nach GK-AFG, § 97, Rdnr. 3; ähnlich *Krebs*, AFG, § 97, Rdnr. 4; *Schönefelder / Kranz / Wanka*, AFG, § 2, Rdnr. 63; § 97, Rdnr. 2.

[28] *Schmidt*, GK-AFG, § 97, Rdnr. 3 nennt als Altersgrenze beispielsweise die Vollendung des 40. Lebensjahres.

[29] *Schönefelder / Kranz / Wanka*, AFG, § 2, Rdnr. 55.

[30] BSG SozR 4100 § 100 AFG Nr. 1, 4; *Gagel / Jülicher*, AFG, § 2, Rdnr. 21; *Schönefelder / Kranz / Wanka*, AFG, § 2, Rdnr. 62.

[31] *Gagel / Jülicher*, AFG, § 2, Rdnr. 21.

[32] Schriftlicher Bericht des Ausschusses für Arbeit, BT-Drs. *zu* V/4110, 17 zu § 89 a AFG.

[33] Schriftlicher Bericht des Ausschusses für Arbeit, BT-Drs. *zu* V/4110, 17 zu § 89 a AFG.

§ 6 Altersgrenzen im Dienstrecht der Beamten, Richter und Soldaten

Verschiedentlich ist versucht worden, auch die Altersgrenzenregelungen im öffentlichen Dienst zur Rechtfertigung altersbedingter Kündigungen und arbeitsrechtlicher Altersgrenzen heranzuziehen[1]. Nach Ansicht von Nikisch sollten die Gründe, die zur Festlegung von Altersgrenzen im öffentlichen Dienst geführt haben, „auch die Kündigung eines privaten Arbeitgebers rechtfertigen“[2].

Dem ist der zweite Senat des Bundesarbeitsgerichts für das Kündigungsrecht mit dem Hinweis entgegengetreten, daß die Altersgrenzenregelungen im öffentlichen Dienst „kein Maßstab ... für die andersartigen, einer solchen Normung widerstrebenden Verhältnisse in der freien Wirtschaft“ seien[3]. Allerdings hat derselbe Senat in einer späteren Entscheidung eine auf die Vollendung des 65. Lebensjahres bezogene Altersgrenze in einer Betriebsvereinbarung unter Hinweis auf die entsprechenden Regelungen im öffentlichen Dienstrecht für sachlich gerechtfertigt angesehen[4].

Hier soll die Zulässigkeit altersbedingter Kündigungen und arbeitsrechtlicher Altersgrenzen jedoch nicht vor dem Hintergrund eines Vergleiches zwischen öffentlichem Dienst und freier Wirtschaft untersucht werden. Vielmehr geht es um die verwandte Frage, ob die Altersgrenzenregelungen für Beamte, Berufsrichter und Berufssoldaten, deren Zulässigkeit im Rahmen dieser Arbeit unterstellt werden soll, arbeitsrechtliche Altersgrenzen oder altersbedingte Kündigungen zu rechtfertigen vermögen. Es gilt also zu prüfen, ob die Zulässigkeit einer Altersgrenzenregelung für öffentlichrechtliche Dienstverhältnisse den Schluß auf die Zulässigkeit solcher Bestimmungen für privatrechtliche Arbeitsverhältnisse zuläßt oder ob die „andersartigen Verhältnisse“ der verschiedenen Regelungsbereiche dem entgegenstehen. Dafür erscheint es sinnvoll, die Bedeutung der Altersgrenzen im Dienstrecht der Beamten, Berufsrichter und Berufssoldaten vorab darzustellen.

---

[1] *Nikisch*, Arbeitsrecht I, 760 FN 30; *Schimana*, BB 1970, 1141; *Zöllner*, Anm. zu BAG AP Nr. 1 zu § 1 KSchG (Personenbedingte Kündigung).

[2] *Nikisch*, Arbeitsrecht I, 760 FN 30.

[3] BAG 11, 278 (285); vgl. auch LAG Düsseldorf AP 54 Nr. 134 und aus dem Schrifttum *Auffarth / Müller*, KSchG, § 1, Rdnr. 190; *Hueck*, KSchG, § 1, Rdnr. 85; *Rohlfing / Rewolle / Bader*, KSchG, § 1, Rdnr. 39; *Schleßmann*, Kündigung, 125.

[4] BAG 23, 257 (272).

I. Bedeutung der Altersgrenzen im Dienstrecht der Beamten, Berufsrichter und Berufssoldaten

1. Allgemeine Funktion der Altersgrenzenregelung

Das Beamtenverhältnis wird grundsätzlich auf Lebenszeit begründet[5]. Die Lebenslänglichkeit des Beamtenverhältnisses zählt zu den hergebrachten Grundsätzen des Berufsbeamtentums im Sinne von Art. 33 Abs. 5 GG[6]. Für Berufsrichter fordert das Grundgesetz im Gegensatz zur Weimarer Reichsverfassung keine Anstellung auf Lebenszeit[7]. Das einfach-gesetzliche Richterrecht geht jedoch wie das Beamtenrecht vom Grundsatz der lebenslangen Anstellung des Berufsrichters aus[8]. Im Soldatenrecht stehen dem Wehrpflichtverhältnis die Dienstverhältnisse der Berufssoldaten und Soldaten auf Zeit gegenüber[9]. Das Dienstverhältnis des Berufssoldaten ist auf Lebenszeit angelegt.

Die Anstellung auf Lebenszeit bedeutet nicht, daß Beamte, Berufssoldaten und Berufsrichter sozusagen „bis zum letzten Atemzug" ihren Dienst aktiv wahrnehmen müssen[10]. Vielmehr bildet die Dienstfähigkeit eine „durch die Natur der Sache" gebotene, selbstverständliche Grenze des Dienstverhältnisses[11]. Mit dem Eintritt der Dienstunfähigkeit verliert der auf Lebenszeit angestellte Dienstnehmer sein Recht auf Belassung im Amt und wird pensioniert[12]. „Diese Folge der Dienstunfähigkeit gehört zum eisernen Bestand des Beamtenrechts[13]." Sie gilt gleichermaßen für das Soldaten- und Richterrecht.

Die Dienstunfähigkeit kann individuell für den einzelnen Dienstnehmer festgestellt werden. Sie kann aber auch aufgrund eines Gesetzes „nach einer allgemeinen, aus den Lebenserfahrungen heraus aufgestell-

---

[5] Vgl. § 3 Abs. 1 S. 2 Beamtenrechtsrahmengesetz (BRRG) v. 1. 7. 1957 (BGBl. I S. 667); zum Lebenszeitprinzip vgl. auch *Plog / Wiedow / Beck*, BBG, § 5, Rdnr. 4; *Stern*, Staatsrecht I, 284; *Ule*, Beamtenrecht, § 3 BRRG, Rdnr. 1.

[6] So *Hamann / Lenz*, GG, Art. 33, Anm. 7 b dd; *v. Mangoldt / Klein*, GG, Art. 33, Anm. VII 3 d 3; *Matthey*, in: *v. Münch*, GG, Art. 33, Rdnr. 41; *Maunz / Dürig / Herzog / Scholz*, GG, Art. 33, Rdnr. 65.

[7] Vgl. BVerfG 3, 213 (224); 4, 331 (345); 14, 56 (70 f.); 18, 241 (255); *Maunz / Dürig / Herzog / Scholz*, GG, Art. 97, Rdnr. 56; zur früheren Rechtslage vgl. auch Art. 104 Abs. 1 Weimarer Reichsverfassung (WRV) v. 11. 8. 1918 (RGBl. 1919, S. 383).

[8] Vgl. § 10 Deutsches Richtergesetz (DRiG) i. d. F. der Bekanntmachung v. 19. 4. 1972 (BGBl. I S. 713); und die Vorschriften des Landesrichterrechts.

[9] Vgl. §§ 1, 37 ff. Soldatengesetz (SG) i. d. F. der Bekanntmachung v. 19. 8. 1975 (BGBl. I S. 2273).

[10] *Maunz / Dürig / Herzog / Scholz*, GG, Art. 33, Rdnr. 65.

[11] BVerwG 25, 83 (86); *Ule*, Grenzen, 496; *ders.*, Dienst, 575.

[12] Vgl. dazu BGH NJW 1954, 1285; *Plog / Wiedow / Beck*, BBG, § 41, Rdnr. 1.

[13] *Ule*, Grenzen, 496; *ders.*, Dienst, 575.

ten Regel für alle" Dienstnehmer, die ein bestimmtes Alter erreicht haben, unwiderlegbar vermutet werden[14]. Diesem Zweck dient die gesetzliche Festlegung einer Altersgrenze.

Die Entscheidung darüber, ob die Dienstunfähigkeit individuell festgestellt werden soll oder bei Erreichen einer Altersgrenze unwiderlegbar vermutet wird, steht im Ermessen des Gesetzgebers. Art. 97 Abs. 2 S. 2 GG bestimmt deshalb, daß der Gesetzgeber für Berufsrichter Altersgrenzen festsetzen kann. Eine Verpflichtung dazu spricht die Verfassung nicht aus. Auch für das Soldatenrecht gibt es keine verfassungsrechtliche Verpflichtung zur Schaffung einer Altersgrenzenregelung.

Ob im Beamtenrecht eine solche Verpflichtung besteht, hängt davon ab, ob die Festlegung einer Altersgrenze zu den hergebrachten Grundsätzen des Berufsbeamtentums im Sinne von Art. 33 Abs. 5 GG zu zählen ist[15]. Als „hergebracht" genießen nur solche Grundsätze verfassungsrechtlichen Schutz, „die allgemein oder überwiegend und während eines längeren Tradition bildenden Zeitraums, mindestens unter der Reichsverfassung von Weimar als verbindlich anerkannt und gewahrt worden sind"[16]. Unter Berücksichtigung dieses Maßstabes ist die Festlegung einer Altersgrenze als hergebracht anzusehen. Altersgrenzen wurden im Beamten- und Richterrecht unmittelbar nach dem 1. Weltkrieg allgemein eingeführt. Vorher wurde die Dienstunfähigkeit regelmäßig in einem besonderen Verfahren individuell festgestellt[17]. Die Möglichkeit zur Einführung von Altersgrenzen war zwar anerkannt, wurde aber nur in einigen Ländern praktiziert[18]. Allgemeine Alters-

---

[14] RGZ 104, 58 (62); ebenso BGH NJW 1954, 1285.

[15] Ganz überwiegend wird die Festlegung einer Altersgrenze nicht zu den hergebrachten Grundsätzen des Berufsbeamtentums gezählt, sondern allenfalls im Zusammenhang mit dem Grundsatz der lebenslänglichen Anstellung erwähnt; so *Hamann / Lenz*, GG, Art. 33, Anm. 7 b dd; *v. Mangoldt / Klein*, GG, Art. 33, Anm. VII 3 d 3; *Matthey*, in: *v. Münch*, GG, Art. 33, Rdnr. 41; *Maunz / Dürig / Herzog / Scholz*, GG, Art. 33, Rdnr. 65; *Mayer*, Grenzen, 608 f.; *Schmidt-Bleibtreu / Klein*, GG, Art. 33, Rdnr. 15; ausdrücklich dagegen *Glasbrenner*, Alterserfordernis, 202; vgl. auch BVerwG 25, 83 (85); die Altersgrenze als hergebrachter Grundsatz wird vorsichtig anerkannt von *Ule*, Grenzen, 496; auch *Thieme*, Dienst, 47 f. spricht von einer „hergebrachtermaßen" bestehenden Grenze des Grundsatzes der lebenslänglichen Anstellung.

[16] BVerfG 8, 332 (343); 15, 167 (195 f.); 38, 1 (12); 46, 97 (117); ähnlich BVerfG 7, 155 (162); 44, 249 (273); BVerwG 25, 83 (85); *v. Mangoldt / Klein*, GG, Art. 33, Anm. VII 3 b; *Maunz / Dürig / Herzog / Scholz*, GG, Art. 33, Rdnr. 55; *Mayer*, Grenzen, 600 ff.

[17] Vgl. §§ 61 ff. Reichsbeamtengesetz v. 31. 3. 1873 (RGBl. 61) sowie die Novellierung v. 21. 4. 1886 (RGBl. I S. 80).

[18] Zum Beispiel in Elsaß-Lothringen und Sachsen; vgl. dazu *Anschütz*, WRV, Art. 104, Anm. 2; *Levin*, Gruchots Beiträge 65, 181; *Mende*, HdbDStR II, 82.

grenzen wurden für Preußen durch das Gesetz vom 15. 12. 1920[19] und für das gesamte Reichsgebiet durch die Personalabbauverordnung vom 27. 10. 1923[20] geschaffen.

Zweifelhaft ist jedoch, ob es sich bei der Festlegung von Altersgrenzen um einen die Institution des Beamtentums prägenden Grundsatz handelt. Hierzu gehören nur solche Regelungen, durch welche die Struktur des Beamtenverhältnisses im Vergleich zu den Vertragsverhältnissen der öffentlichen Arbeiter und Angestellten wesentlich bestimmt wird[21]. Die Festlegung von Altersgrenzen ist jedenfalls nach der gegenwärtigen Rechtslage kein Gesichtspunkt, der das Dienstverhältnis der Beamten von dem Vertragsverhältnis der öffentlichen Angestellten unterscheidet. Wenn der Gesetzgeber heute erneut eine ausschließlich individuelle Feststellung der Dienstunfähigkeit verlangen würde, wie sie bis zum Beginn der Weimarer Republik üblich war und heute noch für den Fall vorzeitiger Dienstunfähigkeit vorgesehen ist[22], würde sich dadurch die Struktur des Beamtenverhältnisses nicht wesentlich ändern[23]. Da die Festlegung der Altersgrenze somit nicht zu den hergebrachten Grundsätzen des Berufsbeamtentums zählt, steht es im Ermessen des Gesetzgebers, ob er sie beibehalten will oder nicht.

2. Zulässigkeitsvoraussetzungen für dienstrechtliche Altersgrenzenregelungen

Die Altersgrenzen für Beamte, Berufsrichter und Berufssoldaten müssen „notwendig der allgemeinen Lebenserfahrung angepaßt sein, wann bei den meisten Beamten eine Unfähigkeit zur Erfüllung ihrer Amtspflichten infolge Nachlassens ihrer körperlichen oder geistigen Kräfte einzutreten pflegt“[24]. Dieser Auffassung haben sich der Bundesgerichtshof und das Schrifttum angeschlossen[25]. Ob die heute gültigen Alters-

---

[19] GS S. 621; vgl. *Triepel*, AöR 40 (1921), 349 ff.

[20] RGBl. I S. 999.

[21] Vgl. *Matthey*, in: *v. Münch*, GG, Art. 33, Rdnr. 41 f.; *Maunz / Dürig / Herzog / Scholz*, GG, Art. 33, Rdnr. 53; *Mayer*, Grenzen, 599 f.; *Schick*, Grenzen, 200; *Ule*, Dienst, 570.

[22] Vgl. dazu § 26 BRRG; § 42 Bundesbeamtengesetz (BBG) v. 14. 7. 1953 (BGBl. I S. 551) i. d. F. der Bekanntmachung v. 3. 1. 1977 (BGBl. I S. 1, 795, 842) sowie die entsprechenden landesrechtlichen Vorschriften, vgl. z. B. § 45 Beamtengesetz für das Land Nordrhein-Westfalen (LBG NW) i. d. F. der Bekanntmachung v. 1. 5. 1981 (GV NW S. 234/SGV NW S. 2030); § 54 Niedersächsisches Beamtengesetz (NBG) i. d. F. der Bekanntmachung v. 28. 9. 1978 (Nieders. GVBl. S. 677).

[23] Ähnlich auch BVerwG 25, 83 (85).

[24] RGZ 104, 58 (62).

[25] BGH NJW 1954, 1285; *Maunz / Dürig / Herzog / Scholz*, GG, Art. 33, Rdnr. 65; *Ule*, Grenzen, 497; *ders.*, Dienst, 575; aus dem älteren Schrifttum vgl. *Mende*, HdbDStR II, 82.

grenzen angesichts der gestiegenen Lebenserwartung und der neueren Erkenntnisse der Alterswissenschaft diesen Anforderungen genügen, erscheint zweifelhaft[26].

Schon im Jahre 1951 wies die Bundesregierung anläßlich der Begründung ihres Gesetzentwurfes für ein Bundesbeamtengesetz darauf hin, daß eine Erhöhung der allgemeinen Altersgrenze über die Vollendung des 65. Lebensjahres hinaus „angesichts der gestiegenen Lebenserwartung gerechtfertigt wäre“[27]. Bei späterer Gelegenheit erklärte der Bundesrat, daß „die statistisch belegte Erhöhung der allgemeinen Lebenserwartung es wünschenswert erscheinen läßt, die Altersgrenze für Beamte generell auf das 68. Lebensjahr hinauszuschieben“[28].

Weitere allgemein anerkannte Voraussetzung für die Zulässigkeit einer Altersgrenzenregelung ist ihre Einführung durch den Gesetzgeber. Für das Dienstrecht der Richter ergibt sich diese Notwendigkeit aus Art. 97 Abs. 2 S. 2 GG. Sie ist jedoch auch für das Beamten- und Soldatenrecht anerkannt[29]. Zur Begründung hat das Reichsgericht darauf hingewiesen, daß die Einführung einer Altersgrenze wegen ihrer generellen, typisierenden Wirkung „für viele noch dienstfähige Beamte Härten zur Folge“ hätte[30]. Die Entscheidung darüber, ob eine Altersgrenze geschaffen werden solle, setze deshalb eine Abwägung zwischen den Interessen der Allgemeinheit und den Intressen der von der Regelung betroffenen noch dienstfähigen Beamten voraus und müsse deshalb vom Gesetzgeber vorgenommen werden.

Bei typisierenden Regelungen verzichtet der Gesetzgeber auf die Berücksichtigung individueller Besonderheiten. Er räumt der Gleichmäßigkeit und Praktikabilität einer Regelung den Vorrang gegenüber größtmöglicher Einzelfallgerechtigkeit ein[31]. Diese Entscheidung hat eine besondere Bindung des gesetzgeberischen Ermessens zur Folge[32]. Der Gesetzgeber hat insbesondere das Gebot der Sachgerechtigkeit und das Übermaßverbot zu beachten[33].

---

[26] Vgl. dazu *Glasbrenner*, Alterserfordernis, 193 ff.

[27] BT-Drs. I/2846, 41.

[28] Anläßlich des Gesetzgebungsverfahrens für ein Gesetz über die Dienstaltersgrenze von Richtern an den oberen Bundesgerichten und Mitgliedern des Bundesrechnungshofes, BT-Drs. I/3850, 4; vgl. auch BT-Drs. I/4246, 7.

[29] Vgl. § 25 BRRG und die entsprechenden Bestimmungen des Beamtenrechts des Bundes und der Länder; RGZ 104, 58 (62); BGH NJW 1954, 1285; *Mende*, HdbDStR II, 82; *Ule*, Grenzen, 497; *ders.*, Dienst, 575; vgl. auch LAG Berlin AP 53 Nr. 163.

[30] RGZ 104, 58 (62).

[31] Vgl. ausführlich zu Bedeutung und Zulässigkeit typisierender Regelungstätigkeit des Gesetzgebers *Isensee*, Verwaltung, 165 ff. mit zahlreichen Nachweisen.

[32] Vgl. *Isensee*, Verwaltung, 166; *Lerche*, Übermaß, 66 ff.

3. Ausgestaltung der Altersgrenzenregelung

Mit dem Erreichen der Altersgrenze treten Beamte, Berufsrichter und Berufssoldaten kraft Gesetzes in den Ruhestand[34]. Eines besonderen Verwaltungsaktes bedarf es nicht. Die für die einzelnen Berufsgruppen maßgeblichen Altersgrenzen sind nicht einheitlich geregelt. Der Gesetzgeber hat vielmehr für bestimmte Berufsgruppen besondere Altersgrenzen vorgesehen, wenn die an sie „gestellten Anforderungen den früheren Eintritt der Dienstunfähigkeit erwarten lassen"[35].

Überwiegend knüpfen die Altersgrenzenregelungen an die Vollendung des 65. Lebensjahres an. Diese Grenze gilt für Beamte im mittelbaren oder unmittelbaren Dienst des Bundes[36] oder eines Landes[37]. Auch für Hochschullehrer gilt nach den Novellierungen der Landeshochschulgesetze infolge der Hochschulrahmengesetzgebung weitgehend das vollendete 65. Lebensjahr als Altersgrenze[38]. Berufsrichter mit Ausnahme der Richter auf Lebenszeit an den obersten Bundesgerichten treten mit dem Ende des Monats, in dem sie das 65. Lebensjahr vollenden, in den Ruhestand[39].

Für Ehrenbeamte, die ebenfalls in einem öffentlich-rechtlichen Dienst- und Treueverhältnis stehen, ist im Landes- und Bundesrecht lediglich die Möglichkeit der Verabschiedung nach Vollendung des 65. Lebensjahres vorgesehen[40].

Im Dienstrecht der Beamten und Berufsrichter besteht außerdem die Möglichkeit, daß ein Dienstnehmer bereits zwei bzw. fünf Jahre vor

---

[33] *Isensee*, Verwaltung, 167; *Lerche*, Übermaß, 21, 66 ff.

[34] § 25 S. 2 BRRG; § 41 Abs. 1 BBG; § 44 Abs. 1 S. 1 SG; § 48 Abs. 1 DRiG; und die entsprechenden landesrechtlichen Vorschriften.

[35] *Ule*, Grenzen, 497; vgl. im übrigen § 41 Abs. 1 S. 2 BBG; BVerwG 25, 83 (84).

[36] §§ 41 Abs. 1, 176 Abs. 1, 176 a Abs. 5 BBG.

[37] Vgl. z. B. §§ 51 Abs. 1, 200 Abs. 1 NBG; §§ 44 Abs. 1, 182 LBG NW; Art. 55 Abs. 1, 125 Abs. 1 Bayerisches Beamtengesetz (BayBG) i. d. F. der Bekanntmachung v. 17. 11. 1978 (GVBl. S. 831. ber. S. 958).

[38] Vgl. z. B. § 201 NBG i. V. m. § 62 Niedersächsisches Hochschulgesetz (NHG) v. 1. 6. 1978 (Nieders. GVBl. S. 473); § 199 LBG NW i. V. m. § 52 Abs. 1 Gesetz über die wissenschaftlichen Hochschulen des Landes Nordrhein-Westfalen (WissHG) v. 20. 11. 1979 (GV NW S. 926/SGV NW 223); § 50 Abs. 2 Nr. 2 Hessisches Hochschulgesetz (HHG) v. 6. 6. 1978 (GVBl. I S. 319) i. V. m. § 198 HGB.

[39] § 48 Abs. 1 2. HS DRiG sowie die entsprechenden landesrechtlichen Vorschriften.

[40] § 177 Abs. 1 Nr. 1 BBG sowie die entsprechenden landesrechtlichen Vorschriften; vgl. dazu auch *Plog / Wiedow / Beck*, BBG, § 41, Rdnr. 2.

Erreichen der Altersgrenze auf seinen Antrag in den Ruhestand versetzt werden kann[41].

Für einzelne Berufsgruppen gelten abweichende Altersgrenzenregelungen. Richter auf Lebenszeit an den obersten Bundesgerichten treten mit dem Ende des Monats, in dem sie das 68. Lebensjahr vollenden, in den Ruhestand[42]. Für Polizeivollzugsbeamte[43] sowie für Beamte des Justizvollzugsdienstes[44] und der Feuerwehr[45] bildet grundsätzlich die Vollendung des 60. Lebensjahres die Altersgrenze. Für Berufssoldaten ist die Vollendung des 60. Lebensjahres die allgemeine Altersgrenze, die zum Eintritt in den Ruhestand führt[46]. Für verschiedene Dienstgrade sind besondere Altersgrenzen vorgesehen, die jeweils an die Vollendung eines niedrigeren Lebensalters anknüpfen[47].

Teilweise ist vorgesehen, daß bei dringenden dienstlichen Gründen der Eintritt des Ruhestandes über die Altersgrenze hinaus aufgeschoben wird[48]. Für diesen Fall besteht ein Mitbestimmungsrecht des Personalrats[49]. Von der Möglichkeit, den Eintritt des Ruhestandes hinauszuschieben, darf nur aus dienstlichen, nicht aus persönlichen Gründen Gebrauch gemacht werden[50]. Soweit die Möglichkeit, das Dienstverhältnis über die Altersgrenze hinaus aufrechtzuerhalten, nicht besteht, kommt eine Weiterbeschäftigung des betreffenden Dienstnehmers im Angestelltenverhältnis in Betracht[51].

---

[41] Vgl. § 42 Abs. 3 BBG; § 48 Abs. 3 DRiG u. die entsprechenden landesrechtlichen Vorschriften; die Möglichkeit ist im Soldatenrecht nicht vorgesehen.

[42] § 48 Abs. 1 1. HS DRiG.

[43] § 5 Bundespolizeibeamtengesetz (BPolBG) i. d. F. der Bekanntmachung v. 3. 6. 1976 (BGBl. I S. 1357) sowie die entsprechenden landesrechtlichen Vorschriften.

[44] Vgl. z. B. §§ 230 a i. V. m. 228 NBG; §§ 198 i. V. m. 192 LBG NW; Art. 136 i. V. m. 135 S. 1 BayBG.

[45] Vgl. z. B. §§ 230 i. V. m. 228 NBG; §§ 197 i. V. m. 192 LBG NW; Art. 138 i. V. m. 135 S. 1 BayBG.

[46] §§ 44 Abs. 1 S. 1 i. V. m. 45 Abs. 1 SG.

[47] § 45 Abs. 2 SG; ihr Erreichen führt nicht zwangsläufig zur Versetzung in den Ruhestand; vielmehr hat der Dienstherr nach pflichtgemäßen Ermessen zu entscheiden, ob der Berufssoldat im Dienst verbleiben oder in den Ruhestand versetzt werden soll; BVerwG DÖV 1966, 792.

[48] § 41 Abs. 2 BBG; im Landesrecht ist die Möglichkeit der Fortsetzung des Dienstverhältnisses nur vereinzelt vorgesehen; vgl. z. B. § 52 Abs. 1 NBG; Art. 55 Abs. 4 BayBG; § 44 Abs. 1 S. 2 SG; im Richterrecht ist die Möglichkeit der Verlängerung des Dienstverhältnisses nicht vorgesehen.

[49] Vgl. dazu § 76 Abs. 1 Nr. 9 Bundespersonalvertretungsgesetz (BPersVG) v. 15. 3. 1974 (BGBl. I S. 693).

[50] Vgl. *Fischbach*, BBG, § 41, Anm. II; *Plog / Wiedow / Beck*, BBG, § 41, Rdnr. 4.

[51] So ausdrücklich *Crisolli / Schwarz*, HBG, § 50, Erl. 3; *Hildebrandt / Demmler / Bachmann*, LBG NW, § 44, Erl. 3.

II. Bedeutung der dienstrechtlichen Altersgrenzen für die Beendigung von Arbeitsverhältnissen

Nunmehr kann die Frage beantwortet werden, ob die Altersgrenzen im Dienstrecht der Beamten, Berufsrichter und Berufssoldaten eine Beendigung von Arbeitsverhältnissen bei Vollendung des 65. Lebensjahres durch altersbedingte Kündigung oder arbeitsrechtliche Altersgrenzen rechtfertigen können.

Dagegen bestehen schon deshalb Bedenken, weil die dienstrechtlichen Altersgrenzen zwar überwiegend aber keineswegs einheitlich auf die Vollendung des 65. Lebensjahres bezogen sind. Es gelten vielmehr für verschiedene Berufsgruppen unterschiedliche Altersgrenzen. Außerdem haben die dienstrechtlichen Altersgrenzen durch die ausdrückliche gesetzliche Regelung eine besondere Legitimation erfahren, die den genannten arbeitsrechtlichen Maßnahmen fehlt. Auch im Hinblick auf andere Strukturmerkmale, die zur gesetzlichen Festlegung von Altersgrenzen geführt haben, stimmen die Dienstverhältnisse der Beamten, Berufsrichter und Berufssoldaten einerseits und die Arbeitsverhältnisse privatrechtlich beschäftigter Arbeitnehmer andererseits nicht überein.

1. Unterschiedliche Möglichkeiten zur Beendigung öffentlichrechtlicher und privatrechtlicher Beschäftigungsverhältnisse

Wesentliche Bedeutung kommt in diesem Zusammenhang der Frage zu, welche zusätzlichen Instrumente zur Beendigung von Beschäftigungsverhältnissen bereitstehen.

Die Gründe, die zur Beendigung öffentlich-rechtlicher Dienstverhältnisse führen können, sind abschließend durch Gesetz festgelegt[52]. Wenn man von der Altersgrenzenregelung absieht, bestehen nur sehr begrenzte Möglichkeiten, ein Dienstverhältnis zu beenden. Ein Beendigungsgrund, der an die unzureichende Leistungsfähigkeit des Dienstnehmers anknüpft, fehlt völlig[53].

Im Regierungsentwurf für das Bundesbeamtengesetz war immerhin eine Bestimmung vorgesehen, nach der die oberste Dienstbehörde bei gravierenden Leistungsschwächen Gehaltsminderungen festsetzen konnte[54]. Die Vorschrift wurde jedoch im Rahmen der Ausschußberatungen unter Hinweis auf die Bestimmungen zur Probezeit und die Neufassung der Bundesdisziplinarordnung gestrichen[55].

---

[52] *Hamann / Lenz*, GG, Art. 33, Anm. 7 d dd; *Plog / Wiedow / Beck*, BBG, Vorb. vor § 28, Rdnr. 1.

[53] Vgl. dazu *Siedentopf*, Funktion, 137 ff.

[54] BT-Drs. I/2846, 12.

[55] Vgl. dazu *Siedentopf*, Funktion, 138 f.

Ein disziplinarrechtliches Einschreiten wegen verminderter Leistungsfähigkeit ist nur zulässig, wenn der Dienstnehmer sie zu vertreten hat. Für eine altersbedingt abnehmende Leistungsfähigkeit trifft ihn ebensowenig ein Verschulden, wie für eine Minderung der Leistungsfähigkeit, die auf einen Dienstunfall, Arbeitsüberlastung oder familiäre Sorgen zurückzuführen ist[56].

Allerdings kann der betroffene Dienstnehmer jederzeit einen Antrag auf Entlassung stellen[57]. Weil damit ein Verlust seiner Ansprüche auf Dienstbezüge und Versorgung verbunden ist, wird ein Dienstnehmer, dessen Leistungsfähigkeit altersbedingt abnimmt, davon regelmäßig keinen Gebrauch machen[58].

Im übrigen besteht bei unzureichender Leistungsfähigkeit nur die Möglichkeit der Versetzung in den Ruhestand wegen fehlender Dienstunfähigkeit[59]. Sie kann auf Antrag des Dienstnehmers oder auf Betreiben des Dienstvorgesetzten erfolgen[60]. Im letzten Fall kann über die Versetzung in den Ruhestand nur in einem aufwendigen Zwangspensionierungsverfahren entschieden werden, das weitgehend dem förmlichen Disziplinarverfahren entspricht. Die einschlägigen Gesetze stellen für das Vorliegen der Dienstunfähigkeit strenge Voraussetzungen auf. Der Dienstnehmer muß dauernd außerstande sein, seine Dienstpflichten zu erfüllen[61].

Gegenüber diesem — von der Altersgrenzenregelung abgesehen — begrenzten Instrumentarium stehen im Arbeitsrecht sowohl dem Arbeitnehmer wie auch dem Arbeitgeber wirkungsvollere Möglichkeiten zur Beendigung von Arbeitsverhältnissen zur Verfügung.

Im Einvernehmen zwischen den Vertragsparteien kann unter Umständen eine Befristung oder eine Aufhebung des Vertrages vereinbart werden[62]. Als besonderes Rechtsinstitut, das dem Beamten-, Richter- und Soldatenrecht völlig fremd ist[63], steht beiden Vertragspartnern

---

[56] So *Lochbrunner*, Handbuch, 106; *Siedentopf*, Funktion, 139.

[57] § 30 BBG; § 46 Abs. 3 SG; § 46 DRiG unter Verweis auf das Beamtenrecht; sowie die entsprechenden landesrechtlichen Vorschriften.

[58] § 34 BBG; § 49 Abs. 3 SG; allerdings ist eine Nachversicherung in der gesetzlichen Rentenversicherung vorzunehmen, vgl. § 1232 Abs. 1 - 3 RVO; § 9 Abs. 1 - 3 AVG.

[59] § 42 Abs. 1 BBG; § 44 Abs. 4 SG; § 46 DRiG verweist auf das Beamtenrecht; sowie die entsprechenden landesrechtlichen Vorschriften.

[60] § 43 bzw. 44 i. V. m. § 42 Abs. 1 BBG; § 44 Abs. 4 i. V. m. Abs. 3 SG.

[61] Vgl. dazu *Fischbach*, BBG, § 42, Anm. II; *Plog / Wiedow / Beck*, BBG, § 42, Rdnr. 3.

[62] Siehe unten §§ 10 f.

[63] *Hamann / Lenz*, GG, Art. 33, Anm. 7 d dd.

prinzipiell die Möglichkeit der Kündigung offen. Der Arbeitnehmer kann davon unbeschränkt Gebrauch machen. Der Arbeitgeber muß regelmäßig allgemeine oder besondere Kündigungsschutzvorschriften beachten.

Nach überwiegender Ansicht stellt das altersbedingte Nachlassen der Leistungsfähigkeit, das den Arbeitnehmer außerstande setzt, seine vertraglichen Verpflichtungen zu erfüllen, einen in der Person des Arbeitnehmers liegenden Grund dar, der die Kündigung des Arbeitsverhältnisses im Sinne von § 1 Abs. 1 in Verbindung mit Abs. 2 S. 1 KSchG sozial rechtfertigen kann[64]. Allerdings wird in Fällen abnehmender Leistungsfähigkeit als Folge des Alterns eine besondere Rücksichtnahme des Arbeitgebers gefordert. Vor Ausspruch der Kündigung trifft ihn regelmäßig die Pflicht zur Abmahnung[65]. Außerdem muß er versuchen, den Arbeitnehmer im Betrieb zu angepaßten Leistungsbedingungen weiterzubeschäftigen und zumutbare Umschulungsmaßnahmen durchzuführen[66]. Auf ein Verschulden des Arbeitnehmers kommt es nicht an[67].

Schon diese Gegenüberstellung zeigt, daß sich die Notwendigkeit und Erforderlichkeit einer Altersgrenzenregelung für öffentlichrechtliche Dienstverhältnisse angesichts der im übrigen begrenzten Beendigungsmöglichkeiten eher bejahen läßt als für privatrechtliche Arbeitsverhältnisse. Die Altersgrenzen im Dienstrecht der Beamten, Berufsrichter und Berufssoldaten eignen sich auch aus diesem Grunde nicht zur Rechtfertigung altersbedingter Kündigungen und arbeitsrechtlicher Altersgrenzen.

---

[64] BAG 11, 278 (287); *Auffarth / Müller*, KSchG, § 1, Rdnr. 171; *Becker*, GK-KSchG, § 1, Rdnr. 222; *Becker-Schaffner*, DB 1981, 1776; *Bleistein*, Kündigung, 167; *Großmann / Schneider*, Arbeitsrecht, Rdnr. 387; *Herschel*, Arbeitsrecht, 124; *Herschel / Steinmann*, KSchG, § 1, Rdnr. 37; *Hueck*, KSchG, § 1, Rdnr. 82; *Hueck / Nipperdey*, Lehrbuch I, 636 FN 32 m. w. N.; *Nikisch*, Arbeitsrecht I, 759 f.; *Rohlfing / Rewolle / Bader*, KSchG, § 1, Anm. 18; *Weiler*, Problem, 61 ff. m. w. N.; a. A. *Hanau / Adomeit*, Arbeitsrecht, J II 4 f.; ähnlich *Bopp*, Kündigung, 153; *Däubler*, Arbeitsrecht 2, 287; *Stahlhacke*, Kündigung, Rdnr. 300.

[65] BAG AP Nr. 9 zu § 1 KSchG (Verhaltensbedingte Kündigung); *Becker-Schaffner*, DB 1981, 1776; *Hueck*, KSchG, § 1, Rdnr. 82; *Weiler*, Problem, 63 ff.

[66] BAG AP Nr. 6 zu § 1 KSchG u. Nr. 1 zu § 1 KSchG (Krankheit); LAG Saarbrücken DB 1960, 1280; *Auffarth / Müller*, KSchG, § 1, Rdnr. 171; *Becker-Schaffner*, DB 1981, 1779; *Becker*, GK-KschG, § 1, Rdnr. 222; *Bleistein*, Kündigung, 167; *Großmann / Schneider*, Arbeitsrecht, Rdnr. 387; *Herschel / Steinmann*, KSchG, § 1, Rdnr. 38 b; *Hueck*, KSchG, § 1, Rdnr. 82 a; *Rohlfing / Rewolle / Bader*, KSchG, Anm. 18; *Weiler*, Problem, 64 ff.

[67] *Auffarth / Müller*, KSchG, § 1, Rdnr. 171; *Hueck*, KSchG, § 1, Rdnr. 62 a.

2. Unterschiedliche Aufgabenzuweisungen in öffentlich-rechtlichen und privatrechtlichen Beschäftigungsverhältnissen

Für die Beurteilung der Zulässigkeit von Altersgrenzen sind auch die den einzelnen Berufsgruppen zugewiesenen Aufgaben relevant.

Beamten ist durch Art. 33 Abs. 4 GG die Ausübung „hoheitsrechtlicher Befugnisse ... als ständige Aufgabe in der Regel" vorbehalten. Nichtbeamtete Personen können in diesem Aufgabenbereich nur ausnahmsweise tätig werden[68]. Allerdings können Beamte auch andere als „hoheitsrechtliche Befugnisse" ausüben. Die letzteren sind für sie jedoch statusprägend[69].

Die Reichweite des Funktionsvorbehaltes ist umstritten. Einig ist man sich darin, daß „hoheitsrechtliche Befugnisse" jedenfalls dort zu bejahen sind, wo der Staat mit Zwang und Befehl tätig wird[70]. Zu diesem obrigkeitlichen Kernbereich zählen die Eingriffsverwaltung und die Rechtspflege[71]. Umgekehrt fallen das fiskalische Handeln des Staates, sowie rein mechanische oder sonst untergeordnete Tätigkeiten nicht unter den Vorbehalt[72]. Umstritten ist, ob und in welchem Umfang der Bereich der Leistungsverwaltung einbezogen ist[73]. Grundsätzlich besteht jedoch Einigkeit drin, daß durch den Funktionsvorbehalt die lebenswichtigen Staatsfunktionen erfaßt werden.

Auch für Richter hat die Verfassung eine ausschließliche Funktionszuweisung vorgenommen. Nach Art. 92 GG ist ihnen die „rechtsprechende Gewalt ... anvertraut". Die Vorschrift weist den Richtern ein „Rechtsprechungsmonopol" zu[74]. Dadurch wird das Rechtsstaatsprinzip konkretisiert[75] und die Garantie effektiven Rechtsschutzes abgesichert[76].

---

[68] BVerfG 9, 268 (284 f.); *Maunz / Dürig / Herzog / Scholz,* GG, Art. 33, Rdnr. 42; *Ule,* Dienst, 560; *ders.,* Beamtenrecht, 18.

[69] *Maunz / Dürig / Herzog / Scholz,* GG, Art. 33, Rdnr. 41 m. w. N.

[70] *Benndorf,* DVBl. 1981, 24; *Forsthoff,* Grenzen, 56; *Jung,* Zweispurigkeit, 124; *Leisner,* Beamte, 122; *Matthey,* in: *v. Münch,* GG, Art. 33, Rdnr. 30; *Maunz / Dürig / Herzog / Scholz,* GG, Art. 33, Rdnr. 33; *Mayer,* Grenzen, 597.

[71] Für die Rechtsprechung ist allerdings durch Art. 92 GG eine Sonderregelung geschaffen worden.

[72] *Benndorf,* DVBl. 1981, 24; *Leisner,* Beamte, 121; einschränkend demgegenüber *Kirchhof,* Begriff, 127.

[73] Vgl. *Jung,* Zweispurigkeit, 131, 151 f.; *Leisner,* Beamte, 139 ff.; *Maunz / Dürig / Herzog / Scholz,* GG, Art. 33, Rdnr. 33; *Mayer,* Grenzen, 598.

[74] *Achterberg,* in: BK, GG, Art. 92, Rdnr. 263; vgl. auch *Maunz / Dürig / Herzog / Scholz,* GG, Art. 92, Rdnr. 99; *Schmidt-Bleibtreu / Klein,* GG, Art. 92, Rdnr. 1; *Stern,* Staatsrecht II, 900.

[75] *Achterberg,* in: BK, GG, Art. 92, Rdnr. 57; ähnlich *Maunz / Dürig / Herzog / Scholz,* GG, Art. 92, Rdnr. 2; *Stern,* Staatsrecht II, 906.

[76] So *Schmidt-Bleibtreu / Klein,* GG, Art. 92, Rdnr. 1.

Zu den Grundpflichten des Soldaten zählt die Verteidigungspflicht[77]. Das entspricht der verfassungsrechtlichen Kompetenzzuweisung in Art. 87 a Abs. 2 GG. Danach ist es die vornehmliche Aufgabe der Streitkräfte, also den aus Soldaten bestehenden militärischen Leitungsverbänden[78], die Bundesrepublik gegen Angriffe von außen zu verteidigen[79].

Die Aufgaben, die den Beamten, Richtern und Soldaten zugewiesen sind, lassen sich übereinstimmend durch zwei Merkmale kennzeichnen. Sie sind regelmäßig von existentieller Bedeutung für den Staat und seine Bürger, und sie lassen sich durch die Tätigkeit anderer Berufsgruppen nicht ersetzen. Deshalb ist es notwendig, „daß in jeder Lage und in jedem Augenblick ein Handelnder bereit ist, wenn Handeln erforderlich werden sollte"[80]. „Der Staat übernimmt mit der Schaffung eines Monopols auch die Verantwortung für dessen Leistungsfähigkeit und Stetigkeit[81]." Die Gewährleistung stets leistungsfähiger Amtsträger soll auch durch die typisierende Altersgrenzenregelung sichergestellt werden.

Arbeitnehmer in privatrechtlichen Arbeitsverhältnissen können zwar in einzelnen Tätigkeitsbereichen ähnlich bedeutsame Aufgaben wahrnehmen. Diese bilden aber für die Gesamtheit der Beschäftigten nicht die statusprägende Regel. Die Erforderlichkeit einer typisierenden Altersgrenzenregelung muß auch aus diesem Grunde für Beamte, Berufsrichter und Berufssoldaten anders beurteilt werden als für die Gruppe der privatrechtlich beschäftigten Arbeitnehmer.

3. Unterschiedliches Versorgungsniveau für öffentlich-rechtliche Dienstnehmer und Arbeitnehmer

Schließlich muß bei der Beurteilung der Zulässigkeit einer Altersgrenzenregelung auch die Versorgungslage der Betroffenen berücksichtigt werden. Ein Vergleich der Versorgung von Beamten, Berufssoldaten und Berufsrichtern mit der von Sozialrentnern bereitet wegen der unterschiedlichen Berechnungsmodalitäten und der abweichenden steuerlichen Behandlung allerdings erhebliche Schwierigkeiten.

Tritt ein öffentlicher Dienstnehmer bei Erreichen der Altersgrenze kraft Gesetzes in den Ruhestand und hat er eine mindestens 5jährige

---

[77] Vgl. § 7 SG.

[78] *Stern*, Staatsrecht II, 880.

[79] *Ipsen*, in: BK, GG, Art. 87 a, Rdnr. 30; *Maunz / Dürig / Herzog / Scholz*, GG, Art. 87 a, Rdnr. 22.

[80] *Krüger*, Staatslehre, 256.

[81] *Isensee*, Beamtenstreik, 100.

Dienstzeit zurückgelegt, steht ihm ein Anspruch auf Gewährung von Ruhegehalt zu[82]. Dienstnehmer, die die Wartefrist nicht erfüllen, können einen Unterhaltsbeitrag erhalten[83].

Bemessungsgrundlage der Versorgungsbezüge für öffentliche Dienstnehmer ist das ruhegehaltfähige Diensteinkommen. Es entspricht dem zuletzt gezahlten Grundgehalt zuzüglich des Ortszuschlages und der sonstigen ruhegehaltfähigen Zulagen[84]. Das Ruhegehalt beträgt bis zur Vollendung einer 10jährigen Dienstzeit 35 % der ruhegehaltfähigen Bezüge[85]. Mit jedem weiteren Dienstjahr steigt es um jeweils 2 % bis zum 25. Dienstjahr und dann für jedes weitere Dienstjahr um 1 % bis zum Höchstsatz von 75 %. Der Höchstsatz wird nach 35 Jahren erreicht.

Bei der Berechnung der Sozialrente wird nicht das letzte Bruttoarbeitsentgelt zugrundegelegt. Es wird vielmehr eine Relation hergestellt zwischen dem durchschnittlichen Bruttoarbeitsentgelt des Versicherten und dem Durchschnittsverdienst aller Versicherten während der Versicherungszeit[86]. Allerdings darf die Rente das Doppelte der durchschnittlichen Arbeitsentgelte aller Versicherten in den letzten 3 Kalenderjahren nicht übersteigen. Den Sozialrentnern wird für jedes anrechnungsfähige Versicherungsjahr ein Altersruhegeld von 1,5 % der persönlichen Bemessungsgrundlage gewährt. Erst bei 50jähriger Versicherungszeit können sie deshalb auf den Satz von 75 % kommen. Versicherte, deren Verdienst über der Beitragsbemessungsgrenze liegt, können auch im günstigsten Fall die „Idealquote" von 75 % ihres letzten Bruttoentgeltes nicht erreichen[87].

Die durchschnittliche Bruttorente der Versicherten betrug im Jahre 1980 bei 40 anrechnungsfähigen Versicherungsjahren 44,6 % und bei 45 anrechnungsfähigen Versicherungsjahren 50,2 % des durchschnittlichen Bruttoarbeitsentgeltes aller Versicherten[88]. Für die Gesamtheit der Arbeitnehmer liegt die durchschnittliche Bruttorente heute zwi-

---

[82] Vgl. § 4 Beamtenversorgungsgesetz (BeamtVG) v. 24. 8. 1976 (BGBl. I S. 2485, ber. S. 3839); § 15 Abs. 2 Soldatenversorgungsgesetz (SVG) v. 26. 7. 1957 (BGBl. I S. 785) i. d. F. der Bekanntmachung v. 9. 10. 1980 (BGBl. I S. 1957) i. V. m. § 44 Abs. 5 Nr. 1 SG.

[83] § 15 BeamtVG; vgl. dazu *Scheerbarth / Höffken*, Beamtenrecht, 420; § 36 SVG.

[84] § 5 BeamtVG; vgl. dazu *Scheerbarth / Höffken*, Beamtenrecht, 415; § 17 SVG.

[85] § 14 BeamtVG; § 26 SVG.

[86] Zur Berechnung der Renten vgl. §§ 1253 - 1255 RVO; §§ 30 - 32 AVG; §§ 53 u. 54 RKG.

[87] Vgl. *Schulin*, Sozialversicherungsrecht, Rdnr. 240.

[88] So BMA (Hrg.), Statistisches Taschenbuch 1981, 7.9.

schen 45 und 50 % ihres letzten Arbeitsentgeltes[89]. Der Bruttovergleich zwischen Versorgungsbezügen und Sozialrenten zeigt also eine deutlich bessere Versorgungslage der öffentlichen Dienstnehmer.

Dieser Vergleich bedarf allerdings einer Korrektur, weil die Belastungen von Rentnern und Ruhegehaltsempfängern sehr unterschiedlich sind. Dabei muß insbesondere die abweichende Besteuerung berücksichtigt werden. Renten werden als Leibrenten behandelt und nur mit ihrem Ertragsanteil versteuert[90]. Der Ertragsanteil ist fiktiv niedrig angesetzt worden, so daß Renten praktisch steuerfrei sind[91]. Versorgungsbezüge werden demgegenüber als Einkünfte aus nicht selbständiger Arbeit besteuert[92]. Diese Besteuerung ist lediglich dadurch gemildert, daß 40 % der Versorgungsbezüge, höchstens jedoch 4800 DM jährlich, steuerfrei bleiben.

Dennoch liegen die Nettoversorgungsbezüge öffentlicher Dienstnehmer bei 82 - 86 % ihres letzten Nettoeinkommens[93]. Demgegenüber betrug die durchschnittliche Nettorente der Sozialrentner bei 40 anrechnungsfähigen Versicherungsjahren 63,8 % und bei 45 anrechnungsfähigen Versicherungsjahren 71,8 % der durchschnittlichen Nettoarbeitsverdienste aller Versicherten[94]. Die Angaben über die durchschnittliche Nettorente aller Sozialrentner schwanken zwischen 60 und 72 %[95]. Auch der Nettovergleich zeigt also, daß die Altersversorgung öffentlicher Dienstnehmer günstiger ausgestaltet ist als die Versorgung von Sozialrentnern[96].

Dieses Bild ändert sich allerdings dann, wenn weitere Versorgungsleistungen berücksichtigt werden. Arbeitnehmer im öffentlichen Dienst erhalten seit 1967 eine Zusatzversorgung[97]. Sie ist mit dem Ziel eingeführt worden, eine Angleichung an die Beamtenversorgung herzustel-

---

[89] So *Rüfner*, Beamtenversorgung, 152; *Schulin*, Sozialversicherungsrecht, Rdnr. 240.

[90] § 22 Nr. 1 a Einkommenssteuergesetz (EStG) i. d. F. der Bekanntmachung v. 21. 6. 1979 (BGBl. I S. 721).

[91] Vgl. zu dem Problem der Ungleichbehandlung von Sozialrenten und Versorgungsbezügen, *Jünke*, RdA 1979, 31; *Kirchhof* zit. nach *Engelmann*, Soziale Sicherheit 1979, 14; *Rüfner*, Beamtenversorgung, 154; *Scheerbarth / Höffken*, Beamtenrecht, 454; *Schnupp*, DöD 1977, 42; *Ule*, ZBR 1974, 37 f.

[92] § 19 Abs. 1 Nr. 2 i. V. m. Abs. 2 EStG.

[93] Vgl. *Jünke*, RdA 1979, 31; *Schmidt* zit. nach *Engelmann*, Soziale Sicherheit 1979, 13.

[94] So BMA (Hrg.), Statistisches Taschenbuch 1981, 7.9.

[95] Vgl. *v. Maydell* u. *Schimdt* zit. nach *Engelmann*, Soziale Sicherheit 1979, 11 u. 13; *Schulin*, Sozialversicherungsrecht, Rdnr. 240.

[96] So auch *Rüfner*, Beamtenversorgung, 154.

[97] Vgl. dazu *Jünke*, RdA 1979, 28; *Scheerbarth / Höffken*, Beamtenrecht, 446 f.; *Thieme* zit. nach *Engelmann*, Soziale Sicherheit 1979, 12.

len. Tatsächlich hat die Zusatzversorgung dazu geführt, daß die Versorgung der Angestellten und Arbeiter im öffentlichen Dienst teilweise erheblich günstiger ist als die der Beamten[98]. Außerdem haben etwa $^2/_3$ der Arbeitnehmer in der Privatwirtschaft Anspruch auf Leistungen der betrieblichen Altersversorgung[99]. Auch dadurch wird die Versorgungslücke gegenüber den öffentlichen Dienstnehmern teilweise ausgeglichen. Mitunter ist die Gesamtversorgung der privat beschäftigten Arbeitnehmer dadurch sogar günstiger als die der öffentlichen Dienstnehmer.

Es zeigt sich also, daß einzelne Gruppen der Arbeitnehmer eine gleichwertige oder bessere Versorgung als öffentliche Dienstnehmer haben. Dies gilt jedoch nicht generell. Daraus folgt, daß zumindest eine pauschale Einführung von arbeitsrechtlich vereinbarten Altersgrenzen, ohne Berücksichtigung der spezifischen Versorgungslage der betroffenen Arbeitnehmer, nicht unter Bezugnahme auf das Dienstrecht der Beamten, Berufsrichter und Berufssoldaten zu begründen ist[100].

Insgesamt zeigt der Vergleich, daß die Strukturmerkmale, die zur sachlichen Rechtfertigung von Altersgrenzen im Dienstrecht der Beamten, Berufsrichter und Berufssoldaten herangezogen werden können, in privatrechtlichen Arbeitsverhältnissen nicht oder nicht allgemein zu finden sind. Die unterschiedlichen Strukturen legen eine unterschiedliche Beurteilung der Zulässigkeit von Maßnahmen zur Beendigung der jeweiligen Beschäftigungsverhältnisse nahe. Jedenfalls können arbeitsrechtliche Altersgrenzen und altersbedingte Kündigungen nicht ohne weiteres unter Hinweis auf die Zulässigkeit entsprechender Regelungen für Beamte, Berufsrichter und Berufssoldaten gerechtfertigt werden.

Damit haben sich alle Versuche, die Zulässigkeit arbeitsrechtlicher Altersgrenzen und altersbedingter Kündigungen durch Bezugnahme auf Altersgrenzenregelungen außerhalb des Arbeitsrechts zu begründen, als untauglich erwiesen. Die Altersgrenzen im Recht der Renten- und Arbeitslosenversicherung sowie im Dienstrecht der Beamten, Berufsrichter und Berufssoldaten können eine Zwangspensionierung älterer Arbeitnehmer bei Vollendung des 65. Lebensjahres nicht rechtfertigen. Die sozialversicherungsrechtlichen Bestimmungen lassen im Gegenteil sogar eher den Willen des Gesetzgebers erkennen, leistungsfähigen und arbeitswilligen Arbeitnehmern eine Weiterbeschäftigung über das 65. Lebensjahr hinaus zu ermöglichen.

---

[98] Vgl. dazu *Jünke*, RdA 1979, 31; *Scheerbarth / Höffken*, Beamtenrecht, 447 FN 41; *Thieme* zit. nach *Engelmann*, Soziale Sicherheit 1979, 12.

[99] BMA (Hrg.), Recht, 141 mit zahlreichen weiteren Angaben; vgl. auch *Paulsdorff* zit. nach *Engelmann*, Soziale Sicherheit 1979, 12.

[100] So auch *Jungen*, Altersgrenze, 25; *Konzen*, ZfA 1978, 501.

Dritter Teil

Zulässigkeit altersbedingter Kündigungen

§ 7 Grundlagen für die rechtliche Beurteilung altersbedingter Kündigungen

Die Bedingung von Arbeitsverhältnissen kann aus einer Vielzahl von Gründen eintreten. Als Dauerschuldverhältnis endet das Arbeitsverhältnis regelmäßig durch Kündigung[1].

I. Tatsächliche Ausgangslage

Die Kündigung älterer Arbeitnehmer wird gelegentlich mit dem Erreichen eines bestimmten Lebensalters begründet. Im Gegensatz zu den arbeitsrechtlich vereinbarten Altersgrenzen, die bei Vollendung eines bestimmten Lebensalters die Beendigung von Arbeitsverhältnissen ohne Beachtung kündigungsrechtlicher Vorschriften vorsehen, wird dadurch versucht, die altersbedingte Beendigung von Arbeitsverhältnissen gerade mit den Mitteln des Kündigungsrechts herbeizuführen.

Derartige Kündigungen richten sich fast ausschließlich an ältere Arbeitnehmer, die das 65. oder ein späteres Lebensjahr vollendet haben. Diese Praxis ist auf Art. 6 § 5 Abs. 1 RRG zurückzuführen. Wie bereits dargestellt wurde[2], schreibt die Vorschrift zwingend vor, daß die Möglichkeit zur Inanspruchnahme von vorgezogenem oder flexiblem Altersruhegeld kein die Kündigung des Arbeitsverhältnisses sozial rechtfertigender Grund im Sinne von § 1 Abs. 2 S. 1 KSchG ist; sie kann auch nicht bei der sozialen Auswahl nach § 1 Abs. 3 S. 1 KSchG zum Nachteil des Arbeitnehmers berücksichtigt werden. Dadurch sind Kündigungen, die an ein Lebensalter vor Vollendung des 65. Lebensjahres anknüpfen, weitgehend ausgeschlossen[3].

---

[1] Vgl. die systematische Gegenüberstellung der Beendigungsgründe von Arbeitsverhältnissen bei *Gamillscheg*, Arbeitsrecht I, 251 ff.; MünchKomm - *Schwerdtner*, Vorb. 7 ff. vor § 620 BGB; *Staudinger - Neumann*, Vorb. 11 ff. vor § 620 BGB; *Zöllner*, Arbeitsrecht, 175 ff.

[2] Vgl. dazu oben § 4 II 1.

[3] Art. 6 § 5 Abs. 1 RRG gilt allerdings nicht für Arbeitnehmer, die dem Kündigungsschutzgesetz nicht unterliegen (vgl. dazu unten § 9). Außerdem

Eine altersbedingte Kündigung wird mitunter allein damit begründet, daß der betroffene Arbeitnehmer ein bestimmtes Lebensalter erreicht hat. Regelmäßig wird die Kündigung jedoch in einen umfassenderen Begründungskontext gestellt. Eine isolierte Berufung auf ein bestimmtes Lebensalter findet sich in den durch die Rechtsprechung bisher entschiedenen Fällen und in den Fallbeispielen der Kommentarliteratur selten. Wenn man diesen Begründungszusammenhang mitberücksichtigt, lassen sich insgesamt folgende Fallkonstellationen unterscheiden:

1. Der Arbeitgeber kündigt dem älteren Arbeitnehmer lediglich unter Hinweis auf die Vollendung des 65. oder eines anderen Lebensjahres.

2. Der Arbeitgeber kündigt dem 65jährigen Arbeitnehmer, weil er ein Alter erreicht habe, bei dem erfahrungsgemäß seine Leistungsfähigkeit erheblich nachlasse.

3. Der Arbeitgeber kündigt dem 65jährigen Arbeitnehmer, weil dieser aufgrund seines Alters Leistungen der gesetzlichen und gegebenenfalls auch der betrieblichen Altersversorgung in Anspruch nehmen könne und deshalb ausreichend versorgt sei.

4. Der Arbeitgeber kündigt dem 65jährigen Arbeitnehmer, weil der Altersaufbau des Betriebes dies erforderlich mache.

5. Der Arbeitgeber kündigt dem 65jährigen Arbeitnehmer, um Aufstiegschancen für Nachwuchskräfte zu eröffnen.

6. Der Arbeitgeber kündigt dem 65jährigen Arbeitnehmer, weil die versicherungsmathematische Berechnung von Beiträgen und Leistungen der betrieblichen Altersversorgung ein festes Beendigungsalter der Arbeitsverhältnisse notwendig mache.

7. Der Arbeitgeber kündigt dem 65jährigen Arbeitnehmer aus Gründen der Gleichbehandlung, weil die ganz überwiegende Zahl der Arbeitnehmer mit 65 Jahren widerspruchslos in den Ruhestand trete.

8. Der Arbeitgeber kündigt dem 65jährigen Arbeitnehmer aus dringenden betrieblichen Gründen und greift bei der Auswahl der zu kündigenden Arbeitnehmer auf die Überlegungen der Fallgruppen 2 bis 7 zurück.

In der Praxis werden altersbedingte Kündigungen regelmäßig auf eine Kombination dieser Begründungsvarianten gestützt.

---

findet die Vorschrift nach ihrem Wortlaut keine Anwendung, wenn die Kündigung nicht darauf gestützt wird, daß der Arbeitnehmer Altersruhegeld beantragen kann (vgl. dazu nachfolgend die Fallgruppen 1 und 2 sowie 4 bis 8).

II. Rechtliche Ausgangslage

Fraglich ist, ob das Kündigungsrecht derart begründete Kündigungen zuläßt. Sollte das nicht der Fall sein, könnten sich daraus wegen einer möglichen Verletzung zwingender Kündigungsschutzbestimmungen auch Auswirkungen auf die Beurteilung der Zulässigkeit arbeitsrechtlich vereinbarter Altersgrenzen ergeben.

1. Maßstäbe für die Beurteilung der Wirksamkeit altersbedingter Kündigungen

Bei der Beurteilung der Frage, ob altersbedingte Kündigungen rechtlich wirksam sind oder nicht, ist zwischen ordentlichen und außerordentlichen Kündigungen zu unterscheiden.

a) Eine außerordentliche Kündigung, die regelmäßig zur Beendigung des Arbeitsverhältnisses bereits im Zeitpunkt des Zugangs der Kündigungserklärung führt[4], ist gem. § 626 Abs. 1 BGB nur bei Vorliegen eines wichtigen Grundes zulässig. Nach dieser Vorschrift ist ein wichtiger Grund dann zu bejahen, wenn Tatsachen vorliegen, „aufgrund derer dem Kündigenden unter Berücksichtigung aller Umstände des Einzelfalles und unter Abwägung der Interessen beider Vertragsteile die Fortsetzung des Dienstverhältnisses bis zum Ablauf der Kündigungsfrist oder bis zu der vereinbarten Beendigung des Dienstverhältnisses nicht zugemutet werden kann". Wegen der strengen Anforderungen, die an das Vorliegen eines wichtigen Grundes gestellt werden[5], wird der Arbeitgeber regelmäßig eine altersbedingte Kündigung nicht im Wege einer außerordentlichen, sondern vielmehr im Wege einer ordentlichen Kündigung aussprechen.

b) Ordentliche Kündigungen bedürfen, soweit sie dem Kündigungsschutzgesetz unterliegen, eines Grundes, der die Kündigung sozial rechtfertigt[6]. Den Arbeitgeber trifft im Prozeß eine Darlegungs- und Beweislast für die personen-, verhaltens- und betriebsbedingten Tatsachen, die seine Kündigung bedingen[7]. Die Voraussetzungen einer so-

---

[4] *Bopp*, Kündigung, 88; *Wolf*, GK-KSchG, Allg. Grds., Rdnr. 112; *Stahlhacke*, Kündigung, Rdnr. 173; es besteht jedoch die Möglichkeit, eine Auslauffrist einzuhalten; dazu *Bleistein*, Kündigung, Rdnr. 123; teilweise ist die Bindung an eine Frist sogar gesetzlich vorgesehen (vgl. § 22 Konkursordnung (KO) v. 10. 2. 1877 (RGBl. S. 351) i. d. F. der Bekanntmachung v. 20. 5. 1898 (RGBl. S. 612)).

[5] *Hueck*, KSchG, Einl., Rdnr. 71; sowie *Schaub*, Arbeitsrechts-Handbuch, 677 ff. mit zahlreichen Nachweisen zur Rechtsprechung; vgl. im übrigen auch *Hueck / Nipperdey*, Lehrbuch, 582; MünchKomm - *Schwerdtner*, § 626 BGB, Rdnr. 26 ff.; *Nikisch*, Arbeitsrecht I, 724; *Staudinger - Neumann*, § 626 BGB, Rdnr. 22 ff.

[6] Vgl. § 1 Abs. 2 KSchG.

[7] Vgl. § 1 Abs. 2 S. 4 KSchG.

zialen Rechtfertigung im Sinne von § 1 KSchG bleiben hinter den Anforderungen, die an den wichtigen Grund bei einer außerordentlichen Kündigung zu stellen sind, zurück[8]. Sollte sich deshalb bereits eine ordentliche Kündigung, die auf die eingangs skizzierten Begründungen gestützt wird, als sozial ungerechtfertigt erweisen, kann mit derselben Begründung erst recht keine außerordentliche Kündigung ausgesprochen werden.

Der in § 1 KSchG verankerte allgemeine Kündigungsschutz gilt nur für ordentliche Kündigungen durch den Arbeitgeber[9]. Ein Arbeitnehmer kann also ohne weiteres das Erreichen eines bestimmten Lebensalters zum Anlaß nehmen, sein Arbeitsverhältnis unter Einhaltung der einschlägigen Kündigungsfristen ordentlich zu kündigen.

Auf ordentliche Kündigungen gegenüber Arbeitnehmern, deren Arbeitsverhältnis weniger als sechs Monate bestanden hat oder die in Kleinbetrieben beschäftigt sind, findet § 1 KSchG keine Anwendung[10]. Ein Kündigungsschutz kann sich hier allenfalls aus § 134 BGB und den allgemeinen Generalklauseln der §§ 138, 242 BGB ergeben.

2. Geltung des Kündigungsschutzgesetzes für ältere Arbeitnehmer

Das Kündigungsschutzgesetz enthält weder eine Altersbegrenzung nach unten noch nach oben[11]. Es findet deshalb auch auf ältere Arbeitnehmer Anwendung, die das 65. Lebensjahr vollendet haben[12]. Der Versuch, durch analoge Anwendung anderer gesetzlicher Altersbegrenzungen eine Altersobergrenze für Arbeitnehmer, die das 65. Lebensjahr vollendet haben, zu begründen, ist methodisch unzulässig. Es fehlt bereits an einer planwidrigen Regelungslücke[13]. Der Gesetzgeber hat erst vor wenigen Jahren das früher bestehende Erfordernis eines Mindestalters gestrichen[14] und damit bewußt auf jede Altersbegrenzung verzichtet.

---

[8] Vgl. *Adomeit*, AR-Blattei, Kündigung IX, A I 3; *Zöllner*, Arbeitsrecht, 194.

[9] Das ergibt sich aus dem eindeutigen Wortlaut des Gesetzes; vgl. dazu *Becker*, GK-KSchG, § 1, Rdnr. 100; *Stahlhacke*, Kündigung, Rdnr. 273.

[10] § 1 Abs. 1 KSchG; § 23 Abs. 1 KSchG.

[11] So *Hueck*, KSchG, § 1, Rdnr. 42 - 45; *Schaub*, Arbeitsrechts-Handbuch, 696.

[12] BAG AP Nr. 1 zu § 46 TVAL II mit zust. Anm. v. *Beitzke;* LAG Düsseldorf AP 54 Nr. 134; ArbG Nürnberg ARSt. XIV Nr. 278; *Ammermüller*, DB 1973, 823; *Bleistein*, Kündigung, Rdnr. 183; *Brill*, AR-Blattei, Kündigungsschutz V, B II 2; *Jobs / Bader*, AR-Blattei, Kündigungsschutz I, B II 3 a; *Jungen*, Altersgrenze, 26; *Kunkel*, GmbH-Rundschau 1954, 133; *Schaub*, Arbeitsrechts-Handbuch, 696; *Weiler*, Problem, 46; *Wenzel*, MDR 1977, 546.

[13] *Larenz*, Methodenlehre, 358.

[14] Durch Gesetz v. 5. 7. 1976 (BGBl. I S. 1769).

Im übrigen liegt dem Kündigungsschutzrecht keineswegs der Gedanke zugrunde, daß das Arbeitsverhältnis mit 65 Jahren ende[15]. Es ist im Gegenteil eine deutliche Tendenz zu beobachten, den individuellen Kündigungsschutz auch über das 65. Lebensjahr hinaus auszudehnen.

Das BAG hat beispielsweise zu § 1 Angestelltenkündigungsschutzgesetz[16] entschieden, daß die Bestimmungen dieses Gesetzes auch für Angestellte gelten, die das 65. Lebensjahr vollendet haben[17]. Dem ist das Schrifttum auch für den Fall, daß der Angestellte Altersruhegeld aus der gesetzlichen Rentenversicherung bezieht und deshalb gem. § 6 Abs. 1 Nr. 1 AVG versicherungsfrei ist, fast übereinstimmend gefolgt[18]. Auch für die Parallelvorschrift des § 622 Abs. 2 BGB besteht keine Altersbegrenzung.

Allerdings nahm das frühere Schwerbeschädigtengesetz[19] im Rahmen seiner kündigungsschutzrechtlichen Bestimmungen auf die Vollendung des 65. Lebensjahres Bezug. Nach § 18 Abs. 2 c SchwbG sollte die Hauptfürsorgestelle ihre Zustimmung zu einer Kündigung erteilen, wenn der Schwerbeschädigte das 65. Lebensjahr vollendet hatte und wirtschaftlich ausreichend gesichert war. Die Vorschrift ist bei der Novellierung des Schwerbehindertengesetzes[20] ersatzlos gestrichen worden. Nach Auffassung des Gesetzgebers bedeutet die Streichung „eine wesentliche Verstärkung des Kündigungsschutzes im Sinne eines Individualschutzes. Sie kommt zum einen den Schwerbeschädigten zugute, die von ihrem Arbeitgeber über die gesetzliche Verpflichtung hinaus beschäftigt werden, zum anderen denen, die aufgrund eigener Entscheidung über das 65. Lebensjahr hinaus weiter arbeiten wollen“[21].

---

[15] Vgl. zu dieser Begründung *Kunkel*, GmbH-Rundschau 1954, 132 f.

[16] Angestelltenkündigungsschutzgesetz (AngKSchG) v. 9. 7. 1926 (RGBl. I S. 399, ber. S. 412).

[17] BAG AR-Blattei, Kündigung V, Kündigungsfristen Entsch. 6; BAG AP Nr. 1 zu § 1 AngKSchG; so auch ArbG Rheine DB 1967, 2078.

[18] Vgl. z. B. MünchKomm - *Schwerdtner*, § 622 BGB, Rdnr. 17; *Nikisch*, Arbeitsrecht I, 710; *Staudinger - Neumann*, Vorb. 119 zu § 620 BGB jeweils m. w. N.

[19] Schwerbeschädigtengesetz (SchwbG) v. 16. 6. 1953 (BGBl. I S. 389) i. d. F. v. 14. 8. 1961 (BGBl. I S. 1233, ber. S. 1348 u. 1652).

[20] Schwerbehindertengesetz (SchwbG) i d. F. der Bekanntmachung v. 8. 10. 1979 (BGBl. I S. 1649).

[21] So die Begründung des Regierungsentwurfs für ein SchwbG, BT-Drs. VII/656, 30; zustimmend *Wilrodt / Neumann*, SchwbG, § 16, Rdnr. 1; die Gegenansicht von *Rewolle* (SchwbG, § 16, Anm. I), wonach die Streichung der Tatsache Rechnung trägt, daß in vielen Tarifverträgen heute bestimmt ist, „daß der Arbeitnehmer ohne Kündigung aus dem Arbeitsverhältnis mit Ablauf des Monats ausscheidet, in dem er das 65. Lebensjahr vollendet hat“, läuft dem erklärten Willen des Gesetzgebers zuwider.

Im Kündigungsschutzrecht zeigt sich ähnlich wie im Rentenversicherungsrecht und im Arbeitsförderungsgesetz das Bemühen des Gesetzgebers, die individuelle Entscheidung des einzelnen, über das 65. Lebensjahr hinaus beschäftigt zu bleiben, durch gesetzliche Maßnahmen abzusichern. Diese Intention des Gesetzgebers wird als Auslegungsmaxime zu berücksichtigen sein. Im übrigen läßt sich daraus entnehmen, daß § 1 KSchG auch Arbeitnehmern zugute kommt, die das 65. Lebensjahr vollendet haben.

Vor diesem Hintergrund kann nun die Frage untersucht werden, ob die eingangs skizzierten Begründungen ausreichen, um eine altersbedingte Kündigung, die an die Vollendung des 65. Lebensjahres anknüpft, gem. § 1 KSchG sozial zu rechtfertigen. Anschließend wird die Zulässigkeit derartiger Kündigungen gegenüber Arbeitnehmern geprüft, auf die § 1 KSchG keine Anwendung findet.

§ 8 Sozialwidrigkeit altersbedingter Kündigungen

Eine ordentliche Kündigung gegenüber Arbeitnehmern ist gem. § 1 Abs. 1 KSchG unwirksam, wenn sie sozial ungerechtfertigt ist. Die Sozialwidrigkeit kann gem. § 1 Abs. 2 S. 1 KSchG darauf beruhen, daß die Kündigung weder durch Gründe, die in der Person oder in dem Verhalten des betroffenen Arbeitnehmers liegen, noch durch dringende betriebliche Erfordernisse, die einer Weiterbeschäftigung des Arbeitnehmers in diesem Betrieb entgegenstehen, bedingt ist. An einer sozialen Rechtfertigung der Kündigung fehlt es gem. § 1 Abs. 3 S. 1 KSchG auch, wenn der Arbeitgeber im Rahmen betriebsbedingter Kündigungen bei der Auswahl unter mehreren Arbeitnehmern soziale Gesichtspunkte nicht oder nicht ausreichend berücksichtigt hat[1].

Die in den eingangs skizzierten Fallgruppen 1 - 3 genannten Gründe für eine altersbedingte Kündigung, nämlich das Lebensalter des Arbeitnehmers, seine Leistungsfähigkeit und seine Versorgungssituation stellen Umstände in der persönlichen Sphäre des Arbeitnehmers dar[2]. Ob diese Umstände eine Kündigung sozial rechtfertigen können, ist deshalb unter dem Gesichtspunkt einer personenbedingten Kündigung zu überprüfen.

---

[1] Die in § 1 Abs. 2 S. 2 u. 3 KSchG genannten Gründe für die Sozialwidrigkeit einer Kündigung sind nicht typisch für altersbedingte Kündigungen und sollen hier deshalb außer acht bleiben.

[2] Vgl. zu den allgemeinen Anforderungen an einen personenbedingten Kündigungsgrund LAG Berlin AP 53 Nr. 163; *Adomeit*, AR-Blattei, Kündigung IX, C II 2 a; *Galperin*, RdA 1966, 365; *Becker*, GK-KSchG, § 1, Rdnr. 187; *Hueck*, KSchG, § 1, Rdnr. 82 a; *Weiler*, Problem, 43.

Bei den Fallgruppen 4 - 7 wird die Kündigung nicht nur auf das Lebensalter des Arbeitnehmers gestützt, sondern zusätzlich auf den Altersaufbau des Betriebes, die Aufstiegschancen für Nachwuchskräfte, die Erfordernisse der betrieblichen Altersversorgung und die Gleichbehandlung mit anderen Arbeitnehmern. Dabei handelt es sich um „betriebsbezogene Umstände oder Vorgänge“[3], die dem „Einflußbereich des Arbeitgebers“[4] unterliegen. Deshalb muß die soziale Rechtfertigung in diesen Fällen unter dem Gesichtspunkt einer betriebsbedingten Kündigung überprüft werden[5].

Durch die Fallgruppe 8 schließlich wird die Frage aufgeworfen, welchen Einfluß das Lebensalter und die anderen zuvor genannten Umstände auf die soziale Auswahl im Rahmen betriebsbedingter Kündigungen haben.

I. Personenbedingte Kündigungsgründe

1. Erreichen eines bestimmten Lebensalters

Die Vollendung des 65. Lebensjahres oder das Erreichen eines anderen Lebensalters ist für sich genommen nach nahezu einhelliger Meinung in Rechtsprechung[6] und Literatur[7] kein personenbedingter Kündigungsgrund, der eine ordentliche Kündigung sozial rechtfertigen könnte. Gegen diese Auffassung hat sich Nikisch ausgesprochen[8]. Zur Begründung verweist er auf die Altersgrenzenregelung im öffentlichen Dienst.

---

[3] *Hueck*, KSchG, § 1, Rdnr. 101; vgl. auch MünchKomm - *Schwerdtner*, Vorb. 112 vor § 620 BGB m. w. N.

[4] *Becker*, GK-KSchG, § 1, Rdnr. 290.

[5] Vgl. dazu *Becker*, GK-KSchG, § 1, Rdnr. 178 f.

[6] BAG 11, 278 (285) = AP Nr. 1 zu § 1 KSchG (personenbedingte Kündigung); vgl. auch BAG 23, 257 (275) = AP Nr. 5 zu § 57 BetrVG 1952; LAG Berlin AP 53 Nr. 163; LAG Düsseldorf AP 54 Nr. 134; LAG Saarbrücken DB 1960, 1280.

[7] *Ammermüller*, DB 1973, 823; *Auffarth / Müller*, KSchG, § 1, Rdnr. 190; *Bleistein*, Kündigung, Rdnr. 198; *Bopp*, Kündigung, 153; *Brill*, AR-Blattei, Arbeitsvertrag — Arbeitsverhältnis VIII A, IV; *ders.*, AR-Blattei, Kündigungsschutz V, B II 2 a; *Bobrowski / Gaul*, Arbeitsrecht II, L II, Rdnr. 31; *Däubler*, Arbeitsrecht 2, 288; *Becker*, GK-KSchG, § 1, Rdnr. 195; *Großmann / Schneider*, Arbeitsrecht, Rdnr. 387; *Hanau*, RdA 1976, 26; *Hanau / Adomeit*, Arbeitsrecht, 203; *Herschel / Steinmann*, KSchG, § 1, Rdnr. 37; *Hueck*, KSchG, § 1, Rdnr. 85; *Hueck / Nipperdey*, Lehrbuch I, 636 FN 32; *Jungen*, Altersgrenze, 68; *Konzen*, ZfA 1978, 501; *Kunkel*, GmbH-Rundschau 1954, 133; *Maus*, KSchG, § 1, Rdnr. 163; *Säcker*, RdA 1976, 92; *Schaub*, Arbeitsrechts-Handbuch, 703; *Schleßmann*, Kündigung, 125; *Stahlhacke*, Kündigung, Rdnr. 286; *Weiler*, Problem, 44 ff.; *Zöllner*, Anm. zu BAG AP Nr. 1 zu § 1 KSchG (Personenbedingte Kündigung); kritisch demgegenüber MünchKomm - *Schwerdtner*, Vorb. 255 vor § 620 BGB.

[8] *Nikisch*, Arbeitsrecht I, 760 FN 30.

Wie bereits festgestellt wurde, unterscheiden sich die Rechtsverhältnisse von Beamten, Berufsrichtern und Berufssoldaten jedoch in entscheidenden Strukturmerkmalen von denen der privatrechtlich beschäftigten Arbeitnehmer. Insbesondere die unterschiedlichen Möglichkeiten zur Beendigung der Beschäftigungsverhältnisse, die unterschiedlichen Aufgabenzuweisungen und das unterschiedliche Versorgungsniveau lassen es nicht zu, eine lediglich auf das Lebensalter gestützte Kündigung mit dem Hinweis auf die dienstrechtliche Altersgrenzenregelung sozial zu rechtfertigen.

Außerdem ist zu berücksichtigen, daß es sich bei der Festlegung einer Altersgrenze, die zur Beendigung von Dienstverhältnissen führt, um eine typisierende Regelung handelt, die auf die besonderen Verhältnisse des Einzelfalles keine Rücksicht nimmt. Demgegenüber beruht der allgemeine Kündigungsschutz auf einer „individualrechtlichen Konzeption“[9]. Danach müssen die „Kenntnisse, Fähigkeiten, Eigenschaften und Eigenarten des einzelnen“ Arbeitnehmers berücksichtigt werden[10]. Auch dieser Umstand verbietet es, die beamtenrechtliche Altersgrenzenregelung zur sozialen Rechtfertigung von Kündigungen heranzuziehen.

Vereinzelt sind Zweifel daran angemeldet worden, „ob diese Einzelfallbetrachtung ... human“ sei, da sie zu einer genauen Überwachung und unerfreulichen Maßregelung älterer Arbeitnehmer führen könne[11]. Diese Gefahr kann zwar nicht völlig ausgeschlossen werden, aber es fragt sich, ob die zwangsweise Beendigung von Arbeitsverhältnissen bei Erreichen eines bestimmten Lebensalters trotz bestehender Leistungsfähigkeit und -bereitschaft des Arbeitnehmers nicht mindestens ebenso inhuman ist. Im übrigen haben diese Überlegungen rein rechtspolitische Bedeutung. De lege lata ist von der „individualrechtlichen Konzeption“ des allgemeinen Kündigungsschutzes auszugehen.

Im übrigen kommt ein Sachverhalt nur dann als Kündigungsgrund im Sinne des § 1 Abs. 2 S. 1 KSchG in Betracht, wenn er „bei arbeitsrechtlicher Betrachtung geeignet ist, sich nachteilig auf das Arbeitsverhältnis auszuwirken“[12]. Eine Belastung für das Arbeitsverhältnis folgt

[9] So *Zöllner*, Arbeitsrecht, 193; ähnlich *Wolff*, GK-KSchG, Allg. Grds., Rdnr. 15; *Nikisch*, Arbeitsrecht I, 749 f.; *Söllner*, Arbeitsrecht, 235 ff.

[10] BAG 11, 278 (285) = AP Nr. 1 zu § 1 KSchG (Personenbedingte Kündigung).

[11] Vgl. MünchKomm - *Schwerdtner*, Vorb. 255 vor § 620 BGB; *Zöllner*, Anm. zu BAG AP Nr. 1 zu § 1 KSchG (Personenbedingte Kündigung); angedeutet auch bei BAG 23, 257 (276); vgl. dazu auch *Dohse / Jürgens / Russig*, Arbeitnehmer, 51.

[12] So BAG AP Nr. 1 zu § 1 KSchG (Verhaltensbedingte Kündigung); ähnlich LAG Berlin AP 53 Nr. 163; LAG Düsseldorf AP 54 Nr. 134; *Bopp*, Kündigung, 153; *Becker*, GK-KSchG, § 1, Rdnr. 195; *Herschel*, Betriebsbezogenheit, 171; *Müller*, DB 1963, 451; *Wenzel*, MDR 1977, 546.

aber nicht schon daraus, daß der Arbeitnehmer ein bestimmtes Lebensalter erreicht hat. Allenfalls im Zusammenhang mit anderen Umständen, wie zum Beispiel einer tatsächlich abnehmenden Leistungsfähigkeit, können sich kündigungsrechtlich relevante negative Auswirkungen auf das Arbeitsverhältnis ergeben.

Deshalb ist das Erreichen eines bestimmten Lebensalters für sich allein betrachtet nicht als personenbedingter Kündigungsgrund anzusehen. Eine altersbedingte Kündigung, die zur Begründung lediglich auf das Lebensalter des von ihr betroffenen Arbeitnehmers verweist, ist sozial nicht gerechtfertigt.

2. Vermutete Abnahme der beruflichen Leistungsfähigkeit

Auch die Kündigung eines Arbeitnehmers, die mit einer vermuteten oder unterstellten Abnahme der beruflichen Leistungsfähigkeit bei Vollendung des 65. Lebensjahres begründet wird, ist sozialwidrig[13].

Die gerontologische Forschung kommt einhellig zu dem Ergebnis, daß die Entwicklung der beruflichen Leistungsfähigkeit individuell unterschiedlich verläuft und keinesfalls ausschließlich oder auch nur überwiegend am kalendarischen Alter orientiert ist. Weil somit „die Frage des Alterns nicht allein eine Frage des Lebensalters ist"[14], kann nach Ansicht des Bundesarbeitsgerichts die Vollendung des 65. Lebensjahres nicht generell als „Fiktion, ja nicht einmal als Vermutung des Eintritts einer in ... hohem Maß beschränkten Arbeitsfähigkeit" angesehen werden[15].

Selbst bei beruflichen Tätigkeiten mit sehr hoher physischer oder psychischer Belastung, für die eine derartige Vermutung aufgrund der funktionsdifferenzierten Entwicklung der beruflichen Leistungsfähigkeit eher zutreffen mag, ergibt sich daraus kein personenbedingter Kündigungsgrund. Die „individualrechtliche Konzeption" des Kündigungsschutzgesetzes verlangt auch in diesen Fällen den Nachweis, daß in der Person des betroffenen Arbeitnehmers tatsächlich eine Abnahme der Leistungsfähigkeit festzustellen ist, die den Arbeitnehmer außerstande setzt, seine vertraglichen Leistungspflichten zu erfüllen. Nur

---

[13] So BAG 11, 278 (285); LAG Berlin AP 53 Nr. 163; LAG Düsseldorf AP 54 Nr. 134; *Becker*, GK-KSchG, § 1, Rdnr. 195; *Herschel / Steinmann*, KSchG, § 1, Rdnr. 37; *Kunkel*, GmbH-Rundschau 1954, 133; *Müller*, DB 1963, 451; *Otte*, Zeitvertrag, 116; *Weiler*, Problem, 56 ff.

[14] BAG 11, 278 (285).

[15] BAG 11, 278 (285).

wenn dem Arbeitgeber dieser Nachweis gelingt, ist nach der Wertung des Kündigungsschutzgesetzes die Kündigung sozial gerechtfertigt[16].

Die bloße Vermutung oder Unterstellung abnehmender beruflicher Leistungsfähigkeit bei Vollendung des 65. Lebensjahres vermag eine ordentliche Kündigung jedoch nicht sozial zu rechtfertigen.

3. Eintritt einer ausreichenden Versorgungslage

Die Kündigung eines Arbeitnehmers ist schließlich auch dann sozialwidrig, wenn sie damit begründet wird, daß der Arbeitnehmer das 65. Lebensjahr vollendet habe und deshalb gesetzliche und eventuell auch betriebliche Rentenleistungen beanspruchen könne[17]. Nach Ansicht des Bundesarbeitsgerichts ist das Bestehen einer derartigen Altersversorgung „kein genügender Grund" für eine altersbedingte Kündigung[18].

Wie bereits erwähnt wurde, können nur solche Umstände als Kündigungsgründe anerkannt werden, die geeignet sind, sich nachteilig auf das Arbeitsverhältnis auszuwirken. Das Arbeitsverhältnis muß „konkret berührt" sein, „sei es im Leistungsbereich, im Bereich der betrieblichen Verbundenheit aller Mitarbeiter, im personalen Vertrauensbereich oder auch im Unternehmensbereich"[19].

Die Versorgungslage des betroffenen Arbeitnehmers wirkt sich aber auf keinen dieser Bereiche aus. Insbesondere ergeben sich daraus keinerlei negative Auswirkungen für das Arbeitsverhältnis. Die Tatsache, daß ein Arbeitnehmer, sei es aufgrund eines Totogewinns oder einer Erbschaft ausreichend wirtschaftlich gesichert ist, führt deshalb nicht zur sozialen Rechtfertigung einer darauf gestützten Kündigung. Die wirtschaftliche Sicherung im Alter, unabhängig davon, ob sie durch gesetzliche und betriebliche Altersrenten oder durch Leistungen einer Lebensversicherung erfolgt, ist nicht anders zu beurteilen[20].

---

[16] Vgl. dazu oben § 6 II 1; sowie BAG 11, 278 (287); LAG Berlin AP 53, Nr. 163; LAG Düsseldorf AP 54, Nr. 134; *Becker*, GK-KSchG, § 1, Rdnr. 195; *Herschel / Steinmann*, KSchG, § 1, Rdnr. 37; *Kunkel*, GmbH-Rundschau 1954, 133; *Müller*, DB 1963, 451; *Säcker*, RdA 1976, 91.

[17] So auch ausdrücklich BAG 11, 278 (286) = AP Nr. 1 zu § 1 KSchG (Personenbedingte Kündigung); LAG Berlin AP 53 Nr. 163; LAG Düsseldorf AP 54 Nr. 134; *Ammermüller*, DB 1973, 823; *Bleistein*, Kündigung, Rdnr. 198; *Jungen*, Altersgrenze, 74 ff.; *Kunkel*, GmbH-Rundschau 1954, 134; *Schleßmann*, Kündigung, 125 f.

[18] BAG 11, 278 (286).

[19] BAG NJW 1982, 1062 (1063); ähnlich *Ammermüller*, DB 1973, 823; dieser Maßstab ermöglicht bei personenbedingten Kündigungen eine präzisere Abgrenzung als das Merkmal der „Betriebsbezogenheit"; vgl. dazu *Herschel*, Betriebsbezogenheit, 170 f.; siehe auch oben § 8 I 1.

[20] So auch ausdrücklich LAG Berlin AP 53 Nr. 163; LAG Düsseldorf AP 54 Nr. 134; *Ammermüller*, DB 1973, 823; vgl. auch die heute nach allgemeiner

Eine Kündigung, die auf die ausreichende wirtschaftliche Versorgung des betroffenen Arbeitnehmers gestützt würde, verstieße überdies gegen zentrale Wertungen des Kündigungsschutzgesetzes. Entgegen früheren Regelungen will das Gesetz nicht „das allgemeine wirtschaftliche Interesse des Arbeitnehmers" schützen, sondern ihm in erster Linie seinen Arbeitsplatz erhalten[21]. „Es wünscht, wenn möglich, die Fortsetzung des Arbeitsverhältnisses. Es ist somit ein ‚Bestandsschutzgesetz' und kein ‚Abfindungsgesetz'[22]." Nicht die finanzielle Kompensation für den Verlust des Arbeitsplatzes, sondern der Fortbestand des Arbeitsverhältnisses ist das vorrangige Ziel des Gesetzes.

Dieser Zielsetzung würde es widersprechen, wenn man eine Kündigung wegen ausreichender Versorgung des betroffenen Arbeitnehmers zulassen wollte. Der Arbeitgeber könnte jedes Arbeitsverhältnis zu jedem beliebigen Zeitpunkt beenden, wenn er nur eine finanzielle Kompensation bereitstellte. Ein solches „Abkaufen" von Arbeitsplätzen wäre mit dem kündigungsschutzrechtlichen Ziel eines effektiven Bestandsschutzes nicht zu vereinbaren.

In der Literatur hält eine Gegenansicht altersbedingte Kündigungen bei ausreichender Versorgung des betroffenen Arbeitnehmers allerdings für sozial gerechtfertigt[23]. Sie stützt sich dabei insbesondere auf die Altersgrenzenregelung im öffentlichen Dienstrecht. Außerdem verweist sie zur Begründung auf die Notwendigkeit einer Interessenabwägung im Kündigungsschutzrecht und zieht einen Vergleich zur Zulässigkeit einer Änderungskündigung. Hanau verneint schließlich einen Anspruch auf entgeltliche Fortsetzung des Arbeitsverhältnisses bei ausreichender betrieblicher Altersversorgung.

a) Altersversorgung und dienstrechtliche Altersgrenzenregelung

Diejenigen, die die soziale Rechtfertigung einer Kündigung bei ausreichender Versorgung des betroffenen Arbeitnehmers bejahen, verweisen wiederum auf die Altersgrenzenregelung im Dienstrecht der Be-

---

Ansicht abgelehnte Bedeutung eines Doppelverdienstes; dazu *Auffarth / Müller*, KSchG, § 1, Rdnr. 191; *Herschel / Steinmann*, KSchG, § 1, Anm. 40 a; *Hueck*, KSchG, § 1, Rdnr. 87; *Kunkel*, GmbH-Rundschau 1954, 134.

[21] Vgl. dazu die Begründung des Gesetzentwurfes für ein KSchG, BT-Drs. I/2090, 11.

[22] BAG 16, 285 (291) = AP Nr. 20 zu § 7 KSchG mit zust. Anm. von *Herschel;* vgl. auch *Becker*, GK-KSchG, § 9, Rdnr. 8 ff.; *Hofmann*, ZfA 1970, 76 ff.

[23] *Dietz / Richardi*, BetrVG, § 77, Rdnr. 87; *Hanau*, RdA 1976, 31; *Nikisch*, Arbeitsrecht I, 760; *Richardi*, Anm. zu BAG SAE 1972, 140; *Schimana*, BB 1970, 1141; *Zöllner*, Anm. zu BAG AP Nr. 1 zu § 1 KSchG (Personenbedingte Kündigung); ähnlich auch *Maus*, KSchG, § 1, Rdnr. 163; für den Fall des Werkspensionärs zustimmend *Bötticher*, Anm. zu BAG SAE 1962, 173.

amten, Berufsrichter und Berufssoldaten[24]. Für sie ist das unterschiedliche Versorgungsniveau „der einzige sachliche Unterschied" zwischen privatrechtlichen und öffentlichrechtlichen Dienstverhältnissen[25]. Zumindest dann, wenn dieser Unterschied durch eine entsprechende betriebliche Altersversorgung ausgeglichen wird, müsse deshalb auch eine altersbedingte Kündigung zulässig sein.

Dabei wird jedoch übersehen, daß die Dienstverhältnisse öffentlicher Dienstnehmer und privater Arbeitnehmer tatsächlich weitere sachlich relevante Strukturmerkmale aufweisen, durch die sie sich unterscheiden. Auf die unterschiedlichen Möglichkeiten zur Beendigung der jeweiligen Dienstverhältnisse und die unterschiedlichen Aufgabenzuweisungen wurde bereits hingewiesen[26]. Auch die besondere Legitimation der dienstrechtlichen Altersgrenzen durch die gesetzliche Regelung ist zu beachten. Diese Unterschiede bleiben bei Angleichung des Versorgungsniveaus bestehen und stehen einer Rechtfertigung altersbedingter Kündigungen durch dienstrechtliche Altersgrenzen deshalb entgegen.

Außerdem ist erneut zu beachten, daß es sich bei der Altersgrenzenregelung im Dienstrecht der Beamten, Berufsrichter und Berufssoldaten um eine typisierende Regelung handelt, die individuelle Unterschiede bewußt außer acht läßt. Das Kündigungsschutzgesetz gewährt demgegenüber „einen individuellen, auf die Person des einzelnen Arbeitnehmers zugeschnittenen Kündigungsschutz"[27]. Auch wegen dieses Unterschieds bestehen Bedenken, altersbedingte Kündigungen unter Hinweis auf dienstrechtliche Altersgrenzen sozial zu rechtfertigen.

b) Altersversorgung und kündigungsschutzrechtliche Interessenabwägung

Die soziale Rechtfertigung einer altersbedingten Kündigung gegenüber Arbeitnehmern mit ausreichender Altersversorgung wird teilweise auch auf eine „Abwägung der Interessen der Vertragsparteien und des Betriebes" gestützt[28]. Das Bestehen einer ausreichenden Altersversorgung lasse „die Kündigung als billigenswert und angemessen er-

---

[24] So *Nikisch*, Arbeitsrecht I, 760; *Schimana*, BB 1970, 1141; *Zöllner*, Anm. zu BAG AP Nr. 1 zu § 1 KSchG (Personenbedingte Kündigung); vgl. auch *Hanau*, RdA 1976, 25.

[25] Vgl. *Hanau*, RdA 1976, 25.

[26] Siehe dazu oben § 6 II 1 u. 2.

[27] BAG 11, 278 (285).

[28] *Zöllner*, Anm. zu BAG AP Nr. 1 zu § 1 KSchG (Personenbedingte Kündigung); vgl. auch *Hanau*, RdA 1976, 31; *Jungen*, Altersgrenze, 69.

scheinen"[29]. Es ist zwar weithin anerkannt, daß zur Entscheidung der Frage, ob eine Kündigung durch personen-, verhaltens- oder betriebsbedingte Kündigungsgründe bedingt sei, die Interessen beider Vertragsteile gegeneinander abzuwägen sind[30]. Bevor eine solche Abwägung jedoch vorgenommen werden kann, müssen „überhaupt Gründe für eine Kündigung vorliegen"[31]. Sie fehlen aber bei einer Kündigung, die neben dem Lebensalter allein auf das Bestehen einer ausreichenden Versorgungslage des betroffenen Arbeitnehmers gestützt wird.

Deshalb „setzt der Schutz des Gesetzes ein, ohne daß noch für eine Abwägung Raum wäre, ob der Verlust des Arbeitsplatzes aus sonstigen, außerhalb des Arbeitsverhältnisses liegenden Gründen den Arbeitnehmer mehr oder weniger hart treffen würde"[32]. Die Einkommens- und Vermögensverhältnisse eines Arbeitnehmers können allenfalls bei der sozialen Auswahl im Rahmen betriebsbedingter Kündigungen berücksichtigt werden[33].

c) Vergleich altersbedingter Kündigungen mit Änderungskündigungen

Schließlich wird versucht, Rückschlüsse für die soziale Rechtfertigung einer altersbedingten Kündigung bei ausreichender Altersversorgung aus einem Vergleich mit der Änderungskündigung herzuleiten[34]. Zöllner meint, dem älteren Arbeitnehmer, der über eine ausreichende Altersversorgung verfüge, bleibe auch im Ruhestand die Existenzgrundlage erhalten[35]. Er stehe sich deshalb ähnlich, wie ein unter veränderten Arbeitsbedingungen weiterbeschäftigter Arbeitnehmer.

---

[29] *Zöllner*, Anm. zu BAG AP Nr. 1 zu § 1 KSchG (Personenbedingte Kündigung).

[30] Ständige Rechtsprechung vgl. BAG AP Nr. 5, 6, 23 zu § 1 KSchG; BAG AP Nr. 5, 14 zu § 1 KSchG (Betriebsbedingte Kündigung); BAG AP Nr. 2 zu § 1 KSchG 1969; *Becker*, GK-KSchG, § 1, Rdnr. 149 ff.; *Hueck*, KSchG, § 1, Rdnr. 67 m. w. N.

[31] So *Hueck*, KSchG, § 1, Rdnr. 67; auch das BAG setzt bei einer Interessenabwägung das Vorliegen eines Kündigungsgrundes voraus, vgl. BAG AP Nr. 6 zu § 1 KSchG u. AP Nr. 5 zu § 1 KSchG (Betriebsbedingte Kündigung); vgl. auch *Herschel*, Arbeitsrecht, 124.

[32] So die Begründung des Gesetzentwurfes für ein KSchG, BT-Drs. I/2090, 11.

[33] LAG Berlin AP 53 Nr. 163; *Auffarth / Müller*, KSchG, § 1, Rdnr. 235; *Bleistein*, Kündigung, Rdnr. 198; *Becker*, GK-KSchG, § 1 Rdnr. 352; *Hueck*, KSchG, § 1, Rdnr. 117; *Schaub*, Arbeitsrechts-Handbuch, 699.

[34] *Zöllner*, Anm. zu BAG AP Nr. 1 zu § 1 KSchG (Personenbedingte Kündigung); ihm folgend *Bötticher*, Anm. zu BAG SAE 1962, 173; *Schimana*, BB 1970, 1141.

[35] *Zöllner*, Anm. zu BAG AP Nr. 1 zu § 1 KSchG (Personenbedingte Kündigung); *Schimana*, BB 1970, 1141.

Diese Auffassung beruht auf der unrichtigen Annahme, die Erwerbstätigkeit diene allein und ausschließlich dem Zweck der materiellen Existenzsicherung und könne bei entsprechender finanzieller Versorgung des Arbeitnehmers ohne weiteres durch Kündigung beendet werden. Tatsächlich erfüllt jedoch die berufliche Tätigkeit eine Fülle von Funktionen[36]. Sie gibt die Chance zum Erlernen und Ausüben von Fähigkeiten, eröffnet ein weites Feld für Erfahrungen, ermöglicht Selbst- und Fremdeinschätzung und verschafft Anerkennung. Durch die berufliche Tätigkeit wird also die gesamte Lebensgestaltung des Arbeitnehmers wesentlich beeinflußt. Die Erkenntnisse der medizinischen und psychologischen Gerontologie zeigen außerdem, daß die berufliche Tätigkeit leistungsfähiger und arbeitswilliger Arbeitnehmer eine wichtige geroprophylaktische Bedeutung hat[37].

Wer den Zweck beruflicher Tätigkeit auf die materielle Existenzsicherung reduziert, verkennt nicht nur deren tatsächliche Bedeutungsvielfalt, sondern geht auch an den Wünschen der betroffenen Arbeitnehmer vorbei. Die oben wiedergegebenen Umfrageergebnisse zeigen, daß das Interesse an einer Weiterarbeit vorrangig durch außerökonomische soziale Interessen bestimmt ist[38]. Diejenigen, die trotz bestehender Alterssicherung mit 65 Jahren weiterarbeiten wollen — und um diese Gruppe geht es hier —, machen gerade dadurch deutlich, daß für sie die berufliche Tätigkeit mehr bedeutet als bloße Erwerbsquelle.

Die außerökonomische Bedeutung der beruflichen Tätigkeit hat auch im Arbeitsrecht Anerkennung gefunden. Im Rahmen eines bestehenden Arbeitsverhältnisses hat jeder Arbeitnehmer Anspruch auf tatsächliche Beschäftigung[39]. Es reicht nicht aus, ihm lediglich den vereinbarten Lohn zu zahlen. Der Beschäftigungsanspruch soll den Arbeitnehmer vielmehr in die Lage versetzen, „sich seine beruflichen Fähigkeiten zu erhalten und fortzubilden“[40]. Er soll auch „die in der Arbeit liegende Möglichkeit der Persönlichkeitsverwirklichung und Selbstbestätigung nützen können“[41]. Diese Chance muß dem Arbeitnehmer auch dann

---

[36] Vgl. dazu *Gagel / Jülicher*, AFG, § 1, Rdnr. 38; *Hesse*, AöR 95 (1970), 452 ff.

[37] Siehe dazu oben § 3 II.

[38] Siehe dazu oben § 2.

[39] So BAG 2, 221 (224 f.) = AP Nr. 2 zu § 611 BGB (Beschäftigungspflicht); BAG 29, 195 (206 f.) = AP Nr. 5 zu § 611 BGB (Beschäftigungspflicht); *Hueck / Nipperdey*, Lehrbuch I, 380 ff.; *Nikisch*, Arbeitsrecht I, 513; *Fabricius*, ZfA 1972, 44 ff.; *Richardi*, JZ 1978, 491 f.; einschränkend LAG Berlin AP Nr. 6 zu § 611 BGB (Beschäftigungspflicht); *Kraft*, ZfA 1979, 127 ff.; *Lepke*, Anspruch, 97 ff.

[40] BAG 2, 221 (225) = AP Nr. 2 zu § 611 BGB (Beschäftigungspflicht).

[41] So an anderer Stelle *Zöllner*, Arbeitsrecht, 141.

zustehen, wenn er über eine ausreichende Altersversorgung verfügt. Das KSchG will dementsprechend Arbeitsplatz und Betriebszugehörigkeit des Arbeitnehmers sichern, „die die Grundlagen seiner wirtschaftlichen *und* sozialen Existenz bilden“[42].

Vor diesem Hintergrund ist die von Zöllner angenommene Vergleichbarkeit zwischen einer Änderungskündigung und einer altersbedingten Kündigung nicht gegeben. Bei der Änderungskündigung bietet der Arbeitgeber die Fortsetzung des Arbeitsverhältnisses zu geänderten Arbeitsbedingungen an. Erst wenn der Arbeitnehmer das Änderungsangebot ablehnt, wird das Arbeitsverhältnis durch Kündigung beendet. Die altersbedingte Kündigung führt demgegenüber unausweichlich zu einer Beendigung des Arbeitsverhältnisses.

Selbst wenn man aber die Vergleichbarkeit von Änderungskündigung und altersbedingter Kündigung bejaht, ergibt sich daraus keineswegs deren soziale Rechtfertigung. Auch die Änderungskündigung muß durch Gründe im Sinne des § 1 Abs. 2 S. 1 KSchG bedingt sein[43]. Ein solcher Kündigungsgrund ist im Bestehen einer ausreichenden Altersversorgung — aus den bereits dargestellten Gründen — nicht zu sehen.

d) *Altersversorgung und Anspruch auf entgeltliche Beschäftigung*

Einen weiteren Versuch zur Begründung altersbedingter Kündigungen gegenüber älteren Arbeitnehmern, die das 65. Lebensjahr vollendet haben und über eine ausreichende betriebliche Altersversorgung verfügen, unternimmt Hanau[44]. Nach seiner Auffassung muß zwischen dem Anspruch auf Arbeitsentgelt und dem Recht auf tatsächliche Beschäftigung streng unterschieden werden. Bei ausreichender Altersversorgung habe der Arbeitnehmer aufgrund des allgemeinen Beschäftigungsanspruchs allenfalls noch ein „Recht auf unentgeltliche Beschäftigung“, ihm stehe aber kein „Anspruch auf Fortsetzung des Arbeitsverhältnisses gegen Entgelt“ mehr zu.

Dieser Auffassung kann nicht gefolgt werden. Der Beschäftigungsanspruch ist nicht auf Begründung eines Arbeitsverhältnisses gerichtet, sondern setzt dessen Bestand voraus[45]. Im Rahmen eines privatrechtlichen Arbeitsverhältnisses hat aber jeder Arbeitnehmer, unabhängig von seinen sonstigen Vermögens- und Einkommensverhältnissen, An-

---

[42] Vgl. Begründung des Entwurfs für ein KSchG, BT-Drs. I/2090, 11.

[43] BAG AP Nr. 1 zu § 626 BGB (Änderungskündigung); *Rost*, GK-KSchG, § 2, Rdnr. 99 ff.; *Hueck*, KSchG, § 2, Rdnr. 22; *Schaub*, Arbeitsrechts-Handbuch, 735.

[44] Vgl. dazu *Hanau*, RdA 1976, 31.

[45] Vgl. dazu ausführlich *Lepke*, Anspruch, 1 ff.

spruch auf tatsächliche Beschäftigung und auf Lohnzahlung. Die Lohnzahlungspflicht des Arbeitgebers entfällt nicht ohne weiteres, wenn der Arbeitnehmer Leistungen der gesetzlichen oder betrieblichen Altersversorgung in Anspruch nehmen kann. Vielmehr bedarf es dazu einer Kündigung oder einer Beendigung des Arbeitsverhältnisses in sonstiger Weise.

Eine Teilkündigung, die den Arbeitgeber lediglich von seiner Lohnzahlungspflicht suspendierte, ist schlechthin unzulässig[46]. Eine Kündigung des gesamten Arbeitsverhältnisses oder eine Änderungskündigung bedürfen jeweils eines sie sozial rechtfertigenden Kündigungsgrundes. Der Hinweis auf die Möglichkeit, Leistungen der betrieblichen oder gesetzlichen Altersversorgung in Anspruch zu nehmen, reicht dafür nicht aus.

Zusammenfassend läßt sich feststellen, daß eine Zwangspensionierung älterer Arbeitnehmer im Wege einer altersbedingten Kündigung bei Vollendung des 65. Lebensjahres nicht auf personenbedingte Kündigungsgründe gestützt werden kann.

II. Betriebsbedingte Kündigungsgründe

1. Interesse an einem zweckmäßigen Altersaufbau

Aus dem Interesse des Betriebes an einem zweckmäßigen Altersaufbau kann sich nach allgemeiner Ansicht ein „dringendes betriebliches Erfordernis" im Sinne des § 1 Abs. 2 S. 1 KSchG für die Kündigung eines Arbeitnehmers bei Vollendung des 65. Lebensjahres ergeben[47].

Die Anforderungen, die an den zweckmäßigen Altersaufbau eines Betriebes zu stellen sind, richten sich nach dem Betriebszweck und den konkreten wirtschaftlichen, technischen und organisatorischen Gegebenheiten. Es handelt sich also um „betriebsbezogene Umstände oder Vorgänge, die von der Person des betroffenen Arbeitnehmers unabhän-

---

[46] So BAG AP Nr. 1 zu § 620 BGB (Teilkündigung); *Hueck*, KSchG, § 2, Rdnr. 6; *Rost*, GK-KSchG, § 2, Rdnr. 51 ff. m. w. N.; *Zöllner*, Arbeitsrecht, 181.

[47] BAG 11, 278 (286) = AP Nr. 1 zu § 1 KSchG (Personenbedingte Kündigung); BAG 23, 257 (276) = AP Nr. 5 zu § 57 BetrVG 1952; LAG Düsseldorf AP 54 Nr. 134; *Bötticher*, Anm. zu BAG SAE 1962, 173; *Brill*, AR-Blattei, Kündigungsschutz V, B II 2 b; *Gamillscheg*, Arbeitsrecht I, 278; *Becker*, GK-KSchG, § 1, Rdnr. 224; *Hueck*, KSchG, § 1, Rdnr. 85; *Jungen*, Altersgrenze, 78 ff.; *Kunkel*, GmbH-Rundschau 1954, 133; *Maus*, KSchG, § 1, Rdnr. 163; *Müller*, DB 1963, 451; *Schimana*, BB 1970, 1141; *Weiler*, Problem, 142; *Wenzel*, MDR 1977, 546; *Wlotzke*, Anm. zu BAG BABl. 1962, 284; *Zöllner*, Anm. zu BAG AP Nr. 1 zu § 1 KSchG (Personenbedingte Kündigung).

gig sind“[48]. Das Lebensalter des einzelnen Arbeitnehmers geht lediglich als Datum in die empirische Feststellung des tatsächlichen betrieblichen Altersaufbaus ein. Ein betriebliches Erfordernis für eine Kündigung kann sich daraus ergeben, daß der tatsächliche und der zweckmäßige Altersaufbau eines Betriebes auseinanderfallen. Umstritten ist, unter welchen Voraussetzungen diese Diskrepanz als dringendes betriebliches Erfordernis anzusehen ist, daß einer Weiterbeschäftigung des Arbeitnehmers im Betrieb entgegensteht und deshalb eine Kündigung sozial zu rechtfertigen vermag.

Das Bundesarbeitsgericht sieht ein dringendes betriebliches Erfordernis nur „im Einzelfall“ als gegeben an, wenn eine „untragbare Überalterung der Belegschaft“ eingetreten ist[49]. Es verlangt, daß der Arbeitgeber „vorträgt und im Streitfall beweist, daß der Altersaufbau in seinem Betrieb die Kündigung erforderlich mache“[50]. Solange die Masse der Arbeitnehmer bei Vollendung des 65. Lebensjahres freiwillig aus dem Arbeitsverhältnis ausscheide, könne ein dringendes betriebliches Erfordernis nicht angenommen werden[51].

Dem ist Bötticher mit dem Argument entgegengetreten, der Arbeitgeber könne durch generellen Entschluß einen Altersaufbau seiner Belegschaft wählen, der eine schematische Beendigung der Arbeitsverhältnisse bei Vollendung des 65. Lebensjahres vorsehe[52]. Diese „doch nicht unvernünftige“ unternehmerische Entscheidung sei der Nachprüfung im Kündigungsschutzprozeß weitgehend entzogen und eine so begründete Kündigung sei ohne weiteres als sozial gerechtfertigt anzusehen. Zur Begründung verweist Bötticher auf „den sonst dem Unternehmerentschluß gelassenen Spielraum“[53].

---

[48] BAG 3, 155 (158) = AP Nr. 18 zu § 1 KSchG; BAG 21, 221 (226 f.) = AP Nr. 19 zu § 1 KSchG (Betriebsbedingte Kündigung); *Becker*, GK-KSchG, § 1, Rdnr. 290; *Hueck*, KSchG, § 1, Rdnr. 101; *Nikisch*, Arbeitsrecht I, 761; *Schmidt*, AR-Blattei, Kündigungsschutz IV, A.

[49] BAG 11, 278 (286) = AP Nr. 1 zu § 1 KSchG (Personenbedingte Kündigung).

[50] BAG 11, 278 (286) = AP Nr. 1 zu § 1 KSchG (Personenbedingte Kündigung); ähnlich einschränkend auch LAG Düsseldorf AP 54 Nr. 134; *Ammermüller*, DB 1973, 823; *Brill*, AR-Blattei, Kündigungsschutz V, B II 2 b; *Becker*, GK-KSchG, § 1, Rdnr. 224; *Jungen*, Altersgrenze, 79; *Kunkel*, GmbH-Rundschau 1954, 133; *Müller*, DB 1963, 451; *Otte*, Zeitvertrag, 120; *Weiler*, Problem, 142; *Wenzel*, MDR 1977, 546; *Wlotzke*, BABl. 1962, 284.

[51] BAG 11, 278 (286) = AP Nr. 1 zu § 1 KSchG (Personenbedingte Kündigung); LAG Düsseldorf AP 54 Nr. 134; *Ammermüller*, DB 1973, 823.

[52] *Bötticher*, Anm. zu BAG SAE 1962, 173; ähnlich *Schimana*, DB 1970, 1141; *Zöllner*, Anm. zu BAG AP Nr. 1 zu § 1 KSchG (Personenbedingte Kündigung).

[53] *Bötticher*, Anm. zu BAG SAE 1962, 173.

Tatsächlich hat nach überwiegender Ansicht das Arbeitsgericht die „organisatorischen Maßnahmen, die der Arbeitgeber trifft ... nicht auf ihre Notwendigkeit und Zweckmäßigkeit, wohl aber daraufhin nachzuprüfen, ob sie offenbar unsachlich, unvernünftig oder willkürlich sind“[54]. Davon sind Maßnahmen betroffen, die der Arbeitgeber in seiner Funktion als Unternehmer trifft. Zur Begründung wird darauf verwiesen, daß das Gericht „die Verantwortung für die im unternehmerischen Bereich liegenden Ermessensentscheidungen nicht übernehmen“ könne[55].

Bötticher rechnet offenbar auch den Entschluß des Arbeitgebers zur schematischen Beendigung der Arbeitsverhältnisse bei Vollendung des 65. Lebensjahres zu diesen gerichtsfreien unternehmerischen Ermessensentscheidungen, die lediglich einer Willkürkontrolle unterliegen. Das setzt voraus, daß der Grundsatz der Gerichtsfreiheit unternehmerischer Entscheidungen überhaupt Anerkennung verdient und daß bejahendenfalls die von Bötticher genannte Altersregelung als unternehmerische Entscheidung im Sinne des Kündigungsschutzrechts anzusehen ist.

a) Grundsatz der gerichtsfreien unternehmerischen Ermessensentscheidung

Nur vereinzelt werden gegen die Anerkennung gerichtsfreier unternehmerischer Ermessensentscheidungen Bedenken erhoben[56]. Die Kritiker lehnen zum Teil die Differenzierung zwischen unternehmerischen und betrieblichen Entscheidungen als „willkürlich und gegen die Rechtstatsachen konstruiert“ ab[57]. Sie sehen darin den ideologischen Versuch zur Legitimation „unüberprüfter Freiheit des Unternehmers gegenüber den Arbeitnehmern“[58].

---

[54] BAG AP Nr. 5, 14, 22, 23 zu § 1 KSchG (Betriebsbedingte Kündigung); BAG 31, 157 (162) = AP Nr. 6 zu § 1 KSchG 1969 (Betriebsbedingte Kündigung); BAG 32, 150 (157) = AP Nr. 8 zu § 1 KSchG 1969 (Betriebsbedingte Kündigung); BAG AP Nr. 10 zu § 1 KSchG 1969 (Betriebsbedingte Kündigung); BAG EzA Nr. 12, 15 zu § 1 KSchG (Betriebsbedingte Kündigung); *Bleistein*, Kündigung, Rdnr. 224; *Becker*, GK-KSchG, § 1, Rdnr. 297; Hueck KSchG, § 1, Rdnr. 104 a ff.; *Stahlhacke*, Kündigung, Rdnr. 311; für die völlige Gerichtsfreiheit der unternehmerischen Entscheidung MünchKomm - *Schwerdtner*, Vorb. 286 vor § 620 BGB; *ders.*, Arbeitsrecht I, 176 f.

[55] BAG AP Nr. 14, 22, 23 zu § 1 KSchG (Betriebsbedingte Kündigung); BAG EzA Nr. 12 zu § 1 KSchG (Betriebsbedingte Kündigung); *Hueck*, KSchG, § 1, Rdnr. 104 a.

[56] *Däubler*, Ideal, 491 ff.; *ders.*, Arbeitsrecht 2, 273 ff.; *Knieper / Jahrmarkt*, Zweigniederlassung, Rdnr. 193 ff.

[57] *Knieper / Jahrmarkt*, Zweigniederlassung, Rdnr. 181.

[58] *Knieper / Jahrmarkt*, Zweigniederlassung, Rdnr. 194 unter Bezugnahme auf *Raiser*, Unternehmen, 128 ff.

Das Kündigungsschutzrecht greift jedoch in § 1 Abs. 1 KSchG ähnlich wie das Betriebsverfassungsrecht ausdrücklich auf die begriffliche Unterscheidung von Betrieb und Unternehmen zurück[59]. Diese gesetzgeberische Entscheidung ist bei der Auslegung zu beachten. Die begriffliche Trennung in Betrieb und Unternehmen bedeutet nicht, daß es sich auch in soziologischer Hinsicht um zwei getrennte Organisationen handelt[60]. Vielmehr soll die Unterscheidung eine zweckbezogene, normative Zuordnung von Entscheidungsbereichen ermöglichen[61].

Die Ablehnung einer gerichtsfreien unternehmerischen Ermessensentscheidung wird teilweise auch darauf gestützt, daß in anderen Bereichen des Wirtschaftslebens wie z. B. im Wirtschaftsstrafrecht und bei der Mißbrauchsaufsicht im Wettbewerbsrecht staatliche Kontrollen unternehmerischer Entscheidungen vorgesehen sind[62]. Dieses Modell könne wegen der „Sozialpflichtigkeit unternehmerischer Betätigung" auch ins Arbeitsrecht übertragen werden[63].

Dabei wird übersehen, daß der Gesetzgeber sich für eine — durch das Grundgesetz zumindest ermöglichte[64] — dezentrale, marktwirtschaftliche Ordnung des Wirtschaftslebens entschieden hat[65]. Aus gesamtwirtschaftlichen Gründen stehen dem Staat lediglich begrenzte Möglichkeiten der Globalsteuerung zur Verfügung. Durch das Wettbewerbs- und Wirtschaftsstrafrecht soll der Mißbrauch wirtschaftlicher Macht verhindert werden. Solche Mißbrauchskontrolle im Ausnahmefall rechtfertigt nicht die staatliche Kontrolle unternehmerischer Entscheidungen im Regelfall.

Außerdem sind unternehmerische Entscheidungen mit dem Risiko unbeherrschbarer und unvorhersehbarer Entwicklungen behaftet. Ob die wirtschaftlichen Gegebenheiten durch den Unternehmer richtig oder falsch eingeschätzt wurden, läßt sich regelmäßig nur anhand des Unternehmenserfolges ex post beurteilen[66]. Wenn die Gerichte unternehme-

---

[59] Zur betriebsverfassungsrechtlichen Unterscheidung von Betrieb und Unternehmen vgl. *Dietz / Richardi*, BetrVG, § 1, Anm. 52 ff.; *Fitting / Auffarth / Kaiser*, BetrVG, § 1, Rdnr. 22 ff.

[60] So auch *Dietz / Richardi*, BetrVG, § 1, Rdnr. 53; *Zöllner*, Arbeitsrecht, 323.

[61] *Zöllner*, Arbeitsrecht, 324.

[62] Vgl. *Däubler*, Arbeitsrecht 2, 276.

[63] *Däubler*, Arbeitsrecht 2, 276.

[64] Vgl. zur wirtschaftspolitischen Neutralität des Grundgesetzes, BVerfG 4, 7 (17 f.); 50, 290 (336 ff.); *Maunz*, Staatsrecht, 179 f.; *Maunz / Dürig / Herzog / Scholz*, GG, Art. 2, Rdnr. 44; Art. 9, Rdnr. 165.

[65] Das wird auch von *Däubler* (Arbeitsrecht 2, 275) zugestanden.

[66] *Reuter*, Anm. zu BAG AP Nr. 6 zu § 1 KSchG 1969 (Betriebsbedingte Kündigung); ähnlich *Hueck*, KSchG, § 1, Rdnr. 104 a; *Zöllner*, Arbeitsrecht, 196.

rische Entscheidungen überprüfen wollten, ersetzten sie „das unternehmerische Ermessen der Unternehmensleitung durch ihr eigenes, nur mit dem Unterschied, daß sie keinerlei unmittelbare oder mittelbare Verantwortung trifft, falls sich ex post die Unrichtigkeit ihrer Prognosen erweist"[67].

Auch ein Vergleich mit den §§ 111 ff. BetrVG bestätigt dieses Ergebnis. Gegenüber der souveränen unternehmerischen Entscheidung über eine Betriebsänderung findet das Sozialinteresse der Arbeitnehmer am Bestand der Arbeitsverhältnisse lediglich durch den Sozialplan und den Nachteilsausgleich eine Absicherung. Eine uneingeschränkte Kontrolle der unternehmerischen Entscheidung im Rahmen des Kündigungsschutzprozesses würde der gesetzgeberischen Wertung, die in den §§ 111 ff. BetrVG zum Ausdruck kommt, widersprechen[68].

Mit der weitaus überwiegenden Ansicht sind deshalb im Kündigungsschutzrecht unternehmerische Ermessensentscheidungen anzuerkennen, die einer gerichtlichen Kontrolle nur im Falle der Willkür zugänglich sind.

b) Grenzen der gerichtsfreien unternehmerischen Ermessensentscheidung

Fraglich ist aber, ob der generelle Entschluß des Arbeitgebers, der eine schematische Beendigung der Arbeitsverhältnisse bei Vollendung des 65. Lebensjahres vorsieht, eine unternehmerische Entscheidung im kündigungsschutzrechtlichen Sinn ist.

Im betriebswirtschaftlichen Sinne umfaßt der Begriff der unternehmerischen Ermessensentscheidung alle Dispositionen des Unternehmers, auch solche, die er als Arbeitgeber in seinem Betrieb trifft, einschließlich der Kündigungen. Herschel hat jedoch mit Recht darauf hingewiesen, „daß das unternehmerische Ermessen ein normativer Begriff ist, der keinen für alle Fälle feststehenden Inhalt hat, sondern stets im Hinblick auf den Zusammenhang, in dem er jeweils steht, zu bestimmen ist"[69]. Es gilt deshalb die spezifische Bedeutung dieses Begriffes im Kündigungsschutzrecht herauszuarbeiten.

---

[67] *Müller*, DB 1974, 42; *Reuter*, Anm. zu BAG AP Nr. 6 zu § 1 KSchG 1969 (Betriebsbedingte Kündigung); ähnlich BAG 32, 150 (155) = BAG AP Nr. 8 zu § 1 KSchG 1969 (Betriebsbedingte Kündigung); *Auffarth / Müller*, KSchG, Rdnr. 202; *Maus*, KSchG, § 1, Rdnr. 192; *Meisel*, Anm. zu BAG AP Nr. 22 zu § 1 KSchG (Betriebsbedingte Kündigung).

[68] *Becker*, GK-KSchG, § 1, Rdnr. 295; *Hueck*, KSchG, Rdnr. 104 a; *Maus*, KSchG, § 1, Rdnr. 192; *Schwerdtner*, Arbeitsrecht I, 177.

[69] *Herschel*, Anm. zu LAG Düsseldorf EzA Nr. 3 zu § 1 KSchG (Betriebsbedingte Kündigung).

Die in § 1 Abs. 1 KSchG angesprochene Trennung zwischen der betrieblichen und unternehmerischen Entscheidungsebene gibt dafür einen ersten Anhaltspunkt. Unternehmerische Entscheidungen verfolgen einen primär wirtschaftlichen oder ideellen Zweck[70]. Betriebliche Entscheidungen dienen der arbeitstechnischen und gegebenenfalls auch arbeitsrechtlichen Umsetzung dieser wirtschaftlichen Ziele[71]. Der Entschluß, Arbeitsverhältnisse bei Erreichen eines bestimmten Lebensalters generell durch Kündigung zu beenden, stellt weitgehend eine rein arbeitstechnische bzw. arbeitsrechtliche Entscheidung dar und ist schon deshalb nicht der unternehmerischen, sondern der betrieblichen Entscheidungsebene zuzuordnen.

Diese Auslegung wird durch das Ziel eines effektiven Bestandsschutzes, wie es im Kündigungsschutzgesetz verankert ist, bestätigt. Wollte man dem Arbeitgeber die Möglichkeit einräumen, die Entscheidung über die Beendigung von Arbeitsverhältnissen in gerichtsfreie unternehmerische Ermessensentscheidungen zu kleiden, bliebe für den Bestandsschutz kein Raum. Jede Kündigung wäre der gerichtlichen Kontrolle entzogen und der Sinn und Zweck des Kündigungsschutzgesetzes ad absurdum geführt[72].

Der Arbeitgeber hätte es dann in der Hand, Umstände, die eine personen- oder verhaltensbedingte Kündigung nicht zu rechtfertigen vermögen, in eine unternehmerische Personalentscheidung aufzunehmen und darauf gestützt eine betriebsbedingte Kündigung herbeizuführen. Er könnte die soziale Rechtfertigung einer altersbedingten Kündigung allein dadurch erreichen, daß er sich bei gleicher objektiver Sachlage lediglich auf einen betrieblichen statt auf einen personenbedingten Kündigungsgrund beriefe[73].

Wenn der arbeitsrechtliche Beendigungstatbestand selbst Inhalt der unternehmerischen Ermessensentscheidung wäre, bliebe weder Raum zur Prüfung der Frage, ob eine Kündigung dringend war, noch könnte das Gericht feststellen, ob betriebliche Erfordernisse einer Weiterbeschäftigung des Arbeitnehmers in dem Betrieb entgegenstanden und

---

[70] *Dietz / Richardi*, BetrVG, § 1, Rdnr. 52; *Fitting / Auffarth / Kaiser*, BetrVG, § 1, Rdnr. 22; *Zöllner*, Arbeitsrecht, 323.

[71] *Dietz / Richardi*, BetrVG, § 1, Rdnr. 52; *Fitting / Auffarth / Kaiser*, BetrVG, § 1, Rdnr. 22; *Zöllner*, Arbeitsrecht, 323.

[72] Für eine Begrenzung des Begriffs der „unternehmerischen Ermessensentscheidung" im Kündigungsschutzrecht deshalb auch *Herschel*, Anm. zu LAG Düsseldorf EzA Nr. 3 zu § 1 KSchG (Betriebsbedingte Kündigung); *Müller*, DB 1962, 1541; *Rancke*, Anm. zu BAG EzA Nr. 10 zu § 1 KSchG (Betriebsbedingte Kündigung); *Reuter*, Anm. zu BAG AP Nr. 6 zu § 1 KSchG 1969 (Betriebsbedingte Kündigung).

[73] Diese Mißbrauchsgefahr wird von *Bötticher* (SAE 1962, 173) zugestanden.

deshalb eine Kündigung bedingten. Auch die Möglichkeit einer sozialen Auswahl, wie sie § 1 Abs. 3 S. 1 KSchG vorsieht, bestände dann nicht mehr. Alle Instrumente, die der Gesetzgeber auch bei betriebsbedingten Kündigungen zur Gewährleistung des Bestandsschutzes von Arbeitsverhältnissen vorgesehen hat, griffen ins Leere.

Für die Auffassung von Bötticher könnte allenfalls sprechen, daß das Bundesarbeitsgericht ein dringendes betriebliches Erfordernis für eine Kündigung bejaht hat, wenn im öffentlichen Dienst durch einen Haushaltsplan eine bestimmte Stelle gestrichen wurde[74]. Wer ohne weiteres eine „Gleichstellung der haushaltsrechtlichen mit der unternehmerischen Entscheidung"[75] anerkennt, könnte geneigt sein, auch den Entschluß des privaten Arbeitgebers zur schematischen Kündigung bei Erreichen eines bestimmten Lebensalters als unternehmerische Entscheidung anzusehen.

Die erwähnte Rechtsprechung des Bundesarbeitsgerichts unterliegt jedoch ebenfalls den dargestellten Bedenken, weil sie „die Funktion des allgemeinen Kündigungsschutzes nach dem Kündigungsschutzgesetz weitgehend gegenstandslos" macht[76]. Eine Übertragung dieser Rechtsprechung auf den privaten Arbeitgeber verbietet sich auch deshalb, weil das Bundesarbeitsgericht die Gerichtsfreiheit der haushaltsrechtlichen Entscheidung im wesentlichen darauf gestützt hat, daß es sich um eine „Entscheidung des für die Staatsführung verantwortlichen Parlaments"[77] gehandelt habe. Davon kann bei einer unternehmerischen Ermessensentscheidung jedenfalls keine Rede sein.

Im übrigen muß berücksichtigt werden, daß auch bei betriebsbedingten Kündigungen „nicht schematisch vorgegangen" werden darf[78]. Die individualrechtliche Konzeption des Kündigungsschutzes verlangt vielmehr auch hier die Berücksichtigung der jeweiligen Einzelumstände. Ein genereller Entschluß, der die kündigungsweise Beendigung aller Arbeitsverhältnisse bei Vollendung des 65. Lebensjahres vorsieht, wird dem nicht gerecht.

Der von Bötticher geäußerten Ansicht kann deshalb nicht gefolgt werden. Auch bei einer betriebsbedingten Kündigung, die auf das In-

---

[74] BAG 3, 245 (250 f.) = AP Nr. 20 zu § 1 KSchG; BAG 30, 272 (276) = AP Nr. 5 zu § 1 KSchG 1969 (Betriebsbedingte Kündigung); einschränkend BAG AP Nr. 31 zu § 1 KSchG.

[75] So *Neumann*, RdA 1979, 372.

[76] *Müller*, DB 1962, 1541; ähnlich kritisch auch *Herschel*, Anm. zu BAG AuR 1957, 122 f.; *Neumann-Duesberg*, Anm. zu BAG SAE 1957, 191.

[77] BAG 3, 245 (251) = AP Nr. 20 zu § 1 KSchG.

[78] Vgl. BAG 3, 245 (251 f.) = AP Nr. 20 zu § 1 KSchG; BAG AP Nr. 1 zu § 1 KSchG 1969 (Betriebsbedingte Kündigung); *Schmidt*, AR-Blattei, Kündigungsschutz IV, C II.

teresse des Betriebes an einem zweckmäßigen Altersaufbau gestützt wird, muß der Arbeitgeber deshalb darlegen und im Streitfall beweisen, daß die Kündigung „im Interesse des Betriebes wirklich notwendig ist“[79] und sich durch andere Maßnahmen nicht vermeiden läßt[80]. Dazu muß er den tatsächlichen Altersaufbau seines Betriebs darstellen und die wirtschaftlichen, technischen und organisatorischen Gegebenheiten seines Betriebes benennen, die im konkreten Fall vor diesem Hintergrund eine Kündigung unausweichlich machen.

Bei Beachtung des ultima-ratio-Prinzips, das für den allgemeinen Kündigungsschutz prägend ist[81], kann von einem dringenden betrieblichen Erfordernis erst bei einer untragbaren Überalterung des Betriebes gesprochen werden. Dem Bundesarbeitsgericht ist deshalb in seiner Auffassung zuzustimmen, daß das Interesse an einem zweckmäßigen Altersaufbau regelmäßig nicht als dringendes betriebliches Erfordernis anzusehen ist, solange die große Mehrheit der Arbeitnehmer das Arbeitsverhältnis vor oder bei Vollendung des 65. Lebensjahres freiwillig beendet.

2. Eröffnung von Aufstiegschancen für Nachwuchskräfte

Auch aus dem Wunsch des Arbeitgebers, Aufstiegschancen für Nachwuchskräfte zu eröffnen, kann sich nur in seltenen Ausnahmefällen ein dringendes betriebliches Erfordernis für die Kündigung eines 65jährigen Arbeitnehmers ergeben[82].

An einem betrieblichen Erfordernis fehlt es bereits, wenn der Wunsch des Arbeitgebers nicht durch die wirtschaftlichen, technischen

---

[79] BAG AP Nr. 23 zu § 1 KSchG (Betriebsbedingte Kündigung); BAG 31, 157 (161); BAG AP Nr. 10 zu § 1 KSchG 1969 (Betriebsbedingte Kündigung); BAG EzA Nr. 15 zu § 1 KSchG (Betriebsbedingte Kündigung); *Bopp*, Kündigung, 163; *Herschel*, Anm. zu LAG Düsseldorf EzA Nr. 3 zu § 1 KSchG (Betriebsbedingte Kündigung); *Hueck*, KSchG, § 1 Rdnr. 103; *Hueck / Nipperdey*, Lehrbuch I, 638; *Maus*, KSchG, § 1, Rdnr. 187; *Rancke*, Anm. zu BAG EzA Nr. 10 zu § 1 KSchG (Betriebsbedingte Kündigung).

[80] BAG AP Nr. 23 zu § 1 KSchG (Betriebsbedingte Kündigung); BAG 31, 157 (161); BAG AP Nr. 10 zu § 1 KSchG 1969 (Betriebsbedingte Kündigung); BAG EzA Nr. 15 zu § 1 KSchG (Betriebsbedingte Kündigung); *Bopp*, Kündigung, 163; *Hueck / Nipperdey*, Lehrbuch I, 638; *Maus*, KSchG, § 1, Rdnr. 187; MünchKomm - *Schwerdtner*, Vorb. 276 vor § 620 BGB; *Rancke*, Anm. zu BAG EzA Nr. 10 zu § 1 KSchG (Betriebsbedingte Kündigung).

[81] LAG Düsseldorf DB 1977, 1370; *Becker*, GK-KSchG, § 1, Rdnr. 296; *Kempff*, DB 1978, 1400 f.; MünchKomm - *Schwerdtner*, Vorb. 157 vor § 620 BGB.

[82] Die überwiegende Ansicht behandelt diesen Kündigungsgrund — ohne nähere Begründung — weniger restriktiv; vgl. BAG 23, 257 (276); *Brill*, AR-Blattei, Kündigungsschutz V, B II 2 b; *Gamillscheg*, Arbeitsrecht I, 278 f.; *Hueck*, KSchG, § 1, Rdnr. 85; *Schimana*, BB 1970, 1141; *Zöllner*, Anm. zu BAG AP Nr. 1 zu § 1 KSchG (Personenbedingte Kündigung); ähnlich wie hier LAG Düsseldorf AP 54 Nr. 134; *Kunkel*, GmbH-Rundschau 1954, 133.

oder organisatorischen Gegebenheiten seines Betriebes, sondern durch allgemeine sozial- oder beschäftigungspolitische Überlegungen bestimmt ist. Die beabsichtigte Einstellung eines jüngeren Arbeitslosen beispielsweise mag sozialpolitisch anerkennenswert sein, die Kündigung älterer Arbeitnehmer läßt sich dadurch nicht sozial rechtfertigen[83]. Soweit allerdings betriebsbezogene Umstände für die Personalmaßnahmen bestimmend sind, kommt es nicht darauf an, ob die Einstellung einer bisher betriebsfremden oder die Versetzung bzw. Umgruppierung einer betriebsangehörigen Nachwuchskraft geplant ist.

Die Dringlichkeit einer derartigen Kündigung kann im übrigen nur anerkannt werden, wenn der ältere Arbeitnehmer eine Stelle innehat, für die eine langfristige Nachwuchspolitik notwendig ist. Betriebswirtschaftliche Untersuchungen zeigen, daß dies im wesentlichen nur für Stellen zutrifft, die mit Führungskräften und Spezialisten besetzt sind[84].

Außerdem muß der Arbeitgeber darlegen und im Streitfall beweisen, daß durch die natürliche Fluktuation im Betrieb Aufstiegsstellen nicht in ausreichendem Maße frei werden[85]. Man wird auch den Nachweis verlangen müssen, daß der jetzige Stelleninhaber nicht über eine seiner Funktion entsprechende Leistungsfähigkeit verfügt. Ansonsten könnte der Arbeitgeber schon einer 40jährigen Führungskraft mit der Begründung kündigen, er müsse für einen 25jährigen Mitarbeiter eine Aufstiegsstelle bereithalten. Das Interesse des Arbeitgebers, Arbeitsplätze mit den möglichst besten Arbeitskräften zu besetzen, wird man grundsätzlich nur im Rahmen einer Versetzung oder „bei der Neubesetzung von Arbeitsplätzen respektieren können“[86]. Ein dringendes betriebliches Erfordernis für eine Kündigung folgt daraus nicht.

Gegen die strengen Anforderungen an die Darlegungs- und Beweislast des Arbeitgebers wird teilweise eingewandt, daß sich gerade betriebliche Umstände bei altersbedingten Kündigungen „vielfach der klaren Beweisbarkeit“ entzögen[87]. Man sollte deshalb „auf ihren Nachweis generell verzichten und es bei der Kündigung aus Anlaß der Vollendung des 65. Lebensjahres bewenden lassen“[88]. Dem ist jedoch

---

[83] Vgl. dazu LAG Berlin AP 53 Nr. 163; *Richardi*, JZ 1978, 485; a. A. aber *Jungen*, Altersgrenze, 76.

[84] Vgl. dazu oben § 3 III.

[85] So auch LAG Düsseldorf AP 54 Nr. 134; *Kunkel*, GmbH-Rundschau 1954, 133.

[86] Vgl. *Otte*, Zeitvertrag, 116.

[87] So *Zöllner*, Anm. zu BAG AP Nr. 1 zu § 1 KSchG (Personenbedingte Kündigung); ähnlich *Schimana*, BB 1970, 1141.

[88] *Zöllner*, Anm. zu BAG AP Nr. 1 zu § 1 KSchG (Personenbedingte Kündigung).

entgegenzuhalten, daß weder der Wortlaut des § 1 Abs. 2 S. 1 und 4 KSchG noch der Sinn und Zweck der Vorschrift eine solche Auslegung zulassen. Wenn der Arbeitgeber seiner Darlegungs- und Beweislast nicht nachkommt oder nachkommen kann, hat der Bestandsschutz der Arbeitsverhältnisse den Vorrang.

Schließlich ist eine Kündigung nach dem ultima-ratio-Prinzip nur durch dringende betriebliche Erfordernisse bedingt, wenn andere wirtschaftliche, technische oder organisatorische Maßnahmen nicht ausreichen, um den betrieblichen Erfordernissen Rechnung zu tragen. In diesem Zusammenhang ist insbesondere darzulegen, warum der Nachwuchskraft nicht durch eine gegenüber dem älteren Mitarbeiter ausgesprochene Änderungskündigung Aufstiegschancen eingeräumt werden können[89].

Besondere Überlegungen sind anzustellen, wenn nicht der Wunsch des Arbeitgebers, Aufstiegschancen für Nachwuchskräfte zu eröffnen, sondern die Drohung der Nachwuchskraft, anderenfalls selbst zu kündigen, zu einer altersbedingten Kündigung führt. In diesem Fall sind die Grundsätze über die Zulässigkeit einer Druckkündigung heranzuziehen. Danach sind durch Druck erwirkte Kündigungen bei Fehlen eines Kündigungsgrundes im Sinne des § 1 Abs. 2 S. 1 KSchG nur dann gerechtfertigt, wenn bei Ablehnung der geforderten Kündigung existenzgefährdende wirtschaftliche Schäden oder eine Störung des Betriebes von unabsehbarer Dauer drohen[90]. Zuvor hat sich der Arbeitgeber allerdings „schützend vor den betroffenen Arbeitnehmer zu stellen" und „zumutbaren Widerstand" zu leisten[91].

Nur ausnahmsweise wird die mit Kündigung drohende Nachwuchskraft in der Lage sein, einem Betrieb durch die tatsächliche Beendigung ihres Arbeitsverhältnisses schwere wirtschaftliche Nachteile zuzufügen. Das ist allenfalls anzunehmen, wenn sie über unersetzbare, für den Betrieb lebensnotwendige Spezialkenntnisse verfügt. Von diesem Ausnahmefall abgesehen, ist der Arbeitgeber nicht berechtigt, dem Druck durch Kündigung älterer Arbeitnehmer nachzugeben.

---

[89] Vgl. *Kempff*, DB 1978, 1401 f.; dafür ist jedoch Voraussetzung, daß der Arbeitnehmer entweder vor oder unmittelbar nach Ausspruch der Kündigung sich mit einer Änderung seiner Arbeitsbedingungen einverstanden erklärt hat; vgl. BAG AP Nr. 2 zu § 1 KSchG 1969; *Becker*, GK-KSchG, § 1, Rdnr. 308; *Hueck*, KSchG, § 1, Rdnr. 115 a.

[90] Vgl. BAG AP Nr. 1, 3, 5 zu 626 BGB (Druckkündigung); *Becker*, GK-KSchG, § 1, Rdnr. 270; *Hueck*, KSchG, § 1, Rdnr. 93 a; *Mayer-Maly*, RdA 1979, 356 ff.

[91] So BAG AP Nr. 3 zu § 626 BGB (Druckkündigung); vgl. auch BAG AP Nr. 1 zu § 626 BGB (Druckkündigung); *Becker*, GK-KSchG, § 1, Rdnr. 270; *Mayer-Maly*, RdA 1979, 356.

Im Regelfall ist also weder im selbstgesetzten noch in dem durch Drohung erzwungenen Interesse des Arbeitgebers, Aufstiegschancen für Nachwuchskräfte zu eröffnen, ein betriebliches Erfordernis für die Kündigung eines 65jährigen Arbeitnehmers zu sehen.

3. Versicherungsmathematische Erfordernisse der betrieblichen Altersversorgung

Ein dringendes betriebliches Erfordernis für die Kündigung 65jähriger Arbeitnehmer wird teilweise beim Bestehen einer betrieblichen Altersversorgung angenommen, die aus versicherungsmathematischen Gründen „feste Rechengrößen, wie z. B. ein bestimmtes Pensionsalter" voraussetzt[92]. Versicherungsmathematische Überlegungen, die der Regelung einer betrieblichen Altersversorgung zugrunde liegen, stellen zwar „betriebsbezogene Umstände" dar. Sie sind aber nicht geeignet, eine altersbedingte Kündigung sozial zu rechtfertigen.

Nach Einführung der flexiblen Altersgrenze in der gesetzlichen Rentenversicherung können viele Arbeitnehmer schon bei Vollendung des 60. bzw. des 62. Lebensjahres Altersruhegeld beziehen und aus dem Arbeitsleben ausscheiden. Durch § 6 des Gesetzes zur Verbesserung der betrieblichen Altersversorgung ist die flexible Altersgrenze auf die betriebliche Altersversorgung übertragen worden. Von einem festen Pensionsalter kann deshalb nicht mehr ausgegangen werden.

Ein finanzielles Risiko besteht im übrigen nur dann, wenn die betriebliche Versorgungsregelung die Verpflichtung enthält, bei Erreichen eines bestimmten Lebensalters Leistungen der betrieblichen Altersversorgung ohne Rücksicht darauf zu erbringen, ob der Arbeitnehmer sein Arbeitsverhältnis beendet oder nicht. Nur in diesem Fall kann eine finanzielle Doppelbelastung durch die Zahlung von Arbeitsentgelt und die Erbringung von Versorgungsleistungen eintreten. Diese Doppelbelastung läßt sich jedoch vermeiden, wenn die Gewährung von Versorgungsleistungen von einer vorherigen Beendigung der Arbeitsverhältnisse abhängig gemacht wird[93].

Soweit die betriebliche Altersversorgung ähnlich wie das Rentenversicherungsrecht eine Zuschlagsregelung für den Fall der Weiterarbeit nach Vollendung des 65. Lebensjahres vorsieht, spricht schon das gegen eine Zwangspensionierung mit 65 Jahren. Die finanziellen Mehrbelastungen, die durch derart erhöhte Versorgungsleistungen eintreten,

---

[92] Angedeutet bei BAG 23, 257 (272); vgl. auch *Kunkel*, GmbH-Rundschau 1954, 135; dagegen *Hanau*, RdA 1976, 30.

[93] Das entspricht nach *Höfer / Grünewald / Muth* (DB 1973, 2256) der Regel.

werden im übrigen weitgehend durch den Zinsvorteil, der mit dem späteren Zahlungsbeginn verbunden ist, kompensiert.

Die versicherungsmathematischen Erfordernisse einer betrieblichen Altersversorgung können deshalb eine Kündigung 65jähriger Arbeitnehmer nicht sozial rechtfertigen.

4. Gleichbehandlung mit freiwillig ausscheidenden Arbeitnehmern

Gamillscheg hat die Ansicht vertreten, eine Kündigung „entspreche aus Gründen der Gleichbehandlung" dringenden betrieblichen Erfordernissen, wenn „die ganz überwiegende Zahl der Arbeitnehmer mit 65 Jahren widerspruchslos in den Ruhestand trete"[94].

Unabhängig vom Streit über die Geltung des Gleichbehandlungsgrundsatzes im Kündigungsrecht[95], muß jedoch zwischen der Frage, ob ein Kündigungsgrund überhaupt vorliegt und der ganz anderen Frage, ob der Arbeitgeber bei Vorliegen eines Kündigungsgrundes in der Ausübung des Kündigungsrechts beschränkt ist, deutlich unterschieden werden[96]. Ob ein Kündigungsgrund vorliegt, entscheidet sich ausschließlich nach dem individualrechtlich konzipierten Kündigungsschutzrecht. Besteht eine Kündigungsbefugnis, kann der Arbeitgeber grundsätzlich frei entscheiden, ob er von der Kündigung Gebrauch machen will oder nicht. Nur diese Entscheidungsfreiheit kann unter Umständen durch den Gleichbehandlungsgrundsatz beschränkt werden, wenn „der Arbeitgeber bei der Kündigung oder Fortsetzung der Arbeitsverhältnisse gegenüber mehreren Betroffenen erkennbar nach bestimmten Regeln verfährt"[97].

Die bisherigen Ausführungen haben gezeigt, daß weder das Lebensalter eines Arbeitnehmers noch die anderen Umstände, die zur Begründung altersbedingter Kündigungen herangezogen werden, im Regelfall geeignet sind, einen Kündigungsgrund im Sinne des § 1 Abs. 2 S. 1 KSchG darzustellen. Der Hinweis auf den Gleichbehandlungsgrundsatz

---

[94] *Gamillscheg*, Arbeitsrecht I, 278 f.

[95] Vgl. dazu BAG AP Nr. 1 zu § 14 AZO; BAG AP Nr. 41 zu Art. 9 GG (Arbeitskampf); *Böhm*, DB 1977, 2448; *Becker*, GK-KSchG, § 1, Rdnr. 153; *Hueck*, Grundsatz, 358 ff.; *Hueck / Nipperdey*, Lehrbuch I, 428; *Nikisch*, Arbeitsrecht I, 510 f.; *Stahlhacke*, Kündigung, Rdnr. 73; für uneingeschränkte Geltung des Grundsatzes im Kündigungsrecht, Mayer-Maly, AR-Blattei, Gleichbehandlung im Arbeitsrecht I, G VI; *Kempff*, DB 1977, 1413.

[96] *Nikisch*, Arbeitsrecht I, 511 unter Bezugnahme auf *Bötticher*, RdA 1953, 168 (nachgedruckt in *ders.*, Gleichbehandlung, 72); ähnlich *Rüthers*, Anm. zu BAG AP Nr. 41 zu Art. 9 GG (Arbeitskampf).

[97] So *Hueck*, Grundsatz, 360; vgl. auch *Böhm*, DB 1977, 2448; *Nikisch*, Arbeitsrecht I, 511; *Rüthers*, Anm. zu BAG AP Nr. 41 zu Art. 9 GG (Arbeitskampf).

kann an diesem Ergebnis nichts ändern. Durch ihn wird kein Kündigungsgrund geschaffen. Vielmehr setzt seine Anwendung das Vorliegen eines Kündigungsgrundes bereits voraus. Die Frage, ob der Gleichbehandlungsgrundsatz im Kündigungsrecht Anwendung findet oder nicht, kann hier deshalb offen bleiben.

Möglicherweise will Gamillscheg seinen Hinweis aber so verstehen, daß der von einer altersbedingten Kündigung betroffene Arbeitnehmer aufgrund des Gleichbehandlungsgrundsatzes verpflichtet sei, ähnlich wie seine Kollegen, freiwillig aus dem Arbeitsleben auszuscheiden und auf den möglichen Kündigungsschutz zu verzichten. Dem ist jedoch entgegenzuhalten, daß im Verhältnis von Arbeitgeber und Arbeitnehmer allein der Arbeitgeber Adressat des Gleichbehandlungsgrundsatzes ist[98].

Er setzt die Regeln und schafft die Ordnungen, aus denen sich die Pflicht zur gleichmäßigen Behandlung der davon betroffenen Arbeitnehmer ergibt. Durch sein Verhalten hat es der Arbeitgeber in der Hand, dafür zu sorgen, daß und in welcher Weise der Gleichbehandlungsgrundsatz Anwendung findet. Wollte man den Arbeitnehmer als Adressaten des Gleichbehandlungsgrundsatzes ansehen, müßte er sich das von ihm nicht beeinflußbare Verhalten seiner Kollegen zurechnen lassen.

Aus der Tatsache, daß die Mehrheit der Arbeitnehmer ihr Arbeitsverhältnis vor oder bei Vollendung des 65. Lebensjahres freiwillig beendet, ergibt sich auch unter Berücksichtigung des Gleichbehandlungsgrundsatzes kein dringendes betriebliches Erfordernis für eine Kündigung.

Die altersbedingte Kündigung 65jähriger Arbeitnehmer läßt sich im Regelfall demnach auch nicht auf betriebsbedingte Kündigungsgründe stützen. Nur unter besonderen Voraussetzungen kann das Interesse an einem zweckmäßigen Altersaufbau und der Wunsch nach Eröffnung von Aufstiegschancen für Nachwuchskräfte eine Zwangspensionierung mit 65 Jahren im Wege der Kündigung rechtfertigen.

5. Alter und soziale Auswahl

Möglicherweise sind jedoch die Vollendung des 65. Lebensjahres und die anderen zur Begründung altersbedingter Kündigungen genannten Sachverhalte bei der sozialen Auswahl nach § 1 Abs. 3 S. 1 KSchG zu beachten.

---

[98] Vgl. dazu *Mayer-Maly*, AR-Blattei, Gleichbehandlung im Arbeitsrecht I, F II 1 u. 3.

Eine Auswahl nach sozialen Gesichtspunkten ist nur dann vorzunehmen, wenn eine Kündigung aus dringenden betrieblichen Erfordernissen notwendig und unvermeidbar geworden ist. Es muß also zunächst ein betriebsbedingter Kündigungsgrund vorliegen, der eine Kündigung sozial zu rechtfertigen vermag[99]. Außerdem setzt die Kündigungsauswahl voraus, daß mehrere Arbeitnehmer, die mit identischen oder vergleichbaren Aufgaben betraut sind, für die Kündigung in Betracht kommen[100].

Das Kündigungsschutzgesetz enthält keinen Katalog der zu berücksichtigenden sozialen Gesichtspunkte und nennt auch keinen Maßstab für ihre Bewertung und Gewichtung[101]. Nach allgemeiner Ansicht sind deshalb „alle sozial beachtenswerten Umstände in die Prüfung einzubeziehen"[102]. Dabei ist eine individuelle Bewertung der einzelnen Merkmale vorzunehmen. Jede Form der Schematisierung ist abzulehnen[103]. Als oberste Maxime der Sozialauswahl ist dabei zu beachten, „daß unter mehreren vergleichbaren Arbeitnehmern derjenige als erster weichen muß, der auf die Erhaltung des Arbeitsplatzes am wenigsten angewiesen ist"[104].

a) Bedeutung von Lebensalter und Altersversorgung

Nach allgemeiner Ansicht stellt das Lebensalter einen sozial beachtenswerten Umstand von großer Bedeutung dar[105]. Die Rechtsprechung berücksichtigt das Alter teilweise „an erster Stelle" bei der sozialen Auswahl[106]. Ob dem Lebensalter vergleichbarer Arbeitnehmer tatsächlich in jedem Fall eine ausschlaggebende Bedeutung zukommt, mag wegen der gebotenen Einzelabwägung bedenklich erscheinen[107]. Ein be-

---

[99] Vgl. *Bopp*, Kündigung, 164; *Hueck*, KSchG, § 1, Rdnr. 116; *Müller*, W., DB 1975, 2131; *Stahlhacke*, Kündigung, Rdnr. 315.

[100] *Becker*, GK-KSchG, § 1, Rdnr. 347; *Bopp*, Kündigung, 165; *Hueck*, KSchG, § 1, Rdnr. 123 ff.; *Weng*, DB 1978, 884 f.

[101] *Becker*, GK-KSchG, § 1, Rdnr. 339; *Müller*, W., DB 1975, 2132; *Weng*, DB 1978, 885.

[102] BAG 28, 40 (42); ähnlich *Müller*, W., DB 1975, 2132; *Weng*, DB 1978, 886.

[103] *Hueck*, KSchG, § 1, Rdnr. 116 a; *Weng*, DB 1978, 886; aus diesem Grunde bestehen auch Bedenken gegen die von *Müller*, W. (DB 1975, 2133) vorgeschlagene Punktetabelle.

[104] BAG 10, 323 (327); 16, 149 (153); 28, 40 (42 f.); BAG EzA Nr. 11 zu § 1 KSchG (Betriebsbedingte Kündigung); so auch *Becker*, GK-KSchG, § 1, Rdnr. 342; *Müller*, W., DB 1975, 2131; *Weng*, DB 1978, 885.

[105] BAG 28, 40 (45); *Bleistein*, Kündigung, Rdnr. 231; *Bopp*, Kündigung, 165; *Hueck*, KSchG, § 1, Rdnr. 117; *Hueck / Nipperdey*, Lehrbuch I, 641; *Maus*, KSchG, § 1, Rdnr. 228; *Nikisch*, Arbeitsrecht I, 764; *Weng*, DB 1978, 886.

[106] So BAG 10, 323 (327); 16, 149 (153); LAG Baden-Württemberg BB 1977, 294; ähnlich *Müller*, W., DB 1975, 2132.

[107] Ähnlich *Becker*, GK-KSchG, § 1, Rdnr. 354; *Weng*, DB 1978, 888.

sonderes Gewicht kommt diesem Umstand jedenfalls zu, weil ein Arbeitnehmer mit zunehmendem Alter in der Regel größere Schwierigkeiten hat, einen neuen Arbeitsplatz zu finden[108]. Er wird deshalb durch eine Kündigung zumeist „in seiner Lebensexistenz schwerer getroffen“[109] als ein jüngerer Arbeitskollege. Sein Arbeitsverhältnis genießt deshalb im Rahmen der sozialen Auswahl einen stärkeren Bestandsschutz. Zugunsten des älteren Arbeitnehmers wird häufig auch die lange Dauer der Betriebszugehörigkeit ins Gewicht fallen[110].

Es fragt sich allerdings, ob die Berücksichtigung des höheren Lebensalters zugunsten des älteren Arbeitnehmers bei Erreichen der rentenversicherungsrechtlichen Altersgrenzen hinfällig wird. Für den Zeitraum zwischen der Vollendung des 60. und des 65. Lebensjahres hat Art. 6 § 5 Abs. 1 2. HS RRG eine eindeutige Regelung getroffen. Die Möglichkeit, daß ein Arbeitnehmer vorgezogenes oder flexibles Altersruhegeld in Anspruch nehmen kann, darf bei der Sozialauswahl nicht zu seinen Lasten Berücksichtigung finden.

Gegenüber Arbeitnehmern, die das 65. Lebensjahr vollendet haben, kann dagegen die Berechtigung zum Bezug von Altersruhegeld als sozialer Gesichtspunkt Bedeutung erlangen[111]. Anerkanntermaßen sind die Einkommens- und Vermögensverhältnisse des Arbeitnehmers einschließlich seiner Ansprüche auf Altersversorgung im Rahmen der Kündigungsauswahl zu beachten[112]. Auch sie wirken sich auf die Beantwortung der Frage aus, welcher Arbeitnehmer durch die Kündigung in seiner Lebensexistenz schwerer getroffen wird und deshalb auf den Arbeitsplatz stärker angewiesen ist.

Bei der Bewertung und Gewichtung der Ruhegeldansprüche des Arbeitnehmers im Rahmen der sozialen Auswahl müssen jedoch zwei wichtige Einschränkungen beachtet werden. Entscheidende Bedeutung kann der Rentenberechtigung nur zukommen, wenn dadurch eine ausreichende Altersversorgung des Arbeitnehmers sichergestellt ist[113]. Der

---

[108] Siehe dazu oben § 5.

[109] BAG 10, 323 (327).

[110] Vgl. BAG 10, 323 (327); 16, 149 (153); 28, 40 (45); *Hueck / Nipperdey*, Lehrbuch I, 641; *Müller*, W., DB 1975, 2132; *Weng*, DB 1978, 886; die von *Herschel* (z. B. in *Herschel / Steinmann*, KSchG, § 1, Rdnr. 46 a) vertretene Auffassung des Vorrangs der Betriebszugehörigkeit hat sich nicht durchgesetzt; ausführlich dazu *Weiler*, Problem, 121 ff.

[111] So auch *Brill*, AR-Blattei, Kündigungsschutz V, B II 2 b; *Kunkel*, GmbH-Rundschau 1954, 134; *Schimana*, BB 1970, 1141.

[112] Vgl. LAG Hamm DB 1976, 489; *Auffarth / Müller*, KSchG, § 1, Rdnr. 234; *Becker*, GK-KSchG, § 1, Rdnr. 352; *Herschel / Steinmann*, KSchG, § 1, Rdnr. 46 a; *Hueck*, KSchG, § 1, Rdnr. 117; *Maus*, KSchG, § 1, Rdnr. 228.

[113] So auch *Schimana*, BB 1970, 1141; *Weiler*, Problem, 133.

rentenberechtigte Arbeitnehmer hat nämlich nach dem Verlust seines Arbeitsplatzes kaum eine Chance, die Rentenhöhe durch zusätzlichen Arbeitsverdienst aufzubessern.

Eine ausreichende Altersversorgung liegt nur vor, wenn die Netto-Versorgungsleistungen mindestens 80 % des letzten Nettoentgelts ausmachen. Das entspricht der durchschnittlichen Nettoversorgung von öffentlichen Dienstnehmern[114]. Der Gesetzgeber hat dieses Versorgungsniveau offenbar für ausreichend angesehen, um eine amtsangemessene Versorgung nach Erreichen der dienstrechtlichen Altersgrenzen sicherzustellen. Die darin zum Ausdruck kommende gesetzliche Wertung kann auch im Arbeitsrecht aufgegriffen werden, zumal andere Maßstäbe zur Beurteilung eines ausreichenden Versorgungsniveaus fehlen[115]. Der Nettovergleich erscheint wegen der unterschiedlichen steuerlichen Behandlung von Sozialrenten und Versorgungsbezügen angemessener als ein Bruttovergleich.

Sozialrentner erreichen im Durchschnitt nicht eine Nettorente von mindestens 80 % ihres letzten Nettoverdienstes. Von einer ausreichenden Altersversorgung kann deshalb nur gesprochen werden, wenn eine entsprechende Aufstockung durch Leistungen der betrieblichen Altersversorgung erfolgt.

Außerdem ist auch hier zu berücksichtigen, daß die Frage, in welchem Ausmaß ein Arbeitnehmer auf die Erhaltung seines Arbeitsplatzes angewiesen ist, nicht nur nach materiellen Gesichtspunkten entschieden werden kann[116]. Gerade für ältere Arbeitnehmer bedeutet der Verlust des Arbeitsplatzes regelmäßig das endgültige Ausscheiden aus dem Berufsleben. Bei Arbeitnehmern, die gemessen an den Anforderungen ihres Arbeitsplatzes noch ausreichend leistungsfähig und -willig sind, können dadurch erhebliche Belastungen ihres psychischen und physischen Wohlbefindens eintreten. Auch dabei handelt es sich um Gesichtspunkte, die eine Auswirkung auf die Lebensexistenz der betroffenen Arbeitnehmer haben und die deshalb im Rahmen der Kündigungsauswahl zu berücksichtigen sind.

b) Berücksichtigung entgegenstehender betrieblicher Belange

Das Interesse des Arbeitgebers, leistungsfähige Arbeitnehmer möglichst in seinem Betrieb zu halten, stellt ebensowenig wie sein Interesse an einem zweckmäßigen Altersaufbau und sein Wunsch, Aufstiegschancen für Nachwuchskräfte zu eröffnen, einen sozial beachtlichen Ge-

---

[114] Siehe dazu oben § 6 II 3.

[115] So auch *Hanau*, RdA 1976, 29.

[116] Vgl. dazu auch *Weiler*, Problem, 133 FN 4.

sichtspunkt bei der Kündigungsauswahl dar. Es handelt sich vielmehr um betriebliche Belange[117]. In welchem Umfang sie bei der Kündigungsauswahl zu berücksichtigen sind, ist umstritten.

Nach § 1 Abs. 3 S. 2 KSchG können betriebstechnische, wirtschaftliche oder sonstige berechtigte betriebliche Bedürfnisse, die die Weiterbeschäftigung von Arbeitnehmern bedingen, einer Auswahl nach sozialen Gesichtspunkten entgegenstehen. Nur im Rahmen dieser Bestimmung können betriebliche Belange aller Art Berücksichtigung finden[118].

Das Interesse des Arbeitgebers, leistungsfähige Arbeitnehmer in seinem Betrieb zu halten, wird teilweise nicht als betriebliches Bedürfnis im Sinne des § 1 Abs. 3 S. 2 KSchG anerkannt[119]. Diese Ansicht wird damit begründet, daß Leistungsschwächen, die eine personen- oder verhaltensbedingte Kündigung nicht sozial zu rechtfertigen vermögen, auch bei der Kündigungsauswahl nicht berücksichtigt werden könnten[120].

Demgegenüber hat Hueck zu Recht darauf hingewiesen, daß dem Gesetz eine Schwellenbildung, wonach „betriebs- und verhaltensbedingte Gesichtspunkte von einer bestimmten Schwere an selbständig eine Kündigung rechtfertigen, unterhalb dieser Schwelle dagegen überhaupt nicht beachtet werden dürften", nicht entnommen werden könne[121]. Die Zulässigkeit der Berücksichtigung von Leistungsunterschieden im Rahmen des § 1 Abs. 3 S. 2 KSchG ergibt sich auch aus der Entstehungsgeschichte der Vorschrift. Der Gesetzgeber wollte ausdrücklich ermöglichen, daß der Arbeitgeber „bei erheblichen Leistungsunterschieden zunächst den Leistungsschwächsten entläßt"[122].

Leistungsunterschiede zwischen vergleichbaren Arbeitnehmern können also grundsätzlich zu berechtigten betrieblichen Bedürfnissen führen, die einer sozialen Auswahl entgegenstehen. Es muß sich jedoch um ein tatsächliches und nicht bloß aufgrund des Alters vermutetes Leistungsgefälle handeln. Für eine schematisierende Vermutung läßt die

[117] Vgl. *Becker-Schaffner*, BlStSozArbR 1978, 49; *ders.*, DB 1981, 1779; *Becker*, GK-KSchG, § 1, Rdnr. 360; *Jobs / Bader*, AR-Blattei, Kündigungsschutz I, B III 1 b aa; *Müller*, W., DB 1975, 2132.

[118] Kritisch zu der Tendenz des Bundesarbeitsgerichts, die Interessenabwägung schon im Rahmen des § 1 Abs. 3 S. 1 KSchG durchzuführen (vgl. dazu *Bopp*, Kündigung, 166 f.) *Becker*, GK-KSchG, § 1, Rdnr. 362 f.; vgl. auch *Becker-Schaffner*, BlStSozArbR 1978, 49; *Jobs / Bader*, AR-Blattei, Kündigungsschutz I, B III 1 b aa; *Müller*, W., DB 1975, 2132.

[119] So LAG Hamm DB 1976, 1823; ähnlich *Becker-Schaffner*, BlStSozArbR 1978, 50 allerdings mit gewissen Einschränkungen.

[120] LAG Hamm DB 1976, 1823; *Becker-Schaffner*, BlStSozArbR 1978, 50.

[121] *Hueck*, KSchG, § 1, Rdnr. 118; so auch *Stahlhacke*, Kündigung, Rdnr. 317.

[122] BT-Drs. I/2090, 12.

im Rahmen der Kündigungsauswahl gebotene Einzelabwägung keinen Raum.

Im übrigen stehen betriebliche Belange einschließlich der genannten Leistungsunterschiede nur dann einer Auswahl nach sozialen Gesichtspunkten entgegen, wenn sie ein derartiges Gewicht erreicht haben, daß sie als „berechtigt“ anzusehen sind und eine Weiterbeschäftigung bestimmter Arbeitnehmer „bedingen“. Ein uneingeschränkter Vorrang betrieblicher Bedürfnisse ist mit Wortlaut, Systematik und Zwecksetzung des Kündigungsschutzgesetzes nicht zu vereinbaren[123]. Die in § 1 Abs. 3 S. 1 KSchG postulierte Auswahl nach sozialen Gesichtspunkten soll sicherstellen, daß „grundsätzlich die sozialschutzbedürftigsten Arbeitnehmer vor betriebsbedingten Entlassungen geschützt werden“[124]. Diese Vorschrift müßte bei einem generellen Vorrang betrieblicher Bedürfnisse ihre Bedeutung einbüßen[125].

Umgekehrt ist es auch abzulehnen, betriebliche Bedürfnisse nur dann als vorrangig anzusehen, wenn eine „gewisse Zwangslage“ eingetreten ist und „die Rentabilität des Betriebes“ oder „der Bestand des gesamten Unternehmens gefährdet“ ist[126]. Dabei wird die schon oben zitierte Regelungsabsicht des Gesetzgebers ebenso vernachlässigt wie der Wortlaut der Vorschrift. Immerhin ist in § 1 Abs. 3 S. 2 KSchG von „berechtigten“ betrieblichen Bedürfnissen und nicht wie in § 1 Abs. 2 S. 1 KSchG von „dringenden“ betrieblichen Erfordernissen die Rede[127].

Richtig dürfte es sein, daß solche betrieblichen Belange einer sozialen Auswahl entgegenstehen, die von erheblicher Bedeutung sind, so daß es dem Arbeitgeber nicht zumutbar ist, einen bestimmten Arbeitnehmer zu entbehren[128]. Diese Auffassung nimmt eine vermittelnde Position zwischen den vorgenannten Ansichten ein und wird damit den schon skizzierten Auslegungsgesichtspunkten am ehesten gerecht. Na-

---

[123] So aber *Herschel*, Anm. zu BAG AP Nr. 45 und 46 zu § 1 KSchG; ähnlich *Nikisch*, Arbeitsrecht I, 766.

[124] *Becker*, GK-KSchG, § 1, Rdnr. 363.

[125] Vgl. BAG 10, 323 (327); *Hueck*, KSchG, § 1, Rdnr. 117 a.

[126] BAG 10, 323 (327) = BAG AP Nr. 7 zu § 1 KSchG (Betriebsbedingte Kündigung) mit kritischer Anmerkung von *A. Hueck;* LAG Hamm DB 1976, 1823; ähnlich *Becker-Schaffner*, BlStSozArbR 1978, 50; *Bleistein*, Kündigung, Rdnr. 234; *Müller*, W., DB 1975, 2134.

[127] Darauf verweist auch *Becker*, GK-KSchG, § 1, Rdnr. 364.

[128] BAG AP Nr. 5 zu § 7 KSchG mit zustimmender Anm. *Schnorr v. Carolsfeld;* BAG AP Nr. 25 zu § 1 KSchG; LAG Düsseldorf DB 1960, 1102 f.; LAG Düsseldorf EzA Nr. 3 zu § 1 KSchG (Betriebsbedingte Kündigung); LAG Hamm DB 1976, 489; *Auffarth / Müller*, KSchG, § 1, Rdnr. 237 f.; *Becker*, GK-KSchG, § 1, Rdnr. 366; *Herschel / Steinmann*, KSchG, § 1, Rdnr. 46; *Maus*, KSchG, § 1, Rdnr. 241; *Stahlhacke*, Kündigung, Rdnr. 317; *Weng*, DB 1978, 887.

mentlich auch die Gesetzesmaterialien stellen auf die Erheblichkeit der betrieblichen Bedürfnisse ab[129].

Nur unter diesen Voraussetzungen können deshalb das Interesse des Arbeitgebers, leistungsfähige Arbeitnehmer möglichst in seinem Betrieb zu halten, sein Interesse an einem zweckmäßigen Altersaufbau der Belegschaft und sein Wunsch nach Bereitstellung von Aufstiegschancen für Nachwuchskräfte gegenüber der Auswahl nach sozialen Gesichtspunkten berücksichtigt werden[130]. Der ältere Arbeitnehmer wird zusätzlich dadurch geschützt, daß der Arbeitgeber die Tatsachen, auf die er im konkreten Fall das Vorliegen betrieblicher Bedürfnisse und ihre Erheblichkeit stützen will, darlegen und beweisen muß[131].

Bei der sozialen Auswahl kann also das fortgeschrittene Lebensalter zugunsten des älteren Arbeitnehmers und eine ausreichende Altersversorgung zu seinen Lasten berücksichtigt werden. Eine tatsächliche Abnahme seiner Leistungsfähigkeit, das Interesse des Arbeitgebers an einem zweckmäßigen Altersaufbau der Belegschaft und sein Wunsch, Aufstiegschancen für Nachwuchskräfte zu eröffnen, sind nur dann als betriebliche Gesichtspunkte zu Lasten des Arbeitnehmers heranzuziehen, wenn sie von erheblicher Bedeutung sind und der Arbeitgeber sie im Streitfall beweisen kann.

Zusammenfassend ist festzustellen, daß eine Zwangspensionierung älterer Arbeitnehmer durch altersbedingte Kündigungen bei Vollendung des 65. Lebensjahres durch das Kündigungsschutzgesetz weitgehend verhindert wird.

III. Vereinbarung eines Kündigungsrechts

Nach einer im Schrifttum vertretenen Auffassung kann sich der Arbeitgeber vertraglich das Recht einräumen lassen, dem Arbeitnehmer zu kündigen, wenn dieser das 65. Lebensjahr vollendet hat[132]. Damit wird dem Arbeitgeber, unabhängig davon, ob die Vereinbarung als vertragliche Anerkennung eines Kündigungsgrundes oder als Einräumung eines aufschiebend bedingten Kündigungsrechts anzusehen ist,

---

[129] BT-Drs. I/2090, 12.

[130] Ähnlich *Auffarth / Müller*, KSchG, § 1, Rdnr. 239; *Hueck*, KSchG, § 1, Rdnr. 117 c; *Kunkel*, GmbH-Rundschau 1954, 134.

[131] BAG AP Nr. 25 zu § 1 KSchG mit zustimmender Anmerkung *A. Hueck; Bleistein*, Kündigung, Rdnr. 235; *Becker*, GK-KSchG, § 1, Rdnr. 368; *Hueck*, KSchG, § 1, Rdnr. 151 b.

[132] So *Auffarth / Müller*, KSchG, § 1, Rdnr. 190; *Bötticher*, Anm. zu BAG SAE 1962, 174; *Brill*, AR-Blattei, Kündigungsschutz V, B I; *Hueck*, KSchG § 1, Rdnr. 85.

eine Kündigungsmöglichkeit eröffnet, die gemessen an § 1 Abs. 2 S. 1 KSchG nicht sozial gerechtfertigt ist. Der Arbeitnehmer verzichtet also implizit für die Zeit nach Vollendung des 65. Lebensjahres auf den allgemeinen Kündigungsschutz nach dem KSchG.

Der allgemeine Kündigungsschutz hat jedoch zwingenden Charakter[133]. Vereinbarungen, die vor Zugang einer Kündigungserklärung zum Nachteil des Arbeitnehmers von der Regelung des KSchG abweichen, sind deshalb unzulässig[134]. Das gilt nicht nur für Vereinbarungen, die den völligen Ausschluß des allgemeinen Kündigungsschutzes vorsehen, sondern auch für jegliche Beschränkungen dieses Schutzes[135]. Aus diesem Grunde ist auch die Vereinbarung eines auf die Vollendung des 65. Lebensjahres bezogenen und von § 1 KSchG nicht anerkannten Kündigungsrechts für den Arbeitgeber mit dem zwingenden Charakter des allgemeinen Kündigungsschutzes unvereinbar[136].

Zur Unterstützung der Gegenansicht wirft Bötticher die Frage auf, „weshalb der Arbeitgeber, der für den Zeitpunkt der Altersgrenze die Befristung wählen kann, nicht für eben diesen Zeitpunkt ein Kündigungsrecht soll vereinbaren können"[137]. In beiden Fällen würde eine Terminierung des Arbeitsverhältnisses vorgenommen, die in ihrer Zulässigkeit nicht unterschiedlich beurteilt werden dürfe. Abgesehen davon, daß aus Gründen des Bestandsschutzes auch die Zulässigkeit der Befristung von Arbeitsverträgen eingeschränkt ist, bestehen gegen diese Argumentation grundsätzliche Bedenken.

Der Gesetzgeber hat deutlich zwischen einer Beendigung von Arbeitsverhältnissen durch Kündigung und durch Befristung unterschieden. Er hat für den Schutz gegen sozial nicht gerechtfertigte Kündigungen im KSchG eine zwingende und abschließende Regelung geschaffen. Nach der Begründung des Gesetzentwurfes findet das KSchG „nur bei Beendigung des Arbeitsverhältnisses durch Kündigung Anwendung.

---

[133] Allgemeine Ansicht BAG AP Nr. 3 zu § 620 BGB (Bedingung); BAG AP Nr. 16 zu § 620 BGB (Befristeter Arbeitsvertrag); LAG Hamburg DB 1969, 2187; *Becker*, GK-KSchG, § 1, Rdnr. 12 ff.; Bunge, Anm. zu BAG EzA Nr. 34 zu § 620 BGB (Befristeter Arbeitsvertrag); *Hueck*, KSchG, § 1, Rdnr. 161.

[134] BAG AP Nr. 3 zu § 620 BGB (Bedingung); *Becker*, GK-KSchG, § 1, Rdnr. 12; *Hueck*, KSchG, § 1, Rdnr. 161; *Stahlhacke*, Kündigung, Rdnr. 380; *Staudinger / Neumann*, Vorb. 150 vor § 620 BGB; für eine Unverzichtbarkeit auch während der Frist nach § 4 KSchG MünchKomm - *Schwerdtner*, Vorb. 175 ff. vor § 620 BGB.

[135] Vgl. *Becker*, GK-KSchG, § 1, Rdnr. 12.

[136] So auch ausdrücklich LAG Saarbrücken DB 1960, 1280; *Bunge*, Anm. zu BAG EzA Nr. 34 zu § 620 BGB (Befristeter Arbeitsvertrag); *Jungen*, Altersgrenze, 68 f.; *Weiler*, Problem, 209.

[137] *Bötticher*, Anm. zu BAG SAE 1962, 174.

Es gilt daher nicht für befristete Arbeitsverhältnisse“[138]. Beide Beendigungstatbestände werden somit nach unterschiedlichen Maßstäben beurteilt. Der von Bötticher vorgenommene Schluß von der Zulässigkeit einer Befristung auf die Zulässigkeit der Vereinbarung eines Kündigungsrechts steht mit dieser gesetzgeberischen Wertung nicht im Einklang.

Die unterschiedliche Beurteilung von Kündigung und Befristung wird auch nicht dadurch hinfällig, daß im hier vorliegenden Fall die Kündigung ähnlich wie die Befristung eine Vereinbarung zwischen den Vertragsparteien voraussetzt. Trotz dieser Übereinstimmung bleibt ein wesentlicher Unterschied bestehen. Bei der Befristung muß der Arbeitnehmer sicher mit der Beendigung seines Arbeitsverhältnisses rechnen, es sei denn, die Vertragsparteien vereinbaren eine Verlängerung. Der Arbeitnehmer kann sich in seinen Dispositionen darauf einstellen. Die Vereinbarung eines Kündigungsrechts führt nicht zwangsläufig zur Beendigung des Arbeitsverhältnisses, denn es ist keineswegs sicher, ob der Arbeitgeber von seinem Recht Gebrauch macht. Diese Unsicherheit rechtfertigt einen besonderen Kündigungsschutz. Die Überlegungen Böttichers sind deshalb nicht geeignet, den zwingenden Charakter des allgemeinen Kündigungsschutzes zum Nachteil des Arbeitnehmers zu durchbrechen.

Vertragliche Vereinbarungen, die dem Arbeitgeber ein Kündigungsrecht einräumen, wenn der Arbeitnehmer das 65. Lebensjahr vollendet hat, sind somit wegen Verstoßes gegen zwingendes Kündigungsschutzrecht unzulässig.

§ 9 Kündigungsschutz gegenüber altersbedingten Kündigungen außerhalb des Kündigungsschutzgesetzes

Altersbedingte Kündigungen können auch gegenüber Arbeitnehmern ausgesprochen werden, die dem allgemeinen Kündigungsschutz nach § 1 KSchG nicht unterliegen. Für sie ergibt sich ein Kündigungsschutz gegenüber dem Versuch einer Zwangspensionierung mit 65 Jahren möglicherweise aus § 134 BGB und aus den Generalklauseln der §§ 138, 242 BGB. Gleichzeitig kann sich aus diesen Vorschriften ein zusätzlicher Kündigungsschutz für diejenigen Arbeitnehmer ergeben, auf die bereits § 1 KSchG anzuwenden ist[1].

---

[138] BT-Drs. I/2090, 12.

[1] Vgl. dazu *Hueck*, KSchG, Einl., Rdnr. 84.

I. Verstoß gegen ein gesetzliches Verbot

Kündigungen, die gegen ein gesetzliches Verbot verstoßen, sind unabhängig davon, ob das KSchG Anwendung findet oder nicht gem. § 134 BGB nichtig[2].

Kündigungsverbote finden sich in zahlreichen gesetzlichen Bestimmungen[3]. Soweit die daraus resultierende Nichtigkeit einer Kündigung nicht auf ihrer spezifisch altersbedingten Begründung beruht, sondern sich aus anderen Umständen ergibt, können die Vorschriften im Rahmen dieser Arbeit vernachlässigt werden. Als spezielle Verbotsgesetze gegenüber altersbedingten Kündigungen kommen § 75 Abs. 1 S. 2 u. Abs. 2 BetrVG und aus dem Verfassungsrecht Art. 2 Abs. 1 GG sowie Art. 12 Abs. 1 S. 2 GG in Betracht.

1. Verstoß gegen § 75 Abs. 1 S. 2 und Abs. 2 BetrVG

Nach § 75 Abs. 1 S. 2 BetrVG haben sowohl der Arbeitgeber als auch der Betriebsrat darauf zu achten, daß Arbeitnehmer nicht wegen Überschreitung bestimmter Altersstufen benachteiligt werden. Die Vorschrift soll einen „Schutz älterer Arbeitnehmer vor Benachteiligungen wegen ihres Alters“ gewährleisten[4].

Eine benachteiligende Maßnahme liegt vor, wenn sie allein auf das Erreichen eines bestimmten Lebensalters gestützt wird, ohne daß ein darüber hinausgreifender sachlicher Grund vorliegt[5]. § 75 Abs. 1 S. 2 BetrVG ist auch verletzt, wenn die Möglichkeiten, „dem Alterungsprozeß in persönlich und betrieblich zumutbarer Weise Rechnung zu tragen“, mangelhaft berücksichtigt wurden[6].

Die Vorschrift bindet Betriebsrat und Arbeitgeber nicht nur bei gemeinsamen Maßnahmen, sondern auch bei ihrem Tätigwerden im jeweils eigenen Aufgabenbereich[7]. Auch bei einseitigen Maßnahmen

---

[2] Allg. Ansicht; vgl. *Bleistein*, Kündigung, Rdnr. 56; *Bopp*, Kündigung, 45; *Friedrich, GK-KSchG, § 13, Rdnr. 176 u. 178; Hueck / Nipperdey*, Lehrbuch I, 560; *Nikisch*, Arbeitsrecht I, 704; *Schmidt*, AR-Blattei, Kündigungsschutz VIII, B; *Stahlhacke*, Kündigung, Rdnr. 59 ff.; *Staudinger / Neumann*, Vorb. 69 zu § 620 BGB.

[3] Vgl. die Übersichten bei *Stahlhacke*, Kündigung, Rdnr. 59 f.; *Staudinger / Neumann*, Vorb. 69 f. zu § 620 BGB.

[4] BT-Drs. VI/1786, 46.

[5] So *Brecht*, BetrVG, § 75, Rdnr. 5; *Erdmann / Jürging / Kammann*, BetrVG, § 75, Rdnr. 5; *Fitting / Auffarth / Kaiser*, BetrVG, § 75, Rdnr. 20; *Galperin / Löwisch*, BetrVG, § 75, Rdnr. 22; *Kammann / Hess / Schlochauer*, BetrVG, § 75, Rdnr. 13; *Stege / Weinspach*, BetrVG, § 75, Rdnr. 7; *Thiele*, GK-BetrVG, § 75, Rdnr. 37.

[6] *Thiele*, GK-BetrVG, § 75, Rdnr. 37.

[7] *Brecht*, BetrVG, § 75, Rdnr. 2; *Erdmann / Jürging / Kammann*, BetrVG, § 75, Rdnr. 2; *Fitting / Auffarth / Kaiser*, BetrVG, § 75, Rdnr. 3; *Sahmer*, BetrVG, § 75, Anm. 1; *Thiele*, GK-BetrVG, § 75, Rdnr. 7.

des Arbeitgebers findet sie grundsätzlich Anwendung[8]. Das Benachteiligungsverbot setzt deshalb möglicherweise sowohl der Begründung altersbedingter Kündigungen als auch der Ausübung eines bestehenden Kündigungsrechts Grenzen. Fraglich ist allerdings, ob eine Verletzung der Vorschrift — auch wenn man sie als Verbotsnorm im Sinne des § 134 BGB anerkennt[9] — zur Unwirksamkeit einer Kündigung führt oder ob § 1 KSchG demgegenüber eine abschließende Spezialregelung darstellt. Soweit ersichtlich, haben sich Rechtsprechung und Schrifttum mit dieser Frage noch nicht auseinandergesetzt[10].

§ 75 Abs. 1 S. 2 BetrVG könnte sich gegen Kündigungen richten, die lediglich mit dem Erreichen eines bestimmten Lebensalters begründet werden. Derartige altersbedingte Kündigungen sind aber bereits gem. § 1 Abs. 1 i. V. m. Abs. 2 S. 1 KSchG unwirksam. Nach § 75 Abs. 1 S. 2 BetrVG bedarf eine Maßnahme zu ihrer Wirksamkeit lediglich eines sachlichen Grundes. Demgegenüber ist nach § 1 Abs. 2 S. 1 KSchG eine Kündigung erst sozial gerechtfertigt und damit wirksam, wenn sie auf personen-, verhaltens- oder betriebsbedingten Gründen beruht. Die Anforderungen, die an die soziale Rechtfertigung einer Kündigung zu stellen sind, greifen über die von § 75 Abs. 1 S. 2 BetrVG geforderte sachliche Begründung hinaus[11]. § 1 Abs. 2 KSchG stellt deshalb eine die Schutzwirkung des betriebsverfassungsrechtlichen Benachteiligungsverbotes mitumfassende Spezialregelung dar, die § 75 Abs. 1 S. 2 BetrVG verdrängt[12].

Die kündigungsrechtliche Bedeutung des § 75 Abs. 1 S. 2 BetrVG könnte jedoch auch darin liegen, die benachteiligende Ausübung eines bestehenden Kündigungsrechts zu verhindern. Diese Überlegung liegt nahe, wenn man die Vorschrift als Ausfluß des allgemeinen Gleichbehandlungsgrundsatzes ansieht, der willkürliche Ungleichbehandlungen verhindern soll[13]. Abgesehen vom grundsätzlichen Streit über die Geltung des Gleichbehandlungsgrundsatzes im Kündigungsrecht[14] dürf-

---

[8] *Dietz / Richardi*, BetrVG, § 75, Rdnr. 3; *Fitting / Auffarth / Kaiser*, BetrVG, § 75, Rdnr. 4; *Kammann / Hess / Schlochauer*, BetrVG, § 75, Rdnr. 2; *Thiele*, GK-BetrVG, § 75, Rdnr. 7.

[9] *Gnade / Kehrmann / Schneider*, BetrVG, § 75, Rdnr. 11; *Hanau*, RdA 1976, 28; *Sahmer*, BetrVG, § 75, Anm. 2.

[10] Für ein Zurücktreten des § 75 Abs. 1 S. 2 BetrVG gegenüber § 1 KSchG wohl auch *Thiele*, GK-BetrVG, § 75, Rdnr. 42.

[11] So wohl auch *Thiele*, GK-BetrVG, § 75, Rdnr. 42.

[12] Darauf geht *Weiler* (Problem, 153 ff.) nicht ein, da er § 75 Abs. 1 S. 2 BetrVG lediglich als Konkretisierung des Gleichbehandlungsgrundsatzes ansieht.

[13] *Brecht*, BetrVG, § 75, Rdnr. 5; *Dietz / Richardi*, BetrVG, § 75, Rdnr. 33; *Erdmann / Jürging / Kammann*, BetrVG, § 75, Rdnr. 5; *Weiler*, Problem, 153 ff.

[14] Siehe dazu oben § 8 II 4.

ten sich bei sozial gerechtfertigten personen- und verhaltensbedingten Kündigungen regelmäßig auch sachliche Gründe für die Ausübung des Kündigungsrechts ergeben[15]. Bei betriebsbedingten Kündigungsgründen wird eine willkürliche Ungleichbehandlung bereits durch die Notwendigkeit einer sozialen Auswahl gem. § 1 Abs. 3 S. 1 KSchG verhindert[16]. Auch insoweit liegt also eine Spezialregelung vor, die das betriebsverfassungsrechtliche Benachteiligungsverbot verdrängt.

Fraglich bleibt schließlich noch, ob § 75 Abs. 1 S. 2 BetrVG nicht zumindest für Arbeitnehmer, auf die § 1 KSchG keine Anwendung findet, einen Kündigungsschutz gewährt. Dem steht jedoch entgegen, daß § 1 KSchG das Interesse des Arbeitnehmers am Bestand seines Arbeitsplatzes gegenüber sozial nicht gerechtfertigten Kündigungen abschließend geregelt hat[17]. Der Umweg über § 75 Abs. 1 S. 2 BetrVG darf nicht dazu führen, den Kündigungsschutz des KSchG auch auf solche Arbeitnehmer auszudehnen, die dem Gesetz nicht unterstehen. Dadurch erhielten sie die Möglichkeit, außerhalb der Klagefrist des § 4 KSchG altersbedingte Kündigungen anzugreifen. Sie wären damit besser gestellt als Arbeitnehmer, auf die das KSchG Anwendung findet, obwohl das Gesetz ihnen einen Bestandsschutz gegenüber ausschließlich sozialwidrigen Kündigungen nicht gewähren wollte.

Dem Benachteiligungsverbot des § 75 Abs. 1 S. 2 KSchG kommt demnach bei altersbedingten Kündigungen eine kündigungsschutzrechtliche Bedeutung nicht zu.

Auch die in § 75 Abs. 2 BetrVG verankerte Pflicht zum Schutz und zur Förderung der freien Persönlichkeitsentfaltung der im Betrieb beschäftigten Arbeitnehmer hat in kündigungsschutzrechtlicher Hinsicht durch § 1 KSchG eine abschließende Konkretisierung erfahren. Ein Kündigungsverbot gegenüber altersbedingten Kündigungen ergibt sich auch daraus nicht[18].

2. Verstoß gegen Grundrechte

Altersbedingte Kündigungen könnten auch verfassungsrechtlich garantierte Grundrechte der betroffenen Arbeitnehmer verletzen und deshalb wegen Verstoßes gegen ein gesetzliches Verbot gem. § 134 BGB

---

[15] So auch *Weiler*, Problem, 163.

[16] § 1 Abs. 3 KSchG wird auch von *Friedrich*, (GK-KSchG, § 13, Rdnr. 301) und von *Zöllner*, (Gutachten, 86) als „positive Ausgestaltung des Gleichbehandlungsgrundsatzes“ angesehen; vgl. auch *Buchner*, RdA 1970, 228.

[17] Vgl. dazu *Friedrich*, GK-KSchG, § 13, Rdnr. 232.

[18] Ob eine Verletzung von § 75 Abs. 1 S. 2 bzw. Abs. 2 BetrVG durch eine altersbedingte Kündigung außerhalb des Kündigungsschutzrechts für Schadensersatzansprüche oder für ein Vorgehen des Betriebsrates nach § 23 Abs. 3 BetrVG von Bedeutung ist, kann hier offenbleiben; vgl. dazu *Dietz / Richardi*, BetrVG, § 75, Rdnr. 43 ff.; *Fitting / Auffarth / Kaiser*, BetrVG, § 75, Rdnr. 23 ff.

nichtig sein. Es kommen insbesondere Verstöße gegen die durch Art. 2 Abs. 1 GG geschützte freie Entfaltung der Persönlichkeit und gegen das Grundrecht der freien Berufswahl aus Art. 12 Abs. 1 S. 1 GG in Betracht. Voraussetzung dafür ist jedoch, daß Grundrechte die privatrechtliche Beendigung von Arbeitsverhältnissen unmittelbar begrenzen, und daß sie überdies den rechtlichen Charakter von Verbotsgesetzen haben.

Der erste Senat des Bundesarbeitsgerichts hat im Anschluß an Nipperdey[19] eine „unmittelbare privatrechtliche Wirkung der Grundrechtsbestimmungen" bejaht[20]. Nach seiner Auffassung sollen zwar nicht alle, aber doch „eine Reihe bedeutsamer Grundrechte nicht nur Freiheitsrechte gegenüber der Staatsgewalt gewährleisten ..., sondern auch Ordnungsgrundsätze für das soziale Leben zum Inhalt haben"[21].

Diese Lehre von der unmittelbaren Drittwirkung der Grundrechte im Privatrechtsverkehr ist im zivil- und staatsrechtlichen Schrifttum überwiegend abgelehnt worden[22]. Es hat sich demgegenüber die von Dürig entwickelte und vom Bundesverfassungsgericht aufgegriffene Lehre von der sogenannten mittelbaren Drittwirkung der Grundrechte weitgehend durchgesetzt[23]. Auch hier soll dieser Auffassung, ohne auf den Meinungsstreit abschließend eingehen zu können, gefolgt werden.

Dadurch wird anerkannt, daß Grundrechte in erster Linie dazu bestimmt sind, „die Freiheitssphäre des einzelnen vor Eingriffen der öffentlichen Gewalt zu sichern"[24]. Im Verhältnis zwischen Staat und Bürger ist nur der Bürger Grundrechtsträger, während im Privatrechtsverkehr allen Rechtssubjekten die Stellung eines Grundrechtsträgers

---

[19] Vgl. *Nipperdey*, RdA 1950, 121 ff.; *ders.*, Entfaltung, 745 ff.

[20] BAG 1, 185 (193); 1, 258 (262); 4, 274 (276); 13, 168 (174 f.); BAG AP Nr. 26 zu § 1 KSchG; vgl. auch BAG AP Nr. 2 zu § 134 BGB; einschränkend demgegenüber BAG 6, 291 (293); in der arbeitsrechtlichen Literatur folgen dem BAG z. B. *Bleistein*, Kündigung, Rdnr. 51; *Gamillscheg*, Arbeitsrecht I, 47 f.; *Nikisch*, Arbeitsrecht I, 705; *Stahlhacke*, Kündigung, Rdnr. 62; *Staudinger " Neumann*, Vorb. 73 zu § 620 BGB; a. A. z. B. *Wolf*, GK-KSchG, Allg. Grds., Rdnr. 418 ff.; *Söllner*, Arbeitsrecht, 40; *Zöllner*, Arbeitsrecht, 67.

[21] BAG 1, 185 (193); 1, 258 (262); 4, 274 (276); 13, 168 (174 f.).

[22] Für das zivilrechtliche Schrifttum vgl. z. B. *Ermann / Brox*, § 134, Rdnr. 34; *Flume*, Rechtsgeschäft, 341 f.; *Soergel / Hefermehl*, § 134, Rdnr. 7; a. A. MünchKomm - *Mayer-Maly*, § 134, Rdnr. 39; für das staatsrechtliche Schrifttum vgl. z. B. *Bachof*, Freiheit, 251 FN 364; *Hesse*, Grundzüge, Rdnr. 352 ff.; *Maunz*, Staatsrecht, 114 f.; *Rupp*, AöR 101 (1976), 168 ff.; *Stein*, Staatsrecht, 250 f.; a. A. *Leisner*, Grundrechte, passim; *v. Münch*, Grundbegriffe, 88 ff.; *Schwabe*, Drittwirkung, passim.

[23] Vgl. *Dürig*, Grundrechte, 157 ff.; BVerfG 7, 198 (204 f.); 230 (233 f.); 24, 278 (282); 25, 256 (263); 42, 143 (148); vgl. auch die Darstellung des Meinungsstandes bei *v. Münch*, GG, Vorb. 28 ff. vor Art. 1 - 19; *Bleckmann*, Grundrechtslehren, 137 ff.

[24] BVerfG 7, 198 (204).

zukommt[25]. Eine unmittelbare Grundrechtsbindung im Privatrechtsverkehr „würde zu einer beträchtlichen Einschränkung der Privatautonomie, mithin zu einer nicht unerheblichen Einengung selbstverantwortlicher Freiheit führen"[26].

Allerdings muß die Grundrechtsinterpretation berücksichtigen, daß das Grundgesetz keine wertneutrale Ordnung sein will und deshalb „in seinem Grundrechtsabschnitt auch eine objektive Wertordnung aufgerichtet hat"[27], die auf den Privatrechtsverkehr einwirkt. Eine derartige Beeinflussung ist insbesondere dann geboten, wenn es „um den Schutz personaler Freiheit gegen Ausübung wirtschaftlicher oder sozialer Macht geht"[28].

Dem trägt die Lehre von der mittelbaren Drittwirkung der Grundrechte in zweifacher Hinsicht Rechnung. Es ist in erster Linie Aufgabe des grundrechtsgebundenen Privatrechtsgesetzgebers, durch seine Regelungen die Bedeutung der Grundrechte für den Privatrechtsverkehr zu konkretisieren[29]. Außerdem sind die Grundrechte bei der Auslegung von zivilrechtlichen Bestimmungen zu berücksichtigen. Insbesondere die wertausfüllungsfähigen und wertausfüllungsbedürftigen Generalklauseln erweisen sich als „Einbruchsstellen der Grundrechte in das Bürgerliche Recht"[30]. Allerdings stellen die Grundrechte keine unmittelbar wirksamen Verbotsgesetze im Sinne des § 134 BGB dar.

Letztlich kommt das Bundesarbeitsgericht für die hier in Rede stehende mögliche Verletzung des Art. 12 GG zum gleichen Ergebnis. Der zweite und vierte Senat des Bundesarbeitsgerichts haben die Anwendung des Art. 12 GG als Verbotsgesetz gegenüber Kündigungen ausdrücklich abgelehnt[31]. Die Wirksamkeit einer Kündigung sei „nicht unter dem Gesichtspunkt der Einschränkung der Berufswahl zu überprüfen"[32]. Art. 12 GG gewähre „weder einen allgemeinen ... noch einen spezifischen Kündigungsschutz"[33].

Zu demselben Ergebnis gelangt man im übrigen auch dann, wenn man zwar die unmittelbare Geltung der Grundrechte im Privatrechts-

---

[25] *Hesse*, Grundzüge, Rdnr. 354; *Maunz*, Staatsrecht, 114; *Rupp*, AöR 101 (1976), 169.

[26] *Hesse*, Grundzüge, Rdnr. 354; *Maunz*, Staatsrecht, 114; *Rupp*, AöR 101 (1976), 168.

[27] BVerfG 7, 198 (205); 25, 256 (263).

[28] *Hesse*, Grundzüge, Rdnr. 357.

[29] *Hesse*, Grundzüge, Rdnr. 355; *Stein*, Staatsrecht, 251.

[30] *Dürig*, Freizügigkeit, 525; vgl. auch *Hesse*, Grundzüge, Rdnr. 356; *Maunz*, Staatsrecht, 114; *Rupp*, AöR 101 (1976), 169; *Stein*, Staatsrecht, 251.

[31] BAG 28, 176 (183); 29, 247 (254 f.).

[32] BAG 28, 176 (183); ähnlich auch *Bachof*, Freiheit, 251 FN 364; *Friedrich*, GK-KSchG, § 13, Rdnr. 194; *Schmidt*, AR-Blattei, Kündigungsschutz VIII, B II 10.

[33] BAG 29, 247 (254 f.).

verkehr anerkennt, ihnen aber den Charakter eines Verbotsgesetzes abspricht[34]. Als Verbotsgesetze müßten Grundrechte nicht nur bestimmte privatrechtliche Betätigungen verbieten, sondern zwingend die Nichtigkeit eines gegen das Verbot verstoßenden Rechtsgeschäfts verlangen[35]. Ob dies außerhalb der eindeutigen Regelung des Art. 9 Abs. 3 S. 2 GG angenommen werden kann, erscheint zweifelhaft.

Andere Verbotsgesetze, die sich speziell gegen altersbedingte Kündigungen richten, sind nicht ersichtlich. Aus § 134 BGB ergibt sich demnach die Unwirksamkeit altersbedingter Kündigungen nicht.

II. Sittenwidrigkeit altersbedingter Kündigungen

Altersbedingte Kündigungen könnten auch wegen Verstoßes gegen die guten Sitten gem. § 138 BGB nichtig sein.

1. Kündigungsschutzrechtliche Bedeutung des § 138 BGB

In der Lehre wurde früher teilweise bezweifelt, ob § 138 BGB auf Gestaltungsrechte im allgemeinen und die arbeitsrechtliche Kündigung im besonderen überhaupt Anwendung finden könne[36]. Diese Bedenken sind neuerdings von Schwerdtner wieder aufgegriffen worden, der darauf verweist, daß der Inhalt einer Kündigung, nämlich die Auflösung des Arbeitsverhältnisses, sittlich indifferent sei[37]. Dem ist jedoch entgegenzuhalten, daß sich die Sittenwidrigkeit von Rechtsgeschäften anerkanntermaßen auch aus der Zwecksetzung und den Motiven, also unter Berücksichtigung von subjektiven Momenten, ergeben kann[38]. Insoweit können auch Kündigungen grundsätzlich wegen Verstoßes gegen die guten Sitten nichtig sein[39].

Der kündigungsschutzrechtlichen Bedeutung des § 138 BGB läßt sich auch der abschließende Charakter des in § 1 KSchG normierten allgemeinen Kündigungsschutzes nicht entgegenhalten. Für Arbeitnehmer,

---

[34] So MünchKomm - *Mayer-Maly*, § 134 BGB, Rdnr. 39 ff.; *Schwabe*, Drittwirkung, 71 ff.; vgl. auch *Flume*, Rechtsgeschäft, 341 f.; *Staudinger / Dilcher*, § 134 BGB, Rdnr. 12.

[35] Vgl. *Flume*, Rechtsgeschäft, 341.

[36] Vgl. die Angaben bei *Schwerdtner*, Anm. zu BAG JZ 1973, 377; *ders.*, MünchKomm, Vorb. 117 vor § 620 BGB, FN 303; vgl. im übrigen *Bötticher*, MDR 1952, 263 f.

[37] MünchKomm - *Schwerdtner*, Vorb. 117 vor § 620 BGB; *ders.*, JZ 1973, 378.

[38] So auch *Erman / Brox*, § 138 BGB, Rdnr. 33; MünchKomm - *Mayer-Maly*, § 138 BGB, Rdnr. 11; *Schwerdtner*, JZ 1973, 378; *Staudinger / Dilcher*, § 138 BGB, Rdnr. 13.

[39] Vgl. *Bleistein*, Kündigung, Rdnr. 57; *Erman / Brox*, § 138 BGB, Rdnr. 4; *Herschel / Steinmann*, KSchG, Rdnr. 4 vor § 1; MünchKomm - *Mayer-Maly*, § 138 BGB, Rdnr. 8.

die dem KSchG unterliegen, ist durch § 13 Abs. 2 S. 1 KSchG ausdrücklich anerkannt, daß eine Kündigung unabhängig von den Vorschriften des Kündigungsschutzgesetzes wegen ihrer Sittenwidrigkeit angegriffen werden kann[40]. Das muß erst recht für solche Arbeitnehmer gelten, auf die das KSchG von vornherein keine Anwendung findet[41].

Allerdings hat die sozialwidrige Kündigung durch § 1 KSchG eine abschließende Sonderregelung erfahren[42]. Dadurch wird der Geltungsbereich des § 138 BGB im Kündigungsschutzrecht beschränkt. Die kündigungsschutzrechtliche Regelung darf weder für Arbeitnehmer, die dem KSchG unterliegen, noch für solche, auf die es keine Anwendung findet, mit Hilfe des § 138 BGB unterlaufen werden[43]. Die Sittenwidrigkeit einer Kündigung muß deshalb über deren bloße Sozialwidrigkeit hinausreichen[44].

Ein Verstoß gegen die guten Sitten liegt nach allgemeiner Ansicht bedarf der Präzisierung, um als Grundlage für die Rechtsanwendung vor, wenn ein Rechtsgeschäft „dem Anstandsgefühl aller billig und gerecht Denkenden" widerspricht[45]. Diese vage definitorische Formel dienen zu können. Im allgemeinen Zivilrecht sind zu diesem Zwecke verschiedene Fallgruppen herausgearbeitet worden[46]. Gegenüber der arbeitsrechtlichen Kündigung gewinnt die Sittenwidrigkeit ihre inhaltliche Konkretisierung durch die notwendige Abgrenzung zur bloßen Sozialwidrigkeit.

Als sozialwidrig sind auch solche Kündigungen anzusehen, die willkürlich, also ohne „erkennbar sinnvollen Grund"[47] oder aus nichtigen,

---

[40] *Friedrich*, GK-KSchG, § 13, Rdnr. 116; *Hueck*, KSchG, Einl., Rdnr. 88 u. § 13, Rdnr. 38; *Schmidt*, AR-Blattei, Kündigungsschutz VIII, C II.

[41] *Böttlicher*, MDR 1952, 264; *Friedrich*, GK-KSchG, § 13, Rdnr. 133; *Hueck*, KSchG, Einl., Rdnr. 88 u. § 13, Rdnr. 43; *Schmidt*, AR-Blattei, Kündigungsschutz VIII, C II; a. A. MünchKomm - *Schwerdtner*, Vorb. 118 vor § 620 BGB; *ders.*, JZ 1973, 378.

[42] BAG 16, 21 (27); *Friedrich*, GK-KSchG, § 13, Rdnr. 232.

[43] Vgl. *Bleistein*, Kündigung, Rdnr. 57; *Friedrich*, GK-KSchG, § 13, Rdnr. 118; *Hueck*, KSchG, Einl., Rdnr. 88; *Stahlhacke*, Kündigung, Rdnr. 65.

[44] BAG AP Nr. 2 zu § 184 BGB; BAG AP Nr. 1 zu § 22 KSchG; BAG 12, 60 (65); *Bleistein*, Kündigung, Rdnr. 57; *Galperin*, BB 1966, 1461; *Friedrich*, GK-KSchG, § 13, Rdnr. 118; *Hueck*, KSchG, § 13, Rdnr. 39 ff.; *Konzen*, Anm. zu BAG AP Nr. 1 zu § 1 KSchG 1969; *Wenzel*, MDR 1978, 897.

[45] Unter Bezugnahme auf die Entstehungsgeschichte so auch *Erman / Brox*, § 138 BGB, Rdnr. 30; MünchKomm - *Mayer-Maly*, § 138 BGB, Rdnr. 14; *Staudinger / Dilcher*, § 138 BGB, Rdnr. 7.

[46] Vgl. dazu MünchKomm - *Mayer-Maly*, § 138 BGB, Rdnr. 22 ff.; *Staudinger / Dilcher*, § 138 BGB, Rdnr. 20 ff.

[47] BAG AP Nr. 1 zu § 22 KSchG; *Auffarth / Müller*, KSchG, § 7, Rdnr. 19; *Stahlhacke*, Kündigung, Rdnr. 63.

d. h. kleinlichen, nichtssagenden Gründen[48] erfolgen. Im früheren Recht wurde dies durch § 7 Abs. 1 S. 3 KSchG[49] ausdrücklich festgestellt. Da durch die Aufhebung dieser Vorschrift keine Neudefinition der Sozialwidrigkeit erfolgen sollte, hat sich daran bis heute nichts geändert[50].

Der schwere Vorwurf der Sittenwidrigkeit einer Kündigung kommt deshalb nur „in besonders krassen Fällen in Betracht"[51]. Nur ausnahmsweise, wenn besondere Umstände vorliegen, insbesondere wenn eine Kündigung „aus verwerflichen Gründen, etwa aus Rachsucht oder zur Vergeltung ausgesprochen wird", ist sie als sittenwidrig anzusehen[52].

2. Bedeutung des § 138 BGB gegenüber altersbedingten Kündigungen

Diese strengen Maßstäbe sind auch zur Untersuchung der Frage heranzuziehen, ob altersbedingte Kündigungen wegen Verstoßes gegen § 138 BGB nichtig sind. In Rechtsprechung und Schrifttum finden sich dazu nur vereinzelte Stellungnahmen.

Das Bundesarbeitsgericht hat die Kündigung eines langjährig beschäftigten älteren Arbeitnehmers wegen Ungeeignetheit für einen bestimmten Arbeitsplatz nicht als sittenwidrig angesehen[53]. Das Landesarbeitsgericht Hamburg hat die Kündigung eines 67jährigen Arbeitnehmers, auf den das KSchG keine Anwendung fand, „mit Rücksicht auf die Besetzung von Arbeitsplätzen durch die nachfolgende Generation" für berechtigt erklärt[54]. In der Literatur lehnt Brill ausdrücklich die Anwendung des § 138 BGB auf altersbedingte Kündigungen ab[55].

---

[48] *Auffarth / Müller*, KSchG, § 7, Rdnr. 20; *Friedrich*, GK-KSchG, § 13, Rdnr. 119.

[49] KSchG v. 10. 8. 1951 (BGBl. I S. 499).

[50] So auch *Friedrich*, GK-KSchG, § 13, Rdnr. 123; *Hueck*, KSchG, § 13, Rdnr. 39; *Konzen*, Anm. zu BAG AP Nr. 1 zu § 1 KSchG 1969; *Stahlhacke*, Kündigung, Rdnr. 63; *Wenzel*, MDR 1978, 897.

[51] BAG 10, 207 (210); 28, 176 (184); BAG AP Nr. 32 zu § 138 BGB; BAG AP Nr. 18 zu § 102 BetrVG; *Auffarth / Müller*, KSchG, § 11, Rdnr. 22; *Wenzel*, MDR 1978, 897.

[52] Vgl. BAG AP Nr. 2 zu § 184 BGB; BAG AP Nr. 1 zu § 22 KSchG; BAG 12, 60 (65); 16, 21 (28); BAG AP Nr. 3 zu § 66 HGB; BAG AP Nr. 3 zu § 242 BGB (Auskunftspflicht); BAG AP Nr. 1 zu § 1 KSchG 1969; BAG AP Nr. 32 zu § 138 BGB; *Galperin*, BB 1966, 1461; *Friedrich*, GK-KSchG, § 13, Rdnr. 123; *Hueck*, KSchG, § 13, Rdnr. 40; *Konzen*, Anm. zu BAG AP Nr. 1 zu § 1 KSchG 1969; *Maus*, KSchG, § 13, Rdnr. 39; *Schmidt*, AR-Blattei, Kündigungsschutz VIII, C I.

[53] BAG AP Nr. 2 zu § 184 BGB.

[54] LAG Hamburg, ARSt VIII, Nr. 579; weitere Rechtsprechungsbeispiele bei *Weiler*, Problem, 170 ff.

[55] *Brill*, AR-Blattei, Kündigungsschutz V, B II 2.

Tatsächlich sind weder das fortgeschrittene Alter noch die vermutete Abnahme der Leistungsfähigkeit noch das Bestehen von Versorgungsansprüchen und die oben genannten betrieblichen Erwägungen, auf die eine altersbedingte Kündigung gestützt werden kann, willkürliche Kündigungsgründe. Solchermaßen begründete Kündigungen beruhen auf durchaus sinnvollen und beachtlichen Überlegungen, auch wenn sie nur ausnahmsweise hinreichen, um eine Kündigung sozial rechtfertigen zu können. Besondere Umstände, die auf eine verwerfliche Gesinnung schließen lassen, ergeben sich daraus nicht. Auch die für ältere Arbeitnehmer typische lange Dauer der Betriebszugehörigkeit stellt nicht ohne weiteres einen solchen Umstand dar[56].

Es müssen also weitere Umstände hinzutreten, um eine altersbedingte Kündigung dem Verdikt der Sittenwidrigkeit unterfallen zu lassen. Dazu müssen die „gesamten Umstände des Falles gewürdigt werden“[57]. In diesem Zusammenhang könnte die Tatsache von Bedeutung sein, daß ein noch arbeitswilliger und -fähiger älterer Arbeitnehmer, dem gekündigt wurde, sehr häufig keine neue Arbeit finden wird. Er wird durch die Kündigung also möglicherweise zwangsweise arbeitslos und in ein für ihn unbefriedigendes Rentnerdasein gedrängt.

Das Bundesarbeitsgericht hat jedoch wiederholt betont, „daß allein die Schwere der Folgen einer Kündigung“ das schwerwiegende Werturteil der Sittenwidrigkeit einer Kündigung nicht zu rechtfertigen vermag[58]. Dem ist zuzustimmen, da die Nichtigkeitsfolge des § 138 BGB an die Sittenwidrigkeit des Rechtsgeschäfts selbst oder die mit ihm verbundene Zwecksetzung, nicht aber an mögliche nichtbeabsichtigte Folgen des Geschäfts, anknüpft.

Etwas anderes muß jedoch dann gelten, wenn der Arbeitgeber die Kündigung gegenüber dem älteren Arbeitnehmer gerade wegen der drohenden Arbeitslosigkeit ausspricht, wenn also darin oder in einer anderen negativen Auswirkung der Kündigung, wie z. B. einer erheblichen finanziellen Unterversorgung des Arbeitnehmers das eigentliche Kündigungsmotiv für den Arbeitgeber liegt. Die in diesem Fall beabsichtigte Schadenszufügung führt zur Sittenwidrigkeit der Kündigung und hat damit ihre Nichtigkeit zur Folge.

Eine zusätzliche Schwierigkeit für den älteren Arbeitnehmer besteht jedoch darin, daß er die Tatsachen, aus denen sich die Sittenwidrigkeit

---

56 Vgl. dazu aber *Auffarth / Müller*, KSchG, § 11, Anm. 22.

57 BAG 12, 60 (67); *Galperin*, BB 1966, 1461; *Schmidt*, AR-Blattei, Kündigungsschutz VIII, C I; *Wenzel*, MDR 1978, 897.

58 BAG 10, 207 (210); BAG AP Nr. 32 zu § 138 BGB; so auch ArbG Emden, ARSt. XXI, Nr. 397; *Bleistein*, Kündigung, Rdnr. 57; weitergehend aber *Auffahrt / Müller*, KSchG, § 11, Rdnr. 22.

der Kündigung ergibt, darlegen und im Streitfall beweisen muß[59]. Aus § 138 BGB folgt für den Arbeitgeber keineswegs die Pflicht, Gründe für die von ihm ausgesprochene Kündigung anzugeben[60]. Auch soweit eine solche Pflicht aufgrund anderer Vorschriften besteht[61], ist der Arbeitnehmer nicht davor geschützt, daß der Arbeitgeber falsche Gründe vorschiebt. Mit Recht ist darauf hingewiesen worden, daß der Arbeitgeber, „der sich in die Karten schauen läßt, also seine verwerflichen Motive aufdeckt, schlechter dasteht als derjenige, der sich in die Karten schauen läßt"[62].

Die Sittenwidrigkeit einer altersbedingten Kündigung wird der Arbeitnehmer somit aus tatsächlichen und prozessualen Gründen nur ausnahmsweise mit Erfolg geltend machen können. Die im Regelfall zur Begründung altersbedingter Kündigungen vorgetragenen Sachverhalte reichen dafür jedenfalls nicht aus.

III. Treuwidrigkeit altersbedingter Kündigungen

Schließlich könnte eine altersbedingte Kündigung auch gegen den in § 242 BGB verankerten Grundsatz von Treu und Glauben verstoßen[63].

Für Arbeitnehmer, auf die das KSchG Anwendung findet, bestimmt § 13 Abs. 3 KSchG allerdings, daß eine derartige Verletzung nur dann selbständig geltend gemacht werden kann, wenn sie auf anderen als den in § 1 Abs. 2 u. 3 KSchG bezeichneten Gründen beruht. Das KSchG hat nach allgemeiner Ansicht den Grundsatz von Treu und Glauben „soweit es um den Bestandsschutz und das Interesse des Arbeitnehmers an der Erhaltung seines Arbeitsplatzes geht" konkretisiert und abschließend geregelt[64]. Soweit diese Konkretisierung reicht, kann auf § 242 BGB zum Zwecke des Kündigungsschutzes nicht zurückgegriffen werden[65].

---

[59] BAG 16, 21 (28); BAG AP Nr. 3 zu § 242 BGB (Auskunftspflicht); BAG AP Nr. 32 zu § 138 BGB; BAG AP Nr. 18 zu § 102 BetrVG; *Friedrich*, GK-KSchG, § 13, Rdnr. 127; *Hueck*, KSchG, § 13, Rdnr. 40; *Schmidt*, AR-Blattei, Kündigungsschutz VIII, C II.

[60] Vgl. dazu auch *Hueck*, KSchG, § 13, Rdnr. 40 f.

[61] Vgl. § 626 Abs. 2 S. 3 BGB; § 102 Abs. 1 S. 2 BetrVG.

[62] Darauf weist *Schwerdtner* (MünchKomm, Vorb. 118 vor § 620 BGB; *ders.*, JZ 1973, 378) zu Recht kritisch hin; vgl. auch *Friedrich*, GK-KSchG, § 13, Rdnr. 129; *Hueck*, KSchG, § 13, Rdnr. 40.

[63] BAG 24, 438 (445), *Bleistein*, Kündigung, Rdnr. 58; *Herschel / Steinmann* KSchG, Rdnr. 3 vor § 1; *Hueck*, KSchG, Einl., Rdnr. 86 u. 89.

[64] BAG 8, 132 (140); 10, 207 (211); 16, 21 (27); 28, 176 (184); BAG AP Nr. 18 zu § 102 BetrVG; *Bleistein*, Kündigung, Rdnr. 58; *Bopp*, Kündigung, 182; *Galperin*, BB 1966, 1462; *Friedrich*, GK-KSchG, § 13, Rdnr. 232; *Maus*, KSchG, Einl., Rdnr. 9.

[65] Vorübergehend nahm der zweite Senat des BAG (16, 21 (26)) eine vollständige Konsumtion des § 242 BGB an; diese Auffassung hat das BAG

Diese eingeschränkte Bedeutung des § 242 BGB gilt auch für Arbeitnehmer, die nicht dem KSchG unterfallen[66]. Anderenfalls würde die vom Gesetzgeber gewollte abschließende Regelung des Kündigungsschutzes bei sozialwidrigen Kündigungen mit Hilfe des § 242 BGB unterlaufen[67]. Da die Arbeitnehmer, die vom Geltungsbereich des KSchG ausgenommen sind, überdies an dessen Beschränkungen nicht gebunden wären, ständen sie sich besser als die Arbeitnehmer, auf die das KSchG Anwendung findet[68]. Dies entspricht nicht dem Sinn und Zweck des KSchG[69].

Eine Kündigung kann deshalb nur dann gegen § 242 BGB verstoßen, wenn sie aus Gründen, die von § 1 KSchG nicht erfaßt sind, Treu und Glauben verletzt[70]. Ein derartiger Verstoß kommt insbesondere in Betracht, wenn der Arbeitgeber den Tatbestand des widersprüchlichen Verhaltens verwirklicht[71] oder in verletzender Form kündigt[72]. Die zur Begründung altersbedingter Kündigungen regelmäßig angeführten Sachverhalte verstoßen gegen keinen dieser Tatbestände. Um eine Verletzung des § 242 BGB annehmen zu können, müssen vielmehr weitere Umstände hinzutreten, die nicht typisch sind für altersbedingte Kündigungen[73] und hier deshalb unberücksichtigt bleiben sollen.

Im Regelfall verstoßen altersbedingte Kündigungen also weder gegen ein gesetzliches Verbot noch gegen die Generalklauseln der §§ 138, 242 BGB. Für ältere Arbeitnehmer, auf die § 1 KSchG nicht anzuwenden ist, besteht demnach gegenüber Zwangspensionierungen mit 65 Jahren kein wirksamer Kündigungsschutz.

---

später ausdrücklich wieder aufgegeben vgl. BAG 24, 292 (298); BAG 28, 176 (184); *Bleistein*, Kündigung, Rdnr. 58; *Bopp*, Kündigung, 182; *Galperin*, BB 1966, 1463; *Friedrich*, GK-KSchG, § 13, Rdnr. 232; *Hueck*, KSchG, Einl., Rdnr. 86; *Schmidt*, AR-Blattei, Kündigungsschutz VIII, D I.

[66] BAG 8, 132 (141); 10, 207 (211); BAG AP Nr. 18 zu § 102 BetrVG; *Friedrich*, GK-KSchG, § 13, Rdnr. 233; *Hueck*, KSchG, Einl., Rdnr. 89; *Maus*, KSchG, Einl., Rdnr. 10; *Stahlhacke*, Kündigung, Rdnr. 67; insoweit abweichend *Herschel / Steinmann*, KSchG, Rdnr. 3 a vor § 1.

[67] BAG AP Nr. 18 zu § 102 BetrVG; *Friedrich*, GK-KSchG, § 13, Rdnr. 233; *Hueck*, KSchG, Einl., Rdnr. 89; *Maus*, KSchG, Einl., Rdnr. 10; *Stahlhacke*, Kündigung, Rdnr. 67.

[68] *Hueck*, KSchG, Einl., Rdnr. 89.

[69] *Friedrich*, GK-KSchG, § 13, Rdnr. 233.

[70] BAG 8, 132 (141); 10, 207 (211); 24, 292 (299); 24, 438 (445); BAG AP Nr. 18 zu § 102 BetrVG; *Bopp*, Kündigung, 182; *Friedrich*, GK-KSchG, § 13, Rdnr. 232; *Hueck*, KSchG, Einl., Rdnr. 87.

[71] BAG 8, 132 (141); 24, 292 (299); 28, 176 (184); *Bopp*, Kündigung, 182; *Friedrich*, GK-KSchG, § 13, Rdnr. 236; *Hueck*, KSchG, Einl., Rdnr. 87; *Schmidt*, Kündigungsschutz VIII, D II; *Stahlhacke*, Kündigung, Rdnr. 67.

[72] BAG 28, 176 (184); *Bleistein*, Kündigung, Rdnr. 85; *Bopp*, Kündigung, 182; *Friedrich*, GK-KSchG, § 13, Rdnr. 243; *Schmidt*, Kündigungsschutz VIII, D II, *Stahlhacke*, Kündigung, Rdnr. 68.

[73] Vgl. dazu *Bopp*, Kündigung, 182; *Friedrich*, GK-KSchG, § 13, Rdnr. 238; *Schmidt*, Kündigungsschutz VIII, D II; *Weiler*, Problem, 181 ff.

Vierter Teil

Zulässigkeit individualrechtlich vereinbarter Altersgrenzen

§ 10 Grundlagen für die rechtliche Beurteilung von Altersgrenzen im Einzelarbeitsvertrag

Da altersbedingte Kündigungen gegenüber Arbeitnehmern, die dem Kündigungsschutzgesetz unterliegen, weitgehend unwirksam sind, wird vielfach versucht, eine Beendigung von Arbeitsverhältnissen bei Vollendung des 65. Lebensjahres durch die vertragliche Festsetzung einer Altersgrenze herbeizuführen.

I. Tatsächliche Ausgangslage

Die einzelvertragliche Vereinbarung von Altersgrenzen ist zwar nicht allgemein üblich, aber doch von erheblicher zahlenmäßiger Bedeutung[1]. Durch die Bezugnahme auf das 65. Lebensjahr soll Art. 6 § 5 Abs. 2 RRG Rechnung getragen werden. Nach dieser Vorschrift gelten Vereinbarungen, die die Beendigung des Arbeitsverhältnisses zu einem Zeitpunkt vorsehen, in dem der Arbeitnehmer vor Vollendung des 65. Lebensjahres Altersruhegeld aus der gesetzlichen Rentenversicherung beantragen kann, als auf die Vollendung des 65. Lebensjahres abgeschlossen.

Zur sachlichen Rechtfertigung vertraglich vereinbarter Altersgrenzen werden insbesondere die nachfolgenden Gründe vorgetragen:

1. Die Vereinbarung einer auf die Vollendung des 65. Lebensjahres bezogenen Altersgrenze entspreche der Üblichkeit.
2. Die Vereinbarung einer auf die Vollendung des 65. Lebensjahres bezogenen Altersgrenze sei aus beschäftigungspolitischen Gründen gerechtfertigt.
3. Die Vereinbarung einer auf die Vollendung des 65. Lebensjahres bezogenen Altersgrenze sei begründet, weil der Arbeitnehmer aufgrund seines Alters Leistungen der gesetzlichen und gegebenenfalls auch der betrieblichen Altersversorgung in Anspruch nehmen könne.

[1] Siehe dazu oben § 2 I.

4. Die Vereinbarung einer auf die Vollendung des 65. Lebensjahres bezogenen Altersgrenze sei gerechtfertigt, weil in diesem Alter die Leistungsfähigkeit des Arbeitnehmers erfahrungsgemäß abnehme, jedenfalls verhindere sie lästige Auseinandersetzungen über die tatsächliche Leistungsfähigkeit im Alter.

5. Die Vereinbarung einer auf die Vollendung des 65. Lebensjahres bezogenen Altersgrenze diene der Gesundheit des Arbeitnehmers.

6. Die Vereinbarung einer auf die Vollendung des 65. Lebensjahres bezogenen Altersgrenze verhindere eine Überalterung des Betriebes.

7. Die Vereinbarung einer auf die Vollendung des 65. Lebensjahres bezogenen Altersgrenze eröffne kalkulierbare Aufstiegschancen für Nachwuchskräfte.

II. Rechtsnatur der Altersgrenzenregelung

Um die Zulässigkeit vertraglich vereinbarter Altersgrenzen beurteilen zu können, muß zuvor deren Rechtsnatur bestimmt werden. Überwiegend wird die Vereinbarung einer Altersgrenze als Befristung des Arbeitsverhältnisses in der besonderen Form der Höchstbefristung angesehen[2]. Eine Gegenansicht sieht Altersgrenzen allerdings als auflösende Bedingungen des Arbeitsvertrages bzw. Vereinbarungen eines aufschiebend bedingten Aufhebungsvertrages[3] an.

Nach beiden Auffassungen soll die Vereinbarung einer Altersgrenze zur Beendigung des Arbeitsverhältnisses spätestens bei Erreichen des festgesetzten Lebensalters führen. Bevor der Arbeitnehmer die Altersgrenze erreicht, besteht allerdings die Möglichkeit, das Arbeitsverhältnis sowohl durch ordentliche als auch durch außerordentliche Kündigung zu beenden. Von dieser übereinstimmenden Auslegung ist bei der rechtlichen Qualifizierung der Altersgrenzenregelung auszugehen.

Grundsätzlich werden Befristung und Bedingung danach unterschieden, ob der Eintritt bestimmter Rechtswirkungen, von einem zukünfti-

---

[2] *Bötticher*, Anm. zu BAG SAE 1962, 173 f.; *Brill*, AR-Blattei, Kündigungsschutz V, B I; *ders.*, AR-Blattei, Arbeitsvertrag — Arbeitsverhältnis VIII A, IV; *Hillebrecht*, GK-KSchG, § 620 BGB, Rdnr. 188; Jungen Altersgrenze, 33; *Kunkel*, GmbH-Rundschau 1954, 134; *Molitor / Bürger*, AR-Blattei, Arbeitsvertrag — Arbeitsverhältnis VIII, B III 1; *Osswald*, Der Arbeitgeber 1953, 965; *Säcker*, RdA 1976, 92 ff.; *Weiler*, Problem, 196; *Wiedemann*, Typologie, 407 f.; *Zöllner*, Gutachten, D 124.

[3] *Auffarth / Müller*, KSchG, § 1, Rdnr. 190; *Konzen*, ZfA 1978, 501; MünchKomm - *Schwerdtner*, § 620 BGB, Rdnr. 2 u. 33; *Sieg*, Anm. zu BAG SAE 1978, 21.

gen gewissen oder ungewissen Ereignis abhängig ist[4]. Im ersten Fall liegt eine Befristung vor, im zweiten Fall handelt es sich um eine Bedingung. Bei der Vereinbarung einer Altersgrenze steht fest, in welchem Zeitpunkt der Arbeitnehmer die im Arbeitsvertrag vorgesehene Altersgrenze erreicht. Allerdings ist ungewiß, ob er bis dahin in seinem Arbeitsverhältnis verbleibt. Dieser Fall des dies incertus an, certus quando wird im zivilrechtlichen Schrifttum überwiegend als Bedingung angesehen[5].

Allerdings ist letztlich der im Rahmen der Auslegung zu berücksichtigende Parteiwille entscheidend[6]. Gehen die Parteien davon aus, daß das Arbeitsverhältnis bis zum Erreichen der vereinbarten Altersgrenze andauern wird, liegt eine Befristung vor. Erscheint hingegen die Fortsetzung des Arbeitsverhältnisses bis zu diesem Zeitpunkt ungewiß, ist von der Vereinbarung einer auflösenden Bedingung bzw. eines aufschiebend bedingten Aufhebungsvertrages auszugehen.

Ein befristeter Arbeitsvertrag kann üblicherweise außer durch Zeitablauf nur bei Vorliegen eines wichtigen Grundes durch außerordentliche Kündigung beendet werden[7]. Er erhält dadurch eine erhebliche Bestandssicherheit. Die Vereinbarung einer Altersgrenze schließt jedoch die vorzeitige Beendigung im Wege einer ordentlichen Kündigung nicht aus. Die Frage, ob der Arbeitnehmer bis zum Erreichen der Altersgrenze beschäftigt bleibt, ist deshalb für beide Vertragsparteien mit einem großen Unsicherheitsmoment versehen.

Außerdem ist bei der Auslegung zu berücksichtigen, daß zwischen der Vereinbarung einer Altersgrenze und ihrem tatsächlichen Erreichen regelmäßig ein sehr langer Zeitraum liegt[8]. Die Fortdauer des Arbeitsverhältnisses ist deshalb durch weitere Unsicherheitsfaktoren belastet. Der Arbeitnehmer kann vorzeitig erwerbs- oder berufsunfähig werden oder vorgezogenes Altersruhegeld aus der gesetzlichen Rentenversicherung in Anspruch nehmen. Es kann zu einer Beendigung

---

[4] *Erman / Hefermehl*, § 163 BGB, Rdnr. 1; MünchKomm - *Westermann*, § 163 BGB, Rdnr. 1 f.; *Soergel / Knopp*, § 163 BGB, Rdnr. 1; *Staudinger / Dilcher*, § 163 BGB, Rdnr. 1 f.; *v. Tuhr*, BGB II/2, § 83 I.

[5] Vgl. *Soergel / Knopp*, § 163 BGB, Rdnr. 2; *v. Tuhr*, BGB II/2, § 83 I; a. A. *Erman / Hefermehl*, § 163 BGB, Rdnr. 1.

[6] So *Erman / Hefermehl*, § 163 BGB, Rdnr. 1; MünchKomm - *Westermann*, § 163 BGB, Rdnr. 2; *Soergel / Knopp*, § 163 BGB, Rdnr. 2; *Staudinger / Dilcher*, § 163 BGB, Rdnr. 2.

[7] Vgl. BAG AP Nr. 55 zu § 620 BGB (Befristeter Arbeitsvertrag) *Hillebrecht* (GK-KSchG, § 620 BGB, Rdnr. 44) bezeichnet die Möglichkeit einer ordentlichen Kündigung als atypisch; vgl. auch *Molitor / Bürger*, AR-Blattei, Arbeitsvertrag — Arbeitsverhältnis VIII, B II.

[8] Vgl. zu diesem Auslegungskriterium MünchKomm - *Westermann*, § 163 BGB, Rdnr. 2; *Soergel / Knopp*, § 163 BGB, Rdnr. 2.

des Arbeitsverhältnisses durch den Tod des Arbeitnehmers kommen. Arbeitgeber oder Arbeitnehmer können das Arbeitsverhältnis schließlich durch Kündigung beenden.

Wegen dieser — den Vertragsparteien durchaus bewußten — Unsicherheitsfaktoren ist im Regelfall die Vereinbarung einer Altersgrenze als auflösende Bedingung des Arbeitsvertrages bzw. als aufschiebend bedingter Aufhebungsvertrag anzusehen.

Eine Befristung des Arbeitsverhältnisses wird man nur ausnahmsweise dann annehmen können, wenn zwischen der Vereinbarung einer Altersgrenze und ihrem vorgesehenen Eintritt ein überschaubarer Zeitraum liegt. In diesem Fall werden die Parteien davon ausgehen, daß der Arbeitnehmer die vereinbarte Altersgrenze auch tatsächlich erreicht. Der Ereigniseintritt wird also als gewiß angesehen.

III. Maßstäbe für die rechtliche Beurteilung individualrechtlich vereinbarter Altersgrenzen

1. Grundlagen für die rechtliche Beurteilung auflösend bedingter Arbeitsverträge

Im arbeitsrechtlichen Schrifttum wird der auflösend bedingte Arbeitsvertrag, ebenso wie der aufschiebend bedingte Aufhebungsvertrag, weitgehend als Unterfall des befristeten Arbeitsvertrages angesehen[9]. Die verschiedenen Regelungstypen werden deshalb nach den gleichen rechtlichen Maßstäben beurteilt. Eine neuere Ansicht im Schrifttum hält demgegenüber auflösend bedingte Arbeitsverträge im Gegensatz zu befristeten Arbeitsverträgen weitgehend für unzulässig[10].

Auch das Bundesarbeitsgericht hat ursprünglich die auflösende Bedingung und die Befristung gleich beurteilt[11]. Schon in einer Entscheidung aus dem Jahre 1974 hat der 2. Senat des Bundesarbeitsgerichts allerdings die Besonderheiten des zu entscheidenden Falles zum Anlaß

---

[9] So *Böhm*, Anm. zu BAG BB 1982, 371 f.; *Hueck*, A., Anm. zu BAG AP Nr. 2 zu § 620 BGB (Bedingung); *Hueck*, G., Anm. zu BAG AP Nr. 3 zu § 620 BGB (Bedingung); *Hueck*, KSchG, § 1, Rdnr. 52; *v. Hoyningen-Huene*, Anm. zu AG SAE 1980, 350; *Kraft*, Anm. zu BAG AP Nr. 55 zu § 620 BGB (Befristeter Arbeitsvertrag); MünchKomm - *Schwerdtner*, § 620 BGB, Rdnr. 65; *Schaudwet*, Anm. zu BAG SAE 1968, 135; *Sieg*, Anm. zu BAG SAE 1978, 21.

[10] *Däubler*, Arbeitsrecht 2, 321; *Falkenberg*, DB 1979, 591 f.; *Füllgraf*, NJW 1982, 738 f.; *Hillebrecht*, GK-KSchG, § 620 BGB, Rdnr. 52 ff.; *Reuter*, Anm. zu LAG Schleswig-Holstein EzA Nr. 5 zu § 305 BGB; *Sieg*, Anm. zu BAG SAE 1981, 8; *Staudinger / Neumann*, § 620 BGB, Rdnr. 21; *Zöllner*, Gutachten, D 125.

[11] Vgl. BAG AP Nr. 2 zu § 620 BGB (Bedingung).

genommen, teilweise abweichende Kriterien bei der Zulässigkeitsprüfung heranzuziehen[12]. Neuerdings hat derselbe Senat in einem obiter dictum die Auffassung der neueren Literaturansicht aufgegriffen und Bedenken dagegen angemeldet, „ob nach wie vor die Grundsätze für befristete Arbeitsverhältnisse auf auflösende Bedingungen übertragen werden können"[13]. Es spreche vieles dafür, „daß die auflösende Bedingung mit Ausnahme der Potestativbedingungen und Bedingungen, die den Arbeitnehmer nicht belasten, bei Arbeitsverhältnissen ein unzulässiges Gestaltungsmittel zur Beendigung des Arbeitsverhältnisses ist".

Letztlich geht es bei dieser Diskussion um die Frage, in welchem Ausmaß der auch im Arbeitsrecht anzuerkennende Grundsatz der Vertragsfreiheit im Interesse eines Bestandsschutzes der Arbeitsverhältnisse einer Einschränkung bedarf[14]. Nach Auffassung derjenigen, die Befristungen und auflösende Bedingungen in Arbeitsverträgen rechtlich übereinstimmend beurteilen, „liegt die Problematik für den Bestandsschutz des Arbeitsverhältnisses jeweils nahezu, wenn nicht sogar völlig, gleich"[15]. Die Gegenansicht steht demgegenüber auf dem Standpunkt, „daß der Gegensatz zur Funktion des Kündigungsschutzes noch zunimmt, wenn ein Arbeitsverhältnis nicht befristet, sondern auflösend bedingt wird"[16].

Ein Unterschied liege beispielsweise darin, daß „die Befristung allein im Zusammenhang mit ihren Begleitumständen als Verstoß gegen den Kündigungsschutz" erscheine, während die auflösende Bedingung unmittelbar auf eine Beendigung des Arbeitsverhältnisses durch Sachverhalte hinauslaufe, die der Gesetzgeber des KSchG nicht als Beendigungsgründe habe gelten lassen wollen[17]. Diesem Argument kann allerdings keine große Bedeutung beigemessen werden. Sowohl die Befristung als auch die auflösende Bedingung führen zu einer automatischen Beendigung des Arbeitsverhältnisses. Bei der Festlegung einer Altersgrenze sind beide Bestimmungen vom Eintritt eines zukünftigen Ereignisses — nämlich dem Erreichen eines bestimmten Lebensalters — abhängig, das vom KSchG nicht als Beendigungsgrund anerkannt ist.

Größeres Gewicht hat allerdings eine zweite Überlegung. Bei der Befristung wird ein fester Endpunkt für das Arbeitsverhältnis vereinbart, so daß beide Vertragsparteien die Möglichkeit haben, sich darauf

---

[12] Vgl. BAG AP Nr. 3 zu § 620 BGB (Bedingung).

[13] BAG BB 1982, 368 (370).

[14] *Hillebrecht*, GK-KSchG, § 620 BGB, Rdnr. 71 f.; siehe dazu auch unten § 10 III 2.

[15] *Hueck*, G., Anm. zu BAG AP Nr. 3 zu § 620 BGB (Bedingung); ähnlich auch MünchKomm - *Schwerdtner*, § 620 BGB, Rdnr. 65.

[16] *Reuter*, Anm. zu LAG Schleswig-Holstein EzA Nr. 5 zu § 305 BGB.

[17] So BAG BB 1982, 368 (370); *Hillebrecht*, GK-KSchG, § 620 BGB, Rdnr. 52; *Reuter*, Anm. zu LAG Schleswig-Holstein EzA Nr. 5 zu § 305 BGB.

rechtzeitig einzustellen[18]. Eine derart „sichere Erwartungsgrundlage für Dispositionen“ fehlt bei auflösend bedingten Arbeitsverhältnissen, wenn ungewiß ist, ob und wann das Ereignis eintritt, das zur Beendigung des Arbeitsverhältnisses führen soll (dies incertus an, incertus quando)[19].

Die Vereinbarung einer Altersgrenze stellt demgegenüber eine auflösende Bedingung dar, bei der lediglich das „ob“ des Ereigniseintritts, nicht aber sein Zeitpunkt ungewiß ist (dies incertus an, certus quando). In der Vorhersehbarkeit dieses Zeitpunktes stimmen derartige auflösende Bedingungen und Befristungen überein. Außerdem ist das Erreichen der Altersgrenze ähnlich wie der Ereigniseintritt bei Befristungen vom Einfluß und Willen des Arbeitgebers unabhängig. Deshalb können zumindest Altersgrenzenregelungen — unabhängig vom Streit über die rechtliche Behandlung auflösender Bedingungen im übrigen — grundsätzlich an den Voraussetzungen für die Zulässigkeit befristeter Arbeitsverträge gemessen werden.

Allerdings weisen Arbeitsverhältnisse, die durch das Erreichen einer bestimmten Altersgrenze auflösend bedingt sind, mehrere Unterschiede gegenüber befristeten Arbeitsverhältnissen auf, die bei der rechtlichen Beurteilung zu berücksichtigen sind. Insbesondere ist der Zeitpunkt zwischen dem Abschluß der jeweiligen Vertragsbestimmung und dem Ereigniseintritt bei der Vereinbarung einer Altersgrenze im Regelfall erheblich länger als bei einer Befristung. Deshalb lassen sich bei Vertragsschluß die weitere Entwicklung der betrieblichen Belange und der persönlichen Gegebenheiten des betroffenen Arbeitnehmers viel schwerer absehen.

Außerdem ist der Arbeitnehmer, der die vorgesehene Altersgrenze erreicht hat, wegen seines fortgeschrittenen Alters und der weitverbreiteten Vorurteile gegenüber älteren Arbeitnehmern kaum noch in der Lage, eine neue Arbeitsstelle zu finden. Das Erreichen der Altersgrenze führt für ihn also nicht nur zur Beendigung seines Arbeitsverhältnisses, sondern regelmäßig auch zur Beendigung seiner beruflichen Tätigkeit schlechthin. Diese Umstände machen es notwendig, dem Interesse des Arbeitnehmers am Bestand seines Arbeitsverhältnisses bei der rechtlichen Beurteilung vertraglicher Altersgrenzenregelungen ein besonderes Gewicht beizumessen[20].

---

[18] Vgl. *Falkenberg*, DB 1979, 591; *Hillebrecht*, GK-KSchG, § 620 BGB, Rdnr. 52; *Reuter*, Anm. zu LAG Schleswig-Holstein EzA Nr. 5 zu § 305 BGB.

[19] BAG BB 1982, 368 (370); *Falkenberg*, DB 1979, 591; *Reuter*, Anm. zu LAG Schleswig-Holstein EzA Nr. 5 zu § 305 BGB.

[20] Auch *Böhm*, (Anm. zu BAG BB 1982, 371) verlangt, daß auflösende Bedingungen „besonders streng auf ihre sachliche Begründung überprüft werden müssen“.

2. Grundlagen für die rechtliche Beurteilung befristeter Arbeitsverträge

Bei der Beurteilung der Zulässigkeit befristeter Arbeitsverträge ist die in § 620 Abs. 1 BGB konkretisierte Vertragsfreiheit einerseits und der dem Kündigungsschutzrecht zugrundeliegende Zweck eines wirksamen Bestandsschutzes von Arbeitsverhältnissen andererseits zu berücksichtigen. Wer befristete Arbeitsverträge grundsätzlich für unzulässig[21] oder stets für zulässig[22] erklärt, vernachlässigt eine dieser gesetzgeberischen Wertungen.

Rechtsprechung und herrschende Lehre versuchen, wenn auch mit unterschiedlichen dogmatischen Begründungen und dementsprechend unterschiedlichen Abgrenzungsmerkmalen, der Spannungslage zwischen Vertragsfreiheit und Bestandsschutzgarantie gerecht zu werden, indem sie zwischen zulässigen und unzulässigen Befristungsabreden unterscheiden. Um präzise Maßstäbe für die rechtliche Beurteilung einzelvertraglich vereinbarter Altersgrenzen gewinnen zu können, soll auf den Meinungsstand vorab eingegangen werden.

a) Umgehungstheorie des Bundesarbeitsgerichts

Die Rechtsprechung des Bundesarbeitsgerichts zur Zulässigkeit befristeter Arbeitsverträge beruht im wesentlichen auf dem Beschluß des Großen Senats aus dem Jahre 1960[23]. Das Bundesarbeitsgericht hält danach arbeitsvertragliche Befristungsregeln unter Hinweis auf den verfassungsrechtlich verankerten Grundsatz der Vertragsfreiheit (Art. 2 Abs. 1 GG) und die Regelung in § 620 Abs. 1 BGB für zulässig, soweit durch die Befristung keine zwingenden Bestimmungen des Kündigungsschutzrechts umgangen werden[24].

Eine Gesetzesumgehung liegt nach Ansicht des Bundesarbeitsgerichts vor, wenn der durch das Kündigungsschutzrecht bezweckte Bestands-

---

[21] So *Dammann*, AuR 1978, 72; *Linder*, DB 1975, 2084 f.; beide halten Befristungsabreden in Arbeitsverträgen nur dann ausnahmsweise für zulässig, wenn die Befristung dem ausdrücklichen Wunsch des Arbeitnehmers entspricht; gegen diese Auffassung ausdrücklich *Leipold*, ZfA 1976, 339; *Otte*, Zeitvertrag, 43, 61 f.; *Wiedemann / Palenberg*, RdA 1977, 87.

[22] So *Wolf / van Gelder*, Anm. zu BAG SAE 1970, 123; *van Gelder / Leinemann*, Übungen, 21 f.; gegen diese Auffassung ausdrücklich BAG AP Nr. 35 zu § 620 BGB (Befristeter Arbeitsvertrag).

[23] Vgl. AP Nr. 16 zu § 620 BGB (Befristeter Arbeitsvertrag); zunächst hat das BAG die Zulässigkeit befristeter Arbeitsverträge unter Hinweis auf das Sozialstaatsprinzip und den kündigungsrechtlichen Bestandsschutz auf die Fälle beschränkt, in denen ein verständiger Arbeitgeber den Arbeitnehmer nur auf Zeit eingestellt hätte; vgl. BAG AP Nr. 7, 8, 14 zu § 1 KSchG; AP Nr. 15 zu § 620 BGB (Befristeter Arbeitsvertrag).

[24] BAG GS AP Nr. 16 zu § 620 BGB (Befristeter Arbeitsvertrag).

schutz durch einen Mißbrauch rechtlicher Gestaltungsmittel vereitelt wird[25]. Für die Beurteilung der Zulässigkeit einer Befristung komme es allerdings allein auf die objektiv funktionswidrige Verwendung der Befristungsabrede und nicht auf die — im Einzelfall schwer zu beweisende — subjektive Umgehungsabsicht an[26]. Eine funktionswidrige Verwendung befristeter Arbeitsverträge wird vom Bundesarbeitsgericht angenommen, wenn bei Abschluß des Vertrages sachlich gerechtfertigte Gründe für die Befristung oder deren Dauer fehlten[27].

Bei der Prüfung, ob ein sachlicher Grund für die Befristungsregelung vorliegt, nimmt das Bundesarbeitsgericht darauf Bezug, was verständige und verantwortungsbewußte Parteien zu vereinbaren pflegen[28]. Es geht dabei von generellen Überlegungen, wie insbesondere der Üblichkeit im Arbeitsleben, aus[29]. Diese generellen Überlegungen müssen zurücktreten, wenn die konkreten Umstände des Einzelfalles ein „solches Gewicht haben, daß es geboten ist, sie vor den generellen Umständen zu berücksichtigen“[30].

Die Beweislast für das Fehlen eines sachlichen Grundes weist das Bundesarbeitsgericht dem Arbeitnehmer zu[31]. Ihm wird lediglich eine Beweiserleichterung nach den Grundsätzen über den Anscheinsbeweis zugebilligt. Fehlt es an einem sachlichen Grund für die Befristung, tritt nach Auffassung des Bundesarbeitsgerichts an die Stelle des befristeten Arbeitsverhältnisses ein Arbeitsverhältnis auf unbestimmte Dauer[32].

---

[25] BAG GS AP Nr. 16 zu § 620 BGB (Befristeter Arbeitsvertrag).

[26] Eine subjektive Umgehungsabsicht hat das Reichsarbeitsgericht verlangt, das im übrigen Befristungen allenfalls bei sogenannten Kettenarbeitsverträgen, also beim Abschluß mehrerer aufeinanderfolgender befristeter Arbeitsverträge für unzulässig hielt; vgl. die zusammenfassende Darstellung in RAG ARS 32, 174 (175 ff.).

[27] Auf die Notwendigkeit einer sachlichen Rechtfertigung auch der Vertragsdauer verweisen BAG AP Nr. 26, 40, 46, 50, 52, 56 zu § 620 BGB (Befristeter Arbeitsvertrag).

[28] BAG GS Nr. 16 zu § 620 BGB (Befristeter Arbeitsvertrag); vgl. dazu auch BAG AP Nr. 32, 38, 50 zu § 620 BGB (Befristeter Arbeitsvertrag).

[29] BAG GS AP Nr. 16 zu § 620 BGB (Befristeter Arbeitsvertrag); zum Kriterium der Üblichkeit vgl. auch BAG AP Nr. 32, 35, 37, 38, 40, 46 zu § 620 BGB (Befristeter Arbeitsvertrag).

[30] So BAG AP Nr. 50 zu § 620 BGB (Befristeter Arbeitsvertrag); ähnlich auch BAG AP Nr. 35, 37, 38, 40, 46 zu § 620 BGB (Befristeter Arbeitsvertrag).

[31] BAG GS AP Nr. 16 zu § 620 BGB (Befristeter Arbeitsvertrag); zustimmend BAG AP Nr. 19, 20, 35 zu § 620 BGB (Befristeter Arbeitsvertrag); neuerdings hat der 2. Senat Zweifel an der Richtigkeit dieser Beweislastverteilung geübt; vgl. BAG AP Nr. 47 zu § 620 BGB (Befristeter Arbeitsvertrag).

[32] BAG GS AP Nr. 16 zu § 620 BGB (Befristeter Arbeitsvertrag); ähnlich BAG AP Nr. 43, 47, 51, 55, 56 zu § 620 BGB (Befristeter Arbeitsvertrag).

Das arbeitsrechtliche Schrifttum ist der Umgehungsrechtsprechung des Bundesarbeitsgerichts vielfach gefolgt[33]. Mit dem Rückgriff auf die Theorie der objektiven Gesetzesumgehung haben sich das Bundesarbeitsgericht und die ihm folgende Literatur jedoch auf ein seit jeher sehr umstrittenes Feld begeben. Im zivilrechtlichen Schrifttum wird dem Institut der Gesetzesumgehung nahezu einhellig eine eigenständige Bedeutung abgesprochen[34].

Das „in fraudem legis agere" war schon im römischen Recht bis in die Zeit der Klassiker hinein von der Gesetzesverletzung begrifflich nicht zu trennen[35]. Teichmann hat in einer umfangreichen Untersuchung darauf hingewiesen, daß sich der Anwendungsbereich der Gesetzesumgehung mit dem der Auslegung und richterlichen Rechtsfortbildung deckt[36]. Tatsächlich wird beim Umgehungsgeschäft unter Vernachlässigung des Normzwecks entweder die umgangene Norm zu eng oder die Umgehungsnorm zu weit interpretiert. Einer derartigen Abweichung zwischen den verba und der sententia legis trägt in der modernen zivilistischen Methodik die teleologische Auslegung oder die am Normzweck orientierte Lückenausfüllung bereits Rechnung[37]. Das Institut der Gesetzesumgehung ist deshalb entbehrlich.

Das Bundesarbeitsgericht ist in seiner Rechtsprechung zur Zulässigkeit befristeter Arbeitsverträge auf diese Bedenken nicht eingegangen. Es hätte jedoch insbesondere deshalb nahegelegen, die anerkannten Methoden der Auslegung und Rechtsfortbildung heranzuziehen, weil die vom Bundesarbeitsgericht zu recht vorgenommene Differenzierung zwischen zulässigen und unzulässigen Befristungen durch das Kriterium der Gesetzesumgehung nicht ermöglicht wird. Befristungsabreden, die dem Arbeitnehmer den gesetzlichen Kündigungsschutz neh-

---

[33] *Bobrowski / Gaul*, Arbeitsrecht I, C III, Rdnr. 10 f.; *Falkenberg*, DB 1971, 432 ff.; *Frey*, Anm. zu BAG AuR 1962, 94; *Herschel / Steinmann*, KSchG, § 1, Rdnr. 14 a; *Mayer-Maly*, SAE 1963, 192; *Wohnseifer*, Probleme, 35 ff.; *Zöllner*, Arbeitsrecht, 177; ähnlich *Däubler*, Arbeitsrecht 2, 318; *Hillebrecht*, GK-KSchG, § 620 BGB, Rdnr. 91.

[34] *Flume*, Rechtsgeschäft, 350 f., 408 f.; *Lange / Köhler*, Allgemeiner Teil, 376, 400 f.; *Lehmann / Hübner*, Allgemeiner Teil, 195; MünchKomm - *Kramer*, § 117 BGB, Rdnr. 18; *Soergel / Hefermehl*, § 134 BGB, Rdnr. 38; *Staudinger / Dilcher*, § 117 BGB, Rdnr. 36; *Staudinger / Schmidt*, § 242 BGB, Rdnr. 244 u. 689; *Teichmann*, Gesetzesumgehung, passim; im arbeitsrechtlichen Schrifttum zustimmend *Blomeyer*, RdA 1967, 407; *Schröter*, Arbeitsverträge, 43; *Westhoff*, Inhaltskontrolle, 25.

[35] So *Teichmann*, Gesetzesumgehung, 3 f.; vgl. zum römisch-rechtlichen Ursprung des Instituts auch *Flume*, Rechtsgeschäft, 350.

[36] *Teichmann*, Gesetzesumgehung, 105 f.; speziell zur Problematik befristeter Arbeitsverträge vgl. 53 ff.

[37] *Flume*, Rechtsgeschäft, 409; MünchKomm - *Kramer*, § 117 BGB, Rdnr. 18.

men, müßten unter dem Gesichtspunkt der Gesetzesumgehung generell unzulässig sein[38].

Um einen Differenzierungsmaßstab zu erhalten, greift das Bundesarbeitsgericht auf das Institut des Rechtsmißbrauchs zurück[39]. Es spricht von einem „Mißbrauch der rechtlichen Gestaltungsmöglichkeiten", bei „objektiv funktionswidriger" Verwendung der Befristungsabrede. Damit knüpft das Bundesarbeitsgericht an den Begriff des Rechtsmißbrauchs im institutionellen Sinn an[40]. Gegen das Verbot des institutionellen Rechtsmißbrauchs verstößt derjenige, „der eine Norm zweck- und funktionswidrig benutzt"[41].

Maßstäbe für die Beurteilung der Frage, ob eine funktionswidrige Verwendung befristeter Arbeitsverträge vorliegt, lassen sich aber nicht aus dem Kriterium des Rechtsmißbrauchs, sondern nur aus der ratio legis der Kündigungsschutzbestimmungen und des § 620 BGB gewinnen[42]. Letztlich geht es also um eine „Konkretisierung des Norminhaltes anhand des Normzweckes"[43]. Als methodische Instrumente bieten sich dafür erneut die teleologische Auslegung und die am Normzweck orientierte Rechtsfortbildung an[44].

Ungeklärt bleibt bei der Umgehungsrechtsprechung auch die Begründung dafür, warum das befristete Arbeitsverhältnis bei Unzulässigkeit der Befristungsabrede als unbefristetes weiterbestehen soll. Dazu greift das Bundesarbeitsgericht mehrfach auf das Mittel der Vertragsumdeutung (§ 140 BGB) zurück[45]. Eine Umdeutung setzt jedoch voraus, daß die Arbeitsvertragsparteien einen unbefristeten Arbeitsvertrag gewollt hätten, wenn ihnen die Unwirksamkeit der Befristungsabrede bekannt gewesen wäre. Davon kann jedoch zumindest für die Person des Ar-

---

[38] Vgl. dazu auch *Grotheer*, Arbeitsverhältnis, 51; *Kraft*, Anm. zu BAG AP Nr. 50 zu § 620 BGB (Befristeter Arbeitsvertrag); *Otte*, Zeitvertrag, 73 f.; *Wiedemann / Palenberg*, RdA 1977, 87.

[39] BAG GS AP Nr. 16 zu § 620 BGB (Befristeter Arbeitsvertrag), ausdrücklich zustimmend *Säcker*, RdA 1976, 95.

[40] Die Unterscheidung zwischen individuellem und institutionellem Rechtsmißbrauch geht auf *Esser* (*Esser / Schmidt*, Schuldrecht I, 46 ff.) zurück; vgl. dazu auch *Rebe*, Privatrecht, 201 ff.; *Teichmann*, Gesetzesumgehung, 76.

[41] *Teichmann*, Gesetzesumgehung, 76; vgl. auch *Esser / Schmidt*, Schuldrecht I, 46 ff.; *Rebe*, Privatrecht, 201 f.

[42] Vgl. auch *Blomeyer*, RdA 1967, 408; *Grotheer*, Arbeitsverhältnis, 53; *Otte*, Zeitvertrag, 74 ff.; *Schröter*, Arbeitsverträge, 45.

[43] *Staudinger / Schmidt*, § 242 BGB, Rdnr. 680.

[44] *Teichmann* (Gesetzesumgehung, 77) will deshalb auf den Begriff des institutionellen Rechtsmißbrauchs ganz verzichten; vgl. auch *Gernhuber*, Formnichtigkeit, 155 f.; *Soergel / Mormann*, Vorb. 13 f. vor § 226 BGB.

[45] Vgl. BAG GS AP Nr. 16 zu § 620 (Befristeter Arbeitsvertrag); BAG AP Nr. 51, 55, 56 zu § 620 BGB (Befristeter Arbeitsvertrag).

beitgebers nicht ausgegangen werden[46]. Aus denselben Erwägungen muß auch die vom Bundesarbeitsgericht mitunter angedeutete Lösung über § 139 BGB scheitern[47].

In anderen Entscheidungen spricht das Bundesarbeitsgericht schließlich davon, daß der Arbeitgeber sich gegenüber dem Arbeitnehmer bei Fehlen sachlicher Gründe „nicht auf die Befristung berufen“[48] könne. Es bewertet damit unter erneutem Rückgriff auf das Institut des Rechtsmißbrauchs die Geltendmachung der Befristung durch den Arbeitgeber als unzulässige Rechtsausübung. Mit der Berufung auf die Befristungsabrede macht der Arbeitgeber aber weder einen Anspruch geltend noch übt er ein Gestaltungsrecht aus. Er weist lediglich auf die objektive Rechtslage hin. Eine durch das Kriterium des Rechtsmißbrauchs einschränkbare Ausübung subjektiver Rechte liegt deshalb nicht vor[49].

Insgesamt erweist sich die vom Bundesarbeitsgericht herangezogene Theorie der objektiven Gesetzesumgehung als dogmatisch wenig befriedigende Grundlage für die rechtliche Beurteilung befristeter Arbeitsverträge.

b) Fürsorgepflicht, Billigkeit, Entscheidungsfreiheit und Sozialstaatsprinzip als Maßstäbe für die rechtliche Beurteilung befristeter Arbeitsverträge

Im Schrifttum sind mehrfach Versuche unternommen worden, abweichend vom Bundesarbeitsgericht die Fürsorgepflicht, die Billigkeit, die rechtsgeschäftliche Entscheidungsfreiheit und das Sozialstaatsprinzip zur Inhaltskontrolle befristeter Arbeitsverträge heranzuziehen.

(1) Theorie der Fürsorgepflichtverletzung

Hueck und Nikisch haben die Vereinbarung sachlich nicht gerechtfertigter Befristungsabreden als eine Verletzung der Fürsorgepflicht

---

[46] So auch *Blomeyer*, RdA 1967, 408 FN 29; *Otte*, Zeitvertrag, 78 f.; a. A. *Hueck*, A., Anm. zu BAG AP Nr. 27 zu § 620 BGB (Befristeter Arbeitsvertrag).

[47] Vgl. dazu BAG AP Nr. 47, 54, 55 zu § 620 BGB (Befristeter Arbeitsvertrag); dagegen auch *Böhm*, Problematik, 79; *Grotheer*, Arbeitsverhältnis, 53; *Söllner*, Anm. zu BAG SAE 1966, 255; a. A. *Hueck*, A., Anm. zu BAG AP Nr. 27 zu § 620 BGB (Befristeter Arbeitsvertrag).

[48] So BAG AP Nr. 27, 43 zu § 620 BGB (Befristeter Arbeitsvertrag).

[49] So auch *Blomeyer*, RdA 1967, 408; *Böhm*, Problematik, 80; *Grotheer*, Arbeitsverhältnis, 52; *Otte*, Zeitvertrag, 78; *Söllner*, Anm. zu BAG SAE 1966, 255.

des Arbeitgebers angesehen[50]. Ein Verstoß gegen die Fürsorgepflicht sei eine positive Vertragsverletzung, die den Arbeitgeber schadensersatzpflichtig mache. Gemäß § 249 BGB habe er den Zustand herzustellen, der ohne Pflichtverletzung bestanden hätte. Der Arbeitgeber müsse sich deshalb so behandeln lassen, „wie wenn er den Arbeitnehmer auf unbestimmte Zeit eingestellt hätte"[51].

Selbst wenn man die Existenz einer speziellen arbeitsrechtlichen Fürsorgepflicht des Arbeitgebers anerkennt[52], bestehen gegen diese Auffassung Bedenken. Insbesondere ist zweifelhaft, ob bereits bei Vereinbarung der Befristungsabrede, die regelmäßig mit dem allgemeinen Vertragsschluß zusammenfällt, eine arbeitsrechtliche Fürsorgepflicht besteht[53]. Außerdem müßte der Arbeitnehmer, der sich auf eine derartige Fürsorgepflichtverletzung beruft, nicht nur das Fehlen eines sachlichen Grundes für die Befristung, sondern zusätzlich auch ein Verschulden des Arbeitgebers nachweisen. Damit wird erneut ein subjektives Moment in die rechtliche Beurteilung befristeter Arbeitsverträge eingeführt, das sich zur Abgrenzung von unzulässigen und zulässigen Befristungen wenig eignet[54].

Bedenken gegen die von Hueck und Nikisch vertretene Ansicht ergeben sich auch aus der Überlegung, daß die Fürsorgepflicht aus dem in § 242 BGB verankerten Grundsatz von Treu und Glauben entwickelt worden ist[55]. Ein Verstoß gegen Treu und Glauben führt nicht zur Unwirksamkeit rechtsgeschäftlicher Vereinbarungen, sondern allenfalls zur Unzulässigkeit der Rechtsausübung. Im Gegensatz dazu soll die Verletzung der aus § 242 BGB abgeleiteten Fürsorgepflicht die Unwirk-

---

[50] Vgl. *Hueck*, A., RdA 1953, 87; *ders.*, Anm. zu BAG AP Nr. 7 u. 14 zu § 1 KSchG; *ders.*, Anm. zu BAG AP Nr. 17, 27 zu § 620 BGB (Befristeter Arbeitsvertrag); *Nikisch*, BB 1955, 197; *ders.*, Arbeitsrecht I, 673; erwähnt wurde der Gedanke der Fürsorgepflichtverletzung schon vom Reichsarbeitsgericht vgl. RAG ARS 28, 343; 32, 174.

[51] *Hueck*, A., RdA 1953, 87; *Nikisch*, BB 1955, 197.

[52] Kritisch dazu *Schwerdtner*, Fürsorgetheorie, passim; vgl. auch *ders.*, Arbeitsrecht I, 209.

[53] Vgl. dazu *Böhm*, Problematik, 29 ff.; *Bötticher*, Anm. zu BAG SAE 1962, 28; *Grotheer*, Arbeitsverhältnis, 44 ff.; *Hillebrecht*, GK-KSchG, § 620 BGB, Rdnr. 84; MünchKomm - *Schwerdtner*, § 620 BGB, Rdnr. 22; *Wohnseifer*, Probleme, 20 ff.; *Säcker*, RdA 1976, 97; *Westhoff*, Inhaltskontrolle, 23; *Wolf*, M., Entscheidungsfreiheit, 201.

[54] So auch *Blomeyer*, RdA 1967, 406; *Böhm*, Problematik, 34 ff., 39; *Frey*, Anm. zu BAG AuR 1962, 95; *Falkenberg*, DB 1971, 432; *Grotheer*, Arbeitsverhältnis, 47; *Hillebrecht*, GK-KSchG, § 620 BGB, Rdnr. 84; *Koch*, BB 1978, 1220; *Säcker*, RdA 1976, 97; *Schröter*, Arbeitsverträge, 27; *Wiedemann / Palenberg*, RdA 1977, 86; vgl. auch *Hueck*, KSchG, § 1, Rdnr. 50.

[55] *Hueck / Nipperdey*, Lehrbuch I, 391; *Nikisch*, Arbeitsrecht I, 497.

samkeit von Vertragsbedingungen zur Folge haben. Damit dürfte die Funktion dieser Pflicht überspannt worden sein[56].

(2) Billigkeitskontrolle nach § 315 BGB

Eine auf Söllner zurückgehende Literaturansicht will die Befristungsabrede einer Billigkeitskontrolle nach § 315 BGB unterziehen, soweit der Arbeitnehmer sich „einer vom Arbeitgeber festgelegten Befristung des Arbeitsverhältnisses unterworfen" habe[57]. Eine Befristung entspreche nicht der Billigkeit, wenn ihr ein sachlicher Grund fehle. In diesem Fall könne das Arbeitsgericht durch Gestaltungsurteil das befristete Arbeitsverhältnis in ein unbefristetes umwandeln.

Nach seinem Wortlaut gilt § 315 BGB nur für Verträge, durch die einer Partei das Recht zur nachträglichen einseitigen Leistungsbestimmung zugestanden worden ist. Bei der Beurteilung befristeter Arbeitsverträge geht es jedoch nicht um die nachträgliche Ergänzung unvollständiger Verträge, sondern um die Kontrolle eines schon bei Vertragsschluß vollständigen Vertrages. Der Bundesgerichtshof hat den in § 315 BGB zum Ausdruck kommenden Rechtsgedanken allerdings auch zur Kontrolle vorformulierter allgemeiner Geschäftsbedingungen herangezogen[58]. Gegen eine allgemeine Inhaltskontrolle mit Hilfe dieser Vorschrift bestehen jedoch erhebliche Bedenken[59].

Insbesondere würde die im Bürgerlichen Recht vorgesehene abgestufte Kontrolle innervertraglicher Handlungen einerseits und zum Vertragsschluß führender Willenserklärungen andererseits außer acht gelassen. Nach Abschluß eines Vertrages wird von den Parteien eine gesteigerte Rücksichtnahme erwartet. Sie müssen das Gebot von Treu und Glauben beachten und bei einseitiger Leistungsbestimmung nach billigem Ermessen verfahren. Die Inhaltskontrolle bei Vertragsschluß wird demgegenüber lediglich durch die „negativen Grenznormen" der §§ 134, 138 BGB wahrgenommen[60].

---

[56] Vgl. *Molitor*, BB 1954, 504; *Westhoff*, Inhaltskontrolle, 23 f.

[57] *Söllner*, Anm. zu BAG SAE 1966, 256; vgl. auch *ders.*, Leistungsbestimmung, 137; *Böhm*, Problematik, 88 ff.; *Hillebrecht*, GK-KSchG, § 620 BGB, Rdnr. 90; *Säcker*, RdA 1976, 96.

[58] BGHZ 38, 183 (186); vgl. auch zur Diskussion um die Bedeutung des § 315 BGB bei der Kontrolle allgemeiner Geschäftsbedingungen, *Lukes*, NJW 1963, 1897 ff.; kritisch dazu *Esser / Schmidt*, Schuldrecht I, 106.

[59] Vgl. dazu *Blomeyer*, RdA 1967, 407; *Bötticher*, AuR 1967, 324; *Grotheer*, Arbeitsverhältnis, 26; *v. Hoyningen-Huene*, Billigkeit, 174; *Otte*, Zeitvertrag, 65 f.; *Schröter*, Arbeitsverträge, 61 f.; *Staudinger / Neumann*, § 620 BGB, Rdnr. 10; *Westhoff*, Inhaltskontrolle, 62 ff.

[60] Vgl. *Westhoff*, Inhaltskontrolle, 71 f.

(3) Theorie der rechtsgeschäftlichen Entscheidungsfreiheit

M. Wolf sieht in der rechtsgeschäftlichen Entscheidungsfreiheit eine allgemeine Voraussetzung für die Wirksamkeit von Willenserklärungen[61]. Die freie Willensentscheidung werde eingeschränkt, wenn der Arbeitgeber den Abschluß eines Arbeitsvertrages von der Anerkennung einer Befristungsabrede durch den Arbeitnehmer abhängig mache. Wegen der kurzfristig wichtigeren Einkommens- und Berufsausübungsinteressen werde der Arbeitnehmer gezwungen, auf die Vertragsbedingungen des Arbeitgebers einzugehen und auf einen dauerhaften Bestandsschutz seines Arbeitsverhältnisses zu verzichten. Eine Beeinträchtigung der Entscheidungsfreiheit entfiele nur dann, wenn der Arbeitgeber „mit der Befristung berechtigte Interessen“ verfolge[62]. Das Fehlen berechtigter Interessen führe zur Unwirksamkeit der Befristung und zum Fortbestand eines unbefristeten Arbeitsverhältnisses.

Unter Hinweis auf die fehlende Vertragsparität führt die Auffassung von Wolf zu einer erheblichen Einschränkung der Privatautonomie im Arbeitsrecht[63]. Statt sein Vorgehen als Rechtsfortbildung kenntlich zu machen und zu legitimieren, versteht Wolf seine Arbeit als „Versuch der dogmatischen Einordnung eines vom Gesetzgeber im Prinzip aufgestellten, aber in der Praxis nur unvollkommen durchgeführten Rechtssatzes“[64].

Wortlaut und Motiven des BGB ist demgegenüber ein allgemeiner Rechtssatz, demzufolge die rechtsgeschäftliche Entscheidungsfreiheit allgemeine Wirksamkeitsvoraussetzung für Willenserklärungen sei, nicht zu entnehmen[65]. Das BGB sichert die Freiheit der Willensentscheidung vielmehr durch die §§ 123, 138 BGB ab. Außerdem hat der Gesetzgeber im Arbeits-, Miet- und Wettbewerbsrecht weitere Schutzbestimmungen geschaffen. Neben diesen Bestimmungen bleibt für das von Wolf befürwortete Kontrollkriterium kein Raum[66].

---

[61] *Wolf*, M., Entscheidungsfreiheit, 123 ff.; *ders.*, Anm. zu BAG AP Nr. 38 zu § 620 BGB (Befristeter Arbeitsvertrag).

[62] *Wolf*, M., Entscheidungsfreiheit, 198 ff., 205; vgl. auch *ders.*, Anm. II zu BAG AP Nr. 35 zu § 620 BGB (Befristeter Arbeitsvertrag); *ders.*, Anm. zu BAG AP Nr. 38 zu § 620 BGB (Befristeter Arbeitsvertrag).

[63] Vgl. dazu grundsätzlich *Zöllner*, AcP 176 (1976), 221 ff.

[64] *Wolf*, M., Entscheidungsfreiheit, 122; *Westhoff*, Inhaltskontrolle, 59.

[65] Vgl. aber *Wolf*, M., Entscheidungsfreiheit, 27; *ders.*, Anm. II zu BAG AP Nr. 35 zu § 620 BGB (Befristeter Arbeitsvertrag); *ders.*, Anm. zu BAG AP Nr. 38 zu § 620 BGB (Befristeter Arbeitsvertrag); dagegen *Westhoff*, Inhaltskontrolle, 57 f.

[66] So auch *Birk*, Anm. zu BAG AP Nr. 37 zu § 620 BGB (Befristeter Arbeitsvertrag); *Canaris*, Normen, 217 FN 54; *Hillebrecht*, GK-KSchG, § 620 BGB, Rdnr. 10; *Otte*, Zeitvertrag, 60; *Säcker*, RdA 1976, 97; *Westhoff*, Inhaltskontrolle, 58 f.

(4) Inhaltskontrolle mit Hilfe des Sozialstaatsprinzips

Schröter will unter Bezugnahme auf das Sozialstaatsprinzip die Vertragsfreiheit „nur in dem Rahmen, in dem sie sozial richtigen Ergebnissen nicht entgegenwirkt" gelten lassen[67]. Er verlangt eine richterliche Inhaltskontrolle von Arbeitsverträgen, wenn „wegen eines starken Abhängigkeitsverhältnisses eine Vermutung für sozialwidrige Ergebnisse besteht"[68]. Zu ihrer Gültigkeit bedürften arbeitsvertragliche Regelungen in diesen Fällen einer sachlichen Berechtigung.

Das Sozialstaatsprinzip ist als allgemeiner Maßstab für die Inhaltskontrolle von Arbeitsverträgen jedoch untauglich. Zwar ist von der „normativen Verbindlichkeit des Sozialstaatsprinzips für alle Staatsgewalten" auszugehen[69]. Aber die fehlende Konkretisierung des Prinzips im Grundgesetz und die unterschiedlichen Vorstellungen, die sich verfassungshistorisch mit ihm verbinden, legen es nahe, das Sozialstaatsprinzip restriktiv zu behandeln[70].

Nach übereinstimmender Ansicht im verfassungsrechtlichen Schrifttum und in der Rechtsprechung der obersten Bundesgerichte enthält das Sozialstaatsprinzip „primär nur einen Gestaltungsauftrag an den Gesetzgeber"[71]. Es ist grundsätzlich keine geeignete Grundlage für die Ableitung konkreter, einklagbarer Rechtsansprüche des Bürgers[72]. Auch die Bestimmung der Grenzen, die das Sozialstaatsprinzip nach Ansicht des Bundesverfassungsgerichts der Vertragsfreiheit setzt, obliegt „im wesentlichen dem Gesetzgeber"[73]. Das Sozialstaatsprinzip ist „nicht geeignet, Grundrechte ohne nähere Konkretisierung durch den Gesetzgeber, also unmittelbar zu beschränken", sondern kann allenfalls als

---

[67] *Schröter*, Arbeitsverträge, 128; so früher auch das BAG; vgl. BAG AP Nr. 7 zu § 1 KSchG; BAG AP Nr. 1 zu § 620 BGB (Befristeter Arbeitsvertrag).

[68] *Schröter*, Arbeitsverträge, 102.

[69] *Maunz / Dürig / Herzog / Scholz*, GG, Art. 20, VIII Rdnr. 6; vgl. auch BSozG 6, 213 (219); 15, 71 (76); 19, 88 (92); *Schnapp*, in: *v. Münch*, GG, Art. 20, Rdnr. 16; *Stern*, Staatsrecht I, 713.

[70] *Maunz / Dürig / Herzog / Scholz*, GG, Art. 20, VIII Rdnr. 18 ff., 24 ff.; *Stern*, Staatsrecht I, 686 f.; 709 f.

[71] BVerfG 50, 57 (108); vgl. auch BVerfG 1, 97 (105); 27, 253 (283); 36, 73 (84); 40, 121 (133); BSozG 19, 88 (92); 48, 33 (42); *Hesse*, Grundzüge, Rdnr. 213; *Schmidt-Bleibtreu / Klein*, GG, Art. 20, Rdnr. 20; *Schnapp*, in: *v. Münch*, GG, Art. 20, Rdnr. 19; *Stern*, Staatsrecht I, 714.

[72] BVerfG 1, 97 (105); BSozG 10, 97 (100); 19, 88 (92); offengelassen in BSozG 48, 47 (55); vgl. auch *Hesse*, Grundzüge, Rdnr. 213; *Maunz / Dürig / Herzog / Scholz*, GG, Art. 20, VIII Rdnr. 28; *Schnapp*, in: *v. Münch*, GG, Art. 20, Rdnr. 19; *Stern*, Staatsrecht I, 731.

[73] BVerfG 8, 274 (329); so wohl auch *Raiser*, JZ 1958, 6 ff., auf den das Gericht in seiner Entscheidung verweist.

Auslegungsmaxime bei der Normanwendung herangezogen werden[74]. Deshalb erscheint es verfehlt, aus dem Sozialstaatsprinzip generell Maßstäbe für die richterliche Inhaltskontrolle von Arbeitsverträgen ableiten zu wollen[75].

Abgesehen von diesen Bedenken bedürfen die Fürsorgepflicht, die Billigkeit, die rechtsgeschäftliche Entscheidungsfreiheit und das Sozialstaatsprinzip einer Konkretisierung, um als Grundlage für die rechtliche Beurteilung von Befristungsabreden dienen zu können. Dazu muß jeweils auf die in § 620 BGB und den Bestimmungen des Kündigungsschutzrechts enthaltenen gesetzlichen Wertungen zurückgegriffen werden. Vor diesem Hintergrund erscheint es sinnvoller, den dogmatischen Ansatzpunkt für die Beurteilung von befristeten Arbeitsverträgen unmittelbar bei diesen Vorschriften zu suchen, statt einen Umweg über Blankettvorschriften zu gehen[76].

c) *Inhaltskontrolle im Wege richterlicher Rechtsfortbildung*

Die bisherigen Überlegungen haben gezeigt, daß weder die Umgehungstheorie der Rechtsprechung noch die geschilderten Auffassungen in der Literatur als befriedigender dogmatischer Ansatzpunkt für die rechtliche Beurteilung befristeter Arbeitsverträge anzusehen sind. Im neueren Schrifttum wird deshalb zunehmend versucht, eine Lösung des Problems im Wege richterlicher Rechtsfortbildung zu finden. Als methodische Instrumente bieten sich dafür entweder eine analoge Anwendung der Kündigungsschutzbestimmungen oder eine teleologische Reduktion des § 620 Abs. 1 BGB an.

(1) Analoge Anwendung der Kündigungsschutzbestimmungen

Bötticher und Blomeyer machen wie das Bundesarbeitsgericht die Wirksamkeit einer Befristungsabrede vom Vorliegen sachlicher Gründe abhängig[77]. Allerdings beurteilen sie die Nichtweiterbeschäftigung nach Eintritt des vereinbarten Endtermins als Kündigung, wenn für die Befristung keine sachlichen Gründe vorgelegen haben[78]. Sie verlangen

---

[74] BVerfG NJW 1982, 1447 (1449); vgl. auch *Maunz / Dürig / Herzog / Scholz*, GG, Art. 20, VIII Rdnr. 27.

[75] So auch *Bettermann*, Grenzen, 18 f.; *Westhoff*, Inhaltskontrolle, 44 ff.; *Wolf*, M., Entscheidungsfreiheit, 56.

[76] Vgl. dazu die jeweils auf bestimmte Prinzipien bezogene Kritik von *Adomeit*, Rechtsquellenfragen, 119; *Hillebrecht*, GK-KSchG, § 620 BGB, Rdnr. 10; MünchKomm - *Schwerdtner*, § 620 BGB, Rdnr. 24; *Otte*, Zeitvertrag, 60, 66.

[77] Vgl. *Bötticher*, BB 1955, 675; *ders.*, Anm. zu BAG SAE 1961, 129; *Blomeyer*, RdA 1967, 410.

[78] Vgl. *Bötticher*, BB 1955, 675; *ders.*, Anm. zu BAG SAE 1961, 129; *Blomeyer*, RdA 1967, 410; vgl. auch *Kraft*, Anm. zu BAG SAE 1966, 104 f.

deshalb, daß der Arbeitnehmer nach Erreichen des vereinbarten Endtermins innerhalb der Frist des § 4 KSchG Kündigungsschutzklage erhebt[79]. Beim Fehlen sachlicher Gründe müsse das Gericht darüber befinden, ob die Nichtweiterbeschäftigung durch Kündigungsgründe im Sinne des § 1 KSchG sozial gerechtfertigt war[80].

Dieser Vorschlag ermöglicht zwar eine frühzeitige gerichtliche Feststellung darüber, ob das Arbeitsverhältnis mit dem Erreichen des vereinbarten Endtermins beendet wurde oder nicht. Es ist aber nicht zulässig, unter Verzicht auf eine ausdrückliche Kündigungserklärung des Arbeitgebers eine Kündigung zu fingieren. Der Arbeitnehmer würde dann zu Unrecht mit dem Risiko der Fristversäumung belastet[81]. War die Befristung zwischen den Parteien nicht streitig, kann auch die Berufung des Arbeitgebers auf die Befristungsabrede nicht als Kündigung ausgelegt oder in eine solche umgedeutet werden[82]. Der Arbeitgeber wollte keine rechtsgeschäftliche Erklärung abgeben und auch aus der Sicht eines objektiven Empfängers kommt der Berufung des Arbeitgebers auf die Befristung nicht die Bedeutung einer Kündigung zu[83].

Eine von Grotheer und Otte vertretene weitergehende Ansicht setzt die Nichtweiterbeschäftigung des Arbeitnehmers ohne Rücksicht auf das Bestehen sachlicher Gründe einer Kündigung gleich[84]. In entsprechender Anwendung des Kündigungsschutzgesetzes bedürfe die Ablehnung der Weiterbeschäftigung deshalb stets eines sie sozial rechtfertigenden Grundes. Koch will unter Abwandlung dieses Lösungsvorschlages nicht die unterlassene Weiterbeschäftigung, sondern die Befristungsabrede selbst zum Gegenstand der Überprüfung nach den Kündigungsschutzbestimmungen machen[85].

---

[79] Vgl. *Bötticher*, BB 1955, 674 f.; *ders.*, Anm. zu BAG SAE 1961, 130; *Blomeyer*, RdA 1967, 411 f.

[80] Das unwirksam befristete Arbeitsverhältnis bleibt also nur dann als unbefristetes bestehen, wenn nicht nur bei Abschluß der Befristungsabrede ein sachlicher Grund für die Vereinbarung fehlte, sondern außerdem im Zeitpunkt der vorgesehenen Beendigung kein Kündigungsgrund vorgelegen hat.

[81] BAG AP Nr. 49 zu § 620 BGB (Befristeter Arbeitsvertrag); *Hillebrecht*, GK-KSchG, § 620 BGB, Rdnr. 88; *Koller*, Anm. zu BAG AP Nr. 47 und 49 zu § 620 BGB (Befristeter Arbeitsvertrag).

[82] BAG AP Nr. 47, 49, 54 zu § 620 BGB (Befristeter Arbeitsvertrag); *Koller*, Anm. zu BAG AP Nr. 47 zu § 620 BGB (Befristeter Arbeitsvertrag); *Kraft*, Anm. zu BAG AP Nr. 50 zu § 620 BGB (Befristeter Arbeitsvertrag).

[83] BAG AP Nr. 47, 49 zu § 620 BGB (Befristeter Arbeitsvertrag).

[84] *Grotheer*, Arbeitsverhältnis, 28 ff.; *Otte*, Zeitvertrag, 80 ff.; vgl. auch *Gamillscheg*, Abschluß, 807; *ders.*, Mutterschutz, 76; *Kempff*, DB 1976, 1576 f.

[85] *Koch*, BB 1978, 1220; wenn Koch zu einer unmittelbaren Anwendung der Kündigungsschutzbestimmungen auf Befristungsabreden im Wege der Auslegung kommen will, übersieht er, daß die Auslegung einer Vorschrift durch ihren möglichen Wortsinn begrenzt wird.

Dagegen bestehen erhebliche Bedenken. Durch eine uneingeschränkte analoge Anwendung der Kündigungsschutzbestimmungen werden wichtige Strukturunterschiede zwischen Kündigung und Befristung vernachlässigt, die eine unterschiedliche Beurteilung ihrer Rechtmäßigkeit nahelegen[86]. Die Kündigung durch den Arbeitgeber ist als einseitiges Rechtsgeschäft vom Willen und Einfluß des Arbeitnehmers unabhängig. Zur vertraglich festgesetzten Befristung muß der Arbeitnehmer demgegenüber sein Einverständnis erteilen. Durch die Kündigung soll ein bestehendes Arbeitsverhältnis beendet werden. Die Befristung führt regelmäßig schon bei Vertragsschluß zur zeitlichen Begrenzung des Arbeitsverhältnisses. Dementsprechend ist für den Kündigungsschutz der Zeitpunkt der Kündigung maßgebend, für die rechtliche Beurteilung der Befristung der Zeitpunkt des Vertragsschlusses.

Bei analoger Anwendung der Kündigungsschutzbestimmungen würden befristete Arbeitsverträge trotz dieser Unterschiede ihre eigenständige Bedeutung gegenüber Kündigungen verlieren. Das hätte eine vollständige Derogation des § 620 Abs. 1 BGB für den Bereich des Arbeitsrechts zur Folge[87]. Eine solche Maßnahme ist aber „nicht Aufgabe des Richters, sondern muß dem Gesetzgeber vorbehalten bleiben“[88].

Der Gesetzgeber hat bisher nicht zu erkennen gegeben, daß er auf das Institut des befristeten Arbeitsvertrages gänzlich verzichten wolle[89]. In der Gesetzesbegründung für ein Kündigungsschutzgesetz heißt es: „Das Gesetz findet nur bei einer Beendigung des Arbeitsverhältnisses durch Kündigung Anwendung. Es gilt daher nicht für befristete Arbeitsverhältnisse[90].“ Dadurch haben befristete Arbeitsverhältnisse eine ausdrückliche Anerkennung durch den Gesetzgeber erfahren. Auch wenn die Gesetzesbegründung später darauf verweist, der Abschluß befristeter Arbeitsverhältnisse dürfe nicht der Gesetzesumgehung die-

---

[86] So auch *Beitzke*, Anm. zu BAG SAE 1980, 186; *Herschel*, Anm. zu BAG AR-Blattei, Arbeitsvertrag — Arbeitsverhältnis VIII, Entscheidung 34; *Wiedemann / Palenberg*, RdA 1977, 87; vgl. allgemein zur Rechtsähnlichkeit als Voraussetzung für eine Analogie *Canaris*, Feststellung, 71 ff.; *Larenz*, Methodenlehre, 366.

[87] Vgl. *Beitzke*, Anm. zu BAG SAE 1980, 186; *Hillebrecht*, GK-KSchG, § 610 BGB, Rdnr. 18 u. 85; *Hueck*, KSchG, § 1, Rdnr. 50; *Richardi*, DB 1981, 1462; *Wiedemann / Palenberg*, RdA 1977, 87.

[88] *Canaris*, Feststellung, 189; vgl. auch BAG AP Nr. 50 zu § 620 BGB (Befristeter Arbeitsvertrag); *Beitzke*, Anm. zu BAG SAE 1980, 186; *Hillebrecht*, GK-KSchG, § 620 BGB, Rdnr. 18; *Leipold*, ZfA 1976, 339; *Wiedemann / Palenberg*, RdA 1977, 87 f.

[89] So auch BAG AP Nr. 50 zu § 620 BGB (Befristeter Arbeitsvertrag); *Beitzke*, Anm. zu BAG SAE 1980, 186; *Hillebrecht*, GK-KSchG, § 620 BGB, Rdnr. 85; *Hueck*, KSchG, § 1, Rdnr. 50; *Richardi*, DB 1981, 1462; *Wiedemann / Palenberg*, RdA 1977, 87.

[90] BT-Drs. I/2090, 12.

nen, spricht das zwar gegen die unbegrenzte Zulässigkeit befristeter Arbeitsverträge, nicht aber für die Möglichkeit ihrer vollständigen Derogation. Dementsprechend sind auch in den Entwurf für ein Arbeitsgesetzbuch erneut Bestimmungen über befristete Arbeitsverträge aufgenommen worden[91].

Die analoge Anwendung von Kündigungsschutzbestimmungen bietet danach ebenfalls keine geeignete Grundlage für die rechtliche Beurteilung befristeter Arbeitsverträge.

(2) Teleologische Reduktion des § 620 Abs. 1 BGB

Wiedemann und Palenberg haben erstmals den dogmatischen Ausgangspunkt für die rechtliche Beurteilung befristeter Arbeitsverträge in einer teleologischen Reduktion des § 620 Abs. 1 BGB gesehen[92]. Der 4. Senat des Bundesarbeitsgerichts hat in einer Entscheidung aus dem Jahre 1979 diese Lösung zwar aufgegriffen, seine bisherige Umgehungsrechtsprechung allerdings nicht in Frage gestellt[93].

Die teleologische Reduktion setzt wie die Analogie eine „planwidrige Unvollständigkeit" des Gesetzes voraus, die zur Einschränkung einer Norm für ihren gesamten Anwendungsbereich oder zur Ergänzung der Norm durch einen Ausnahmetatbestand führt[94]. Die Feststellung der Unvollständigkeit erfolgt durch den Nachweis, daß die Norm zu weit gefaßt ist und entweder nach ihrem eigenen Sinn und Zweck oder nach dem sonst nicht zu erreichenden Zweck einer anderen Norm einer Einschränkung bedarf[95].

§ 620 Abs. 1 BGB eröffnet für alle Dienstverträge, einschließlich der Arbeitsverträge die Möglichkeit der vertraglichen Befristung. Die Vorschrift ist eine Konkretisierung der Vertragsfreiheit. Sie verfolgt jedoch keinen weitergehenden Zweck[96], der eine Einschränkung ihres Normbereiches begründen könnte. Allerdings hat die zwischenzeitliche Entwicklung des Arbeitsrechts „als eine aus dem Bürgerlichen Recht her-

---

[91] Vgl. §§ 10 b, 11 des Entwurfs für ein Arbeitsgesetzbuch.

[92] *Wiedemann / Palenberg*, RdA 1977, 87; vgl. auch *Hueck*, KSchG, § 1, Rdnr. 50; *v. Hoyningen-Huene*, Anm. zu BAG SAE 1980, 350; *Kraft*, Anm. zu BAG AP Nr. 50 zu § 620 BGB (Befristeter Arbeitsvertrag); ähnlich *Hillebrecht*, GK-KSchG, § 620 BGB, Rdnr. 91; *Lieb*, Arbeitsrecht, 81 f.; einschränkend *Westhoff*, Inhaltskontrolle, 122 ff.; 134 f.

[93] BAG AP Nr. 50 zu § 620 BGB (Befristeter Arbeitsvertrag).

[94] Vgl. dazu *Canaris*, Feststellung, 189; *Larenz*, Methodenlehre, 377 ff.

[95] *Canaris*, Feststellung, 87; *Larenz*, Methodenlehre, 378.

[96] Zur „Zweckneutralität" des § 620 BGB vgl. *Blomeyer*, RdA 1967, 408 FN 25; *Koch*, BB 1978, 1220; *Leser*, BB 1965, 1152.

ausgehobene Sondermaterie"[97], die dem besonderen Schutzbedürfnis des Arbeitnehmers Rechnung trägt, die uneingeschränkte Zulässigkeit befristeter Arbeitsverträge obsolet gemacht.

Durch die Kündigungsschutzbestimmungen ist das Interesse des Arbeitnehmers an einem wirksamen Bestandsschutz seines Arbeitsverhältnisses gesetzlich abgesichert worden. Durch die uneingeschränkte Zulässigkeit befristeter Arbeitsverträge wäre dieser gesetzlich verankerte Bestandsschutz weitgehend bedeutungslos. Bei Berücksichtigung der ratio legis der Kündigungsschutzbestimmungen zeigt sich somit, daß § 620 Abs. 1 BGB zu weit formuliert ist und somit eine verdeckte Lücke enthält.

Zur Feststellung dieser Lücke ist es nicht notwendig, auf das allgemeine arbeitsrechtliche Schutzprinzip zurückzugreifen[98]. Eine derartige „gesetzesüberschreitende Rechtsfortbildung", die zur Lückenfeststellung nicht auf die Teleologie gesetzlicher Bestimmungen, sondern auf ein allgemeines Rechtsprinzip[99] zurückgreift, ist nur subsidiär zulässig[100]. Der Gesetzgeber hat durch die Kündigungsschutzbestimmungen schon eine Konkretisierung des Bestandsschutzes vorgenommen. Dieses „Konkretisierungsprimat" des Gesetzgebers ist zu beachten[101].

Auch die bereits erwähnten Unterschiede zwischen Kündigung und Befristung können bei der Beschränkung des § 620 Abs. 1 BGB berücksichtigt werden. Sie machen aber nicht das Ausweichen auf eine „gesetzesüberschreitende Rechtsfortbildung" notwendig. Dasselbe gilt für den Einwand Schwerdtners, der Arbeitnehmer müsse die Möglichkeit behalten, sich auf den Fristablauf berufen zu können[102].

Die festgestellte Lücke ist auch planwidrig. Der Gesetzgeber hat in der Gesetzesbegründung für das Kündigungsschutzgesetz ausdrücklich auf die Notwendigkeit hingewiesen, eine Umgehung der Kündigungsschutzbestimmungen durch befristete Arbeitsverträge zu verhindern[103].

---

[97] *Zöllner*, Arbeitsrecht, 1 ff.

[98] Ausschließlich auf das arbeitsrechtliche Schutzprinzip greifen zurück *Lieb*, Arbeitsrecht, 82; *Wiedemann / Palenberg*, RdA 1977, 87; auch von den anderen in FN 92 genannten Autoren wird das arbeitsrechtliche Schutzprinzip herangezogen.

[99] *Wiedemann* (Arbeitsverhältnis, 48) sieht im arbeitsrechtlichen Schutzprinzip ausdrücklich keine Rechtsnorm, sondern ein generalklauselartiges Leitbild der Arbeitsordnung; ähnlich *Westhoff*, Inhaltskontrolle, 122 f.

[100] Vgl. dazu *Larenz*, Methodenlehre, 418.

[101] *Koller*, Anm. zu BAG AP Nr. 47 zu § 620 BGB (Befristeter Arbeitsvertrag); grundsätzlich auch *Larenz*, Methodenlehre, 418.

[102] MünchKomm - *Schwerdtner*, § 620 BGB, Rdnr. 25.

[103] BT-Drs. I, 2090, 12.

Auch in der Folgezeit hat er es bewußt bei der Unvollständigkeit der gesetzlichen Regelung belassen, um die Lösung Rechtsprechung und Wissenschaft zu überlassen[104].

Die Voraussetzungen für eine teleologische Reduktion des § 620 Abs. 1 BGB liegen damit vor. Die Vorschrift bedarf für den Bereich arbeitsvertraglicher Befristungsabreden einer Beschränkung durch die Formulierung eines Ausnahmetatbestandes. Dieser darf nur soweit reichen, wie es durch den Zweck eines wirksamen Bestandsschutzes unter gleichzeitiger Berücksichtigung der Unterschiede zwischen Kündigung und Befristung geboten ist. Dafür bietet sich folgende in § 620 Abs. 1 BGB einzufügende Formulierung an: Der Arbeitgeber kann sich auf die Beendigung des Arbeitsverhältnisses durch Zeitablauf nicht berufen, wenn durch die Befristung die Anwendbarkeit von Kündigungsschutzbestimmungen verhindert wird, ohne daß dafür ein sachlicher Grund vorgelegen hat[105].

Durch diese an § 75 d HGB angelehnte Formulierung[106] wird sichergestellt, daß der Arbeitnehmer die Möglichkeit behält, sich bei Fristablauf auf die Beendigung des Arbeitsverhältnisses zu berufen[107]. Andererseits ist es sowohl dem Arbeitgeber als auch dem Arbeitnehmer versagt, das befristete Arbeitsverhältnis vor dem festgesetzten Termin durch ordentliche Kündigung zu beenden[108]. Etwas anderes gilt nur dann, wenn die Vertragsparteien, wie bei der Altersgrenzenregelung, sich das Recht zur ordentlichen Kündigung vorbehalten haben. Weitergehende Beschränkungen von Befristungsabreden sind durch den Zweck eines wirksamen Bestandsschutzes nicht geboten.

Die Orientierung der teleologischen Reduktion an der ratio legis der Kündigungsschutzbestimmungen macht es auch notwendig, die Zuläs-

---

[104] Es handelt sich um eine bewußte teleologische Lücke; vgl. dazu *Canaris*, Feststellung, 134 f., 141; vgl. im übrigen *Blomeyer*, RdA 1967, 409.

[105] Die von Kraft (Anm. zu BAG AP Nr. 50 zu § 620 BGB (Befristeter Arbeitsvertrag)) vorgeschlagene Formulierung erscheint demgegenüber zu weit gefaßt.

[106] Hier wie dort geht es darum zu verhindern, daß der Arbeitgeber bzw. Prinzipal Vorteile aus einer Vereinbarung zieht, durch die die Anwendbarkeit von Schutzvorschriften vereitelt wird. Ein weitergehender Eingriff in die Vertragsfreiheit ist jeweils nicht geboten.

[107] So auch *Hueck*, KSchG, § 1, Rdnr. 50 e; *Koller*, Anm. zu BAG AP Nr. 47 zu § 620 BGB (Befristeter Arbeitsvertrag); MünchKomm - *Schwerdtner*, § 620, Rdnr. 25; *Zöllner*, Arbeitsrecht, 177.

[108] BAG AP Nr. 27, 55 zu § 620 BGB (Befristeter Arbeitsvertrag); *Binkert*, Anm. zu BAG EzA Nr. 41 zu § 620 BGB (Befristeter Arbeitsvertrag); *Hueck*, A., Anm. zu BAG AP Nr. 27 zu § 620 BGB (Befristeter Arbeitsvertrag); *Hueck*, KSchG, § 1, Rdnr. 50 e; *Kraft*, Anm. zu BAG SAE 1966, 104; *ders.*, Anm. zu BAG AP Nr. 50 und 55 zu § 620 BGB (Befristeter Arbeitsvertrag); *Sieg*, Anm. zu BAG SAE 1981, 8; *Zöllner*, Arbeitsrecht, 177.

sigkeit vertraglicher Befristungsabreden nur dann zu beschränken, wenn der gesetzliche Kündigungsschutz überhaupt zur Anwendung kommen kann[109]. Das ist auch schon bei einer erst- oder einmaligen Befristung der Fall[110]. Es besteht jedoch keine Veranlassung, die vertragliche Vereinbarung von Befristungsabreden mit Arbeitnehmern, die dem gesetzlichen Kündigungsschutz nicht unterliegen, stärker zu beschränken als ihnen gegenüber ausgesprochene Kündigungen.

Durch das Erfordernis eines sachlichen Grundes wird klargestellt, daß Befristungsabreden, die die Anwendbarkeit gesetzlicher Kündigungsschutzbestimmungen vereiteln, nicht generell unzulässig sind. Außerdem kommt durch diese aus der Rechtsprechung des Bundesarbeitsgerichts übernommene Formulierung zum Ausdruck, daß die Anforderungen an die Berechtigung einer Befristungsabrede geringer sind als die Voraussetzungen, die an die soziale Rechtfertigung einer Kündigung zu stellen sind[111]. Diese Differenzierung ist notwendig, um den Unterschieden zwischen Kündigung und Befristung Rechnung zu tragen und der Gefahr einer Derogation des § 620 Abs. 1 BGB für den Bereich des Arbeitsrechts zu entgehen.

(3) Konsequenzen für die rechtliche Beurteilung befristeter Arbeitsverträge

Der nunmehr gefundene dogmatische Ansatzpunkt erlaubt es, die Voraussetzungen für eine zulässige Befristung von Arbeitsverträgen zu präzisieren. Die Darstellung kann sich dabei auf solche Überlegungen beschränken, die für die rechtliche Beurteilung von Altersgrenzen bedeutsam sind.

(a) Notwendigkeit eines sachlichen Grundes

Die Befristung von Arbeitsverhältnissen bedarf immer dann eines sachlichen Grundes, wenn bei einer Beendigung des Arbeitsverhältnisses durch Kündigung der gesetzliche Kündigungsschutz eingreifen

[109] So durchgängig die Rechtsprechung des BAG zu befristeten Arbeitsverträgen; *Barwasser*, DB 1977, 1944; *Blomeyer*, RdA 1967, 412; *Falkenberg*, DB 1971, 432; *ders.*, Anm. zu BAG AR-Blattei, Probearbeitsverhältnis, Entscheidung 17; *Hillebrecht*, GK-KSchG, § 620 BGB, Rdnr. 11; *Koch*, BB 1978, 1221; *Wiedemann*, Typologie, 399; *Neumann* (*Staudinger / Neumann*, § 620, Rdnr. 11) läßt es ausreichen, wenn bei Vertragsschluß die Möglichkeit besteht, daß Kündigungsschutzbestimmungen eingreifen, a. A. *Wolf*, M., GK-KSchG, Allg. Grds., Rdnr. 184; *ders.*, Anm. zu BAG AP Nr. 38 zu § 620 BGB (Befristeter Arbeitsvertrag).

[110] BAG AP Nr. 23, 33, 47 zu § 620 BGB (Befristeter Arbeitsvertrag); *Hillebrecht*, GK-KSchG, § 620 BGB, Rdnr. 93 f.; *v. Hoyningen-Huene*, Anm. zu BAG SAE 1980, 349; *Koch*, BB 1978, 1221; *Zöllner*, Arbeitsrecht, 177.

[111] So auch *Blomeyer*, RdA 1967, 409; *Koller*, Anm. zu BAG AP Nr. 47 zu § 620 BGB (Befristeter Arbeitsvertrag); *Kraft*, Anm. zu BAG AP Nr. 50 zu § 620 BGB (Befristeter Arbeitsvertrag).

würde. Da die entsprechende teleologische Reduktion des § 620 Abs. 1 BGB allein auf Gründen des Bestandsschutzes beruht, sind Kündigungsschutzvorschriften, die vorrangig andere Zwecke als die Bestandssicherung von Arbeitsverhältnissen verfolgen, nicht zu beachten[112].

Dem Bestandsschutz von Arbeitsverhältnissen dienen — von einigen Sondervorschriften abgesehen[113] — insbesondere der allgemeine Kündigungsschutz nach dem KSchG und der kollektive Kündigungsschutz nach dem Betriebsverfassungs- oder Personalvertretungsrecht[114]. Die in § 1 Abs. 1 KSchG vorgesehene Mindestbeschäftigungsdauer von sechs Monaten dürfte bei Vollendung einer auf das 65. Lebensjahr bezogenen Altersgrenze regelmäßig überschritten sein. Deshalb kann ein sachlicher Grund für die Vereinbarung einer Altersgrenze nur fehlen, wenn der Arbeitnehmer in einem Kleinbetrieb beschäftigt ist, „bei dem sowohl eine Betriebsratseinschaltung als auch die Geltung des KSchG entfällt“[115]. In diesem Ausnahmefall kann die Zulässigkeit einer Altersgrenze nur an § 134 BGB und an den Generalklauseln der §§ 138, 242 BGB gemessen werden[116].

Ein sachlicher Grund für die Vereinbarung einer Befristungsabrede kann ausnahmsweise auch entfallen, wenn die Befristung dem ausdrücklichen Wunsch des Arbeitnehmers entspricht[117]. In diesem Fall ist der ausschließlich zu Gunsten des Arbeitnehmers geschaffene Bestandsschutz entbehrlich. Allerdings muß der Wunsch dem freien Willensentschluß des Arbeitnehmers entsprechen. Aus der bloßen Annahme eines entsprechenden Arbeitgeberangebotes kann nicht geschlossen werden, daß die Befristung auf einen Wunsch des Arbeitnehmers beruht[118]. Der Arbeitnehmer muß vielmehr aufgrund objektiver Umstände und einer

---

[112] Das gilt namentlich für § 15 KSchG. Die Vorschrift soll vor allem die stetige und durch Kündigungen nicht beeinträchtigte Betriebsratstätigkeit gewährleisten; so auch *Grotheer*, Arbeitsverhältnis, 72 f.; im Ergebnis zustimmend *Hillebrecht*, GK-KSchG, § 620 BGB, Rdnr. 111; *Koch*, BB 1978, 1221; zur ratio legis der Vorschrift vgl. *Etzel*, GK-KSchG, § 15 KSchG, Rdnr. 9 f.

[113] Vgl. insbesondere §§ 12 ff. SchwbG.

[114] Zur Bedeutung des kollektiven Kündigungsschutzes wie hier *Grotheer*, Arbeitsverhältnis, 68 ff.; MünchKomm-*Schwerdtner*, § 620 BGB, Rdnr. 24; a. A. *Hillebrecht*, GK-KSchG, § 620 BGB, Rdnr. 115; *Koch*, BB 1978, 1221.

[115] MünchKom - *Schwerdtner*, § 620 BGB, Rdnr. 24.

[116] Siehe dazu unten § 11 IV.

[117] Überwiegend wird der Wunsch des Arbeitnehmers selbst als sachlicher Grund angesehen; vgl. BAG AP Nr. 16, 38, 45 zu § 620 BGB (Befristeter Arbeitsvertrag); *Barwasser*, DB 1977, 1945; *Falkenberg*, DB 1971, 432; *Jobs / Bader*, DB 1981, Beilage 21, 3; *Linder*, DB 1975, 2085; MünchKomm - *Schwerdtner*, § 620 BGB, Rdnr. 35; wie hier *Richardi*, DB 1981, 1462.

[118] BAG AP Nr. 38 zu § 620 BGB (Befristeter Arbeitsvertrag); *Barwasser*, DB 1977, 1945; *Falkenberg*, DB 1971, 432; *Jobs / Bader*, DB 1981, Beilage 21, 3; MünchKomm - *Schwerdtner*, § 620 BGB, Rdnr. 35; *Richardi*, DB 1981, 1462.

besonderen Interessenlage nicht an einem Dauerarbeitsverhältnis interessiert sein[119]. Die Vereinbarung einer Altersgrenze dürfte nur ausnahmsweise dem ausdrücklichen Wunsch des Arbeitnehmers entsprechen, da seinem Interesse an einem Dauerarbeitsplatz mit einem unbefristeten Arbeitsvertrag regelmäßig eher gedient ist.

(b) Konkretisierung des sachlichen Grundes

Die soziale Rechtfertigung von Kündigungen und die sachliche Rechtfertigung von Befristungsabreden dienen gleichermaßen der Gewährleistung eines wirksamen Bestandsschutzes für die jeweils betroffenen Arbeitsverhältnisse. Dieser Bestandsschutz kann nur durch arbeitsplatzbezogene Umstände verdrängt werden, die sich tatsächlich auf das Arbeitsverhältnis und seinen Bestand auswirken. Umstände, die das Arbeitsverhältnis weder im Leistungsbereich noch im personalen Vertrauensbereich berühren, können deshalb gegenüber Arbeitnehmern, die dem Kündigungsschutz unterliegen, weder eine Kündigung noch eine Befristungsabrede rechtfertigen[120].

Da es sich bei der Befristungsabrede und bei der Kündigung um individualrechtliche Maßnahmen handelt, sind hier wie dort nur Umstände zu berücksichtigen, die das konkret betroffene Arbeitsverhältnis berühren[121] und die aus der Sphäre einer der beiden Vertragsparteien stammen[122].

(c) Notwendigkeit einer Interessenabwägung

Der sachliche Grund muß überdies geeignet sein, das Interesse des Arbeitnehmers am Bestand seines Arbeitsverhältnisses zu verdrängen. Es reicht also nicht aus, daß ein Umstand vorliegt, der sich belastend

---

[119] BAG AP Nr. 38, 45 zu § 620 BGB (Befristeter Arbeitsvertrag); MünchKomm - *Schwerdtner*, § 620 BGB, Rdnr. 35; dabei kommt es entgegen der Ansicht von *Otte* (Zeitvertrag, 124) auf den Wunsch des jeweils betroffenen Arbeitnehmers an.

[120] Eine derartige arbeitsplatzbezogene Betrachtungsweise entspricht der Rechtsprechung des BAG; vgl. BAG AP Nr. 35 zu § 620 BGB (Befristeter Arbeitsvertrag) und neuerdings BAG NJW 1982, 1475 (1477), wo in Übereinstimmung mit der bisherigen Rechtsprechung ein „das betreffende Arbeitsverhältnis berührender Umstand" zur sachlichen Begründung eines befristeten Arbeitsvertrages verlangt wird.

[121] Das wird auch vom BAG grundsätzlich anerkannt; vgl. BAG AP Nr. 23, 26, 33, 35, 36, 38, 39, 40, 52 zu § 620 BGB (Befristeter Arbeitsvertrag); vgl. neuerdings auch BAG NJW 1982, 1475 (1477); zur Frage, welche Bedeutung demgegenüber generellen Überlegungen, wie insbesondere der Üblichkeit im Arbeitsleben zukommt siehe unten § 11 II 1.

[122] Vgl. dazu BAG AP Nr. 28, 33 zu § 620 BGB (Befristeter Arbeitsvertrag); *Bobrowski / Gaul*, Arbeitsrecht I, C III, Rdnr. 12; *Gamillscheg*, Abschluß, 806; *Wiedemann / Palenberg*, RdA 1977, 88; vgl. auch BMA (Hrg.), Entwurf, § 10 b Abs. 1 a; zur Berücksichtigung von Drittinteressen siehe unten § 11 II 2.

auf das konkrete Arbeitsverhältnis auswirkt. Vielmehr muß „das Gewicht dieses Grundes ... tatsächlich und rechtlich geprüft werden“[123]. Wie diese Prüfung vorzunehmen ist, wird vom BAG nicht einheitlich beantwortet. Der Große Senat hat verlangt, daß die „wirtschaftlichen oder sozialen Verhältnisse der Parteien oder jedenfalls einer Partei“ für die Befristung sprechen müßten[124]. Der 2. Senat hat in einer Entscheidung die „vernünftigen und billigenswerten Interessen des Arbeitgebers“ als ausreichende sachliche Begründung anerkannt[125]. Demgegenüber wird in anderen Entscheidungen ausdrücklich verlangt, „schutzwürdige Interessen des Arbeitnehmers“ zu beachten und „auf berechtigte Interessen“ des Arbeitnehmers Rücksicht zu nehmen[126]. Mehrfach wird auch eine gerechte Abwägung der verschiedenen Interessen gefordert[127].

Tatsächlich stehen sich in der Regel das Interesse des Arbeitgebers an einer Befristung des Arbeitsverhältnisses und das Interesse des Arbeitnehmers an einem Dauerarbeitsplatz gegenüber. Ob ausreichende sachliche Gründe für eine Befristung von Arbeitsverhältnissen vorliegen, muß deshalb ähnlich wie die soziale Rechtfertigung von Kündigungen durch eine Interessenabwägung bestimmt werden[128]. Dabei ist zu fragen, „ob bei einem gegebenen Interesse des Arbeitgebers das prinzipielle Bestandsschutzinteresse der Arbeitnehmer zurückgestellt werden“ kann[129].

Wegen der bereits erwähnten Unterschiede zwischen Kündigung und Befristung ist zur sachlichen Rechtfertigung von Befristungsabreden allerdings weder das Gewicht eines sozial rechtfertigenden Grundes im Sinne des § 1 Abs. 2 KSchG noch das eines wichtigen Grundes im Sinne

---

[123] So BAG AP Nr. 23 zu § 620 BGB (Befristeter Arbeitsvertrag); vgl. auch BAG AP Nr. 25, 32, 38, 40 zu § 620 BGB (Befristeter Arbeitsvertrag).

[124] BAG GS AP Nr. 16 zu § 620 BGB (Befristeter Arbeitsvertrag); vgl. auch BAG AP Nr. 19, 32, 36, 39 zu § 620 BGB (Befristeter Arbeitsvertrag).

[125] BAG AP Nr. 39 zu § 620 BGB (Befristeter Arbeitsvertrag) mit zustimmender Anm. von *Fenn*.

[126] BAG AP Nr. 44, 45 sowie 23, 34, 38, 50 zu § 620 BGB (Befristeter Arbeitsvertrag); zustimmend *Barwasser*, DB 1977, 1944; *Bobrowski / Gaul*, Arbeitsrecht I, C III, Rdnr. 12; *Däubler*, Arbeitsrecht 2, 318; *Jobs / Bader*, DB 1981, Beilage 21, 2, *Schröter*, Arbeitsverträge, 171 f.; *Wiedemann / Palenberg*, RdA 1977, 88; vgl. auch *Hueck*, A., Anm. zu BAG AP Nr. 23 zu § 620 BGB (Befristeter Arbeitsvertrag).

[127] BAG AP Nr. 23, 29, 35, 36, 38, 43 zu § 620 BGB (Befristeter Arbeitsvertrag); BAG EzA Nr. 50, 52 zu § 620 BGB (Befristeter Arbeitsvertrag).

[128] So auch *Barwasser*, DB 1977, 1945; *Jobs / Bader*, DB 1981, Beilage 21, 2; *Koller*, Anm. zu BAG AP Nr. 47 zu § 620 BGB (Befristeter Arbeitsvertrag); *Plander*, Anm. zu BAG EzA Nr. 50 und 51 zu § 620 BGB (Befristeter Arbeitsvertrag); *Schröter*, Arbeitsverträge, 171 ff.; *Wolf*, M., Entscheidungsfreiheit, 205.

[129] *Binkert*, Anm. zu BAG EzA Nr. 49 zu § 620 BGB (Befristeter Arbeitsvertrag); vgl. auch *Wiedemann*, Typologie, 400.

des § 626 Abs. 1 BGB erforderlich. Es müssen jedoch besondere Umstände vorliegen, die nicht für jedes Arbeitsverhältnis gleichermaßen zutreffen. Sonst würde aus der „sozialstaatlich erwünschten und sozialrechtlich privilegierten Form“[130] des unbefristeten Arbeitsverhältnisses eine wenig praktizierte Ausnahmeerscheinung. Das Bundesarbeitsgericht hat mehrfach Versuche zurückgewiesen, befristete Arbeitsverhältnisse auf Umstände zu stützen, die „letztlich die Befristung jedes Vertrages rechtfertigen“ würden[131].

Deshalb ist insbesondere die allgemeine Erwägung, daß die Befristung von Arbeitsverhältnissen es beiden Parteien ermögliche, sich langfristig auf die Vertragsbeendigung einzustellen, keine ausreichende sachliche Begründung für den Abschluß befristeter Arbeitsverträge.

(d) Maßgebender Zeitpunkt für die rechtliche Beurteilung

Aus der Tatsache, daß die Befristung bei Abschluß des Arbeitsvertrages vereinbart wird, die Kündigung dagegen bei Vertragsende erfolgt, ergeben sich unterschiedliche Zeitpunkte für die Beurteilung der Zulässigkeit. Während bei der Kündigung der Zeitpunkt ihres Zugangs maßgebend ist, ist bei der Befristung auf den Zeitpunkt ihrer Vereinbarung abzustellen[132].

Eine zunächst zulässige Befristung kann aus Gründen der Rechtssicherheit und Rechtsklarheit nicht durch eine spätere Änderung der Umstände unzulässig werden[133]. Allerdings sind bei nachträglich eingetretenen Veränderungen in Ausnahmefällen die Grundsätze des Rechtsmißbrauchs und des Vertrauensschutzes zu berücksichtigen[134].

---

[130] BAG AP Nr. 14 zu § 1 KSchG; BAG AP Nr. 2 zu § 620 BGB (Befristeter Arbeitsvertrag).

[131] BAG AP Nr. 33 zu § 620 BGB (Befristeter Arbeitsvertrag); vgl. auch BAG AP Nr. 17, 38 zu § 620 BGB (Befristeter Arbeitsvertrag); BAG NJW 1982, 1475 (1478).

[132] Vgl. aus der neueren Rechtsprechung des BAG EzA Nr. 50, 51, 52, 53 zu § 620 BGB (Befristeter Arbeitsvertrag); BAG NJW 1982, 1475; vgl. auch *Barwasser*, DB 1977, 1944; *Beitzke*, Anm. zu BAG SAE 1980, 186; *Blomeyer*, RdA 1967, 410; *Hanau / Adomeit*, Arbeitsrecht, 219 f.; *Hillebrecht*, GK-KSchG, § 620 BGB, Rdnr. 153 ff.; *Hueck*, KSchG, § 1, Rdnr. 50; *Jobs / Bader*, DB 1981, Beilage 21, 2; *Koch*, BB 1978, 1221; MünchKomm - *Schwerdtner*, § 620 BGB, Rdnr. 20; *Wiedemann*, Typologie, 403.

[133] Vgl. BAG AP Nr. 16, 17, 22, 23, 39 zu § 620 BGB (Befristeter Arbeitsvertrag); BAG EzA Nr. 52 zu § 620 BGB (Befristeter Arbeitsvertrag); *Fenn* Anm. zu BAG AP Nr. 39 zu § 620 BGB (Befristeter Arbeitsvertrag); *Hillebrecht*, GK-KSchG, § 620 BGB, Rdnr. 157; *Jobs / Bader*, DB 1981, Beilage 21, 2; für eine Berücksichtigung nachträglicher Veränderungen *Bulla*, AR-Blattei, Mutterschutz, Entscheidung 21; *Eich*, DB 1978, 1789; *Kempf*, DB 1976, 1576; *Staudinger / Neumann*, § 620 BGB, Rdnr. 27.

[134] Vgl. BAG AP Nr. 16, 20, 26 zu § 620 BGB (Befristeter Arbeitsvertrag); *Hanau / Adomeit*, Arbeitsrecht, 220; *Hillebrecht*, GK-KSchG, § 620 BGB, Rdnr. 157.

Besondere Probleme ergeben sich, wenn die entscheidenden Umstände, die zur sachlichen Begründung von Befristungen dienen, in der Zukunft liegen. In diesen Fällen ist die Entscheidung der Frage, „ob für die Befristung und deren Zeitdauer ein sachlicher Grund vorliegt, von einer Prognose des Arbeitgebers abhängig"[135].

Zu Recht sind nach der Auffassung des Bundesarbeitsgerichts an diese Prognose strenge Anforderungen zu stellen. „Aufgrund greifbarer Tatsachen muß der Arbeitgeber mit einiger Sicherheit annehmen können, daß der in der Zukunft liegende Ungewißheitstatbestand eintritt[136]." Die vom Arbeitgeber vorgenommene prognostische Bewertung unterliegt der richterlichen Kontrolle[137]. Wenn mit dem Eintritt des zukünftigen Ereignisses im Einzelfall nicht „ernstlich" und „begründetermaßen" gerechnet werden kann, darf der in Betracht gezogene Umstand nicht zur sachlichen Begründung einer Befristungsabrede herangezogen werden[138]. Der Zweck des Bestandsschutzes verbietet es, derartige Risiken im Wege der Vertragsbefristung dem Arbeitnehmer aufzuerlegen.

(e) Beweislastverteilung

Auch die Frage der Beweislastverteilung bei Befristungsabreden läßt sich ausgehend von der teleologischen Reduktion des § 620 Abs. 1 BGB zufriedenstellend beantworten. Die vom Bundesarbeitsgericht vertretene Ansicht, nach der grundsätzlich der Arbeitnehmer für das Fehlen sachlicher Gründe beweispflichtig ist, findet sich nicht bestätigt[139]. Da sich der Arbeitgeber nur dann auf die Beendigung des Arbeitsverhältnisses durch Erreichen des vereinbarten Endtermins berufen kann, wenn ein sachlicher Grund für die Befristung vorgelegen hat, handelt es sich dabei um einen für ihn günstigen Umstand. Nach allgemeinen Beweisgrundsätzen ist er dafür beweispflichtig[140].

---

135 BAG NJW 1982, 1475.

136 BAG NJW 1982, 1475; vgl. auch BAG AP Nr. 17, 34, 44, 56 zu § 620 BGB (Befristeter Arbeitsvertrag).

137 Vgl. BAG AP Nr. 50, 54, 56 zu § 620 BGB (Befristeter Arbeitsvertrag); BAG EzA Nr. 50, 53 zu § 620 BGB (Befristeter Arbeitsvertrag); BAG NJW 1982, 1475; einschränkend demgegenüber *Bötticher*, Anm. zu BAG SAE 1962, 28.

138 So BAG EzA Nr. 51, 52 zu § 620 BGB (Befristeter Arbeitsvertrag); *Jobs / Bader*, DB 1981, Beilage 21, 3.

139 Siehe dazu oben § 10 III 2 a FN 31; dem BAG folgt im Schrifttum lediglich eine Mindermeinung; vgl. *Blomeyer*, RdA 1967, 410; *Böhm*, Problematik, 95 f.; *Hueck*, A., Anm. zu BAG AP Nr. 17 zu § 620 BGB (Befristeter Arbeitsvertrag); *Hueck*, KSchG, § 1, Rdnr. 49; *Schaub*, Arbeitsrechts-Handbuch, 157.

140 So *v. Hoyningen-Huene*, Anm. zu BAG SAE 1980, 351; MünchKomm - *Schwerdtner*, § 620 BGB, Rdnr. 63.

Da die teleologische Reduktion zudem unter Bezugnahme auf die ratio legis der Kündigungsschutzbestimmungen erfolgt, kann zusätzlich die dort geltende Beweislastverteilung berücksichtigt werden[141]. Nach § 1 Abs. 2 S. 4 KSchG ist ebenfalls der Arbeitgeber für die die Kündigung bedingenden Tatsachen beweispflichtig. Für die Beweislast des Arbeitgebers spricht in den Fällen, bei denen der sachliche Grund auf Umständen beruht, die zur Organisationssphäre des Arbeitgebers gehören, auch der Grundsatz der Beweisnähe[142]. Die Beweislastverteilung wird schließlich auch dadurch bestätigt, daß der unbefristete Arbeitsvertrag die häufigere sowie „sozialrechtlich priviligierte und sozialstaatlich erwünschtere" Regelung ist[143]. Will der Arbeitgeber sich demgegenüber auf die Befristung des Arbeitsverhältnisses berufen, muß er die Zulässigkeitsvoraussetzungen dieser Ausnahmeregelung beweisen[144].

(f) Frist für die Geltendmachung unzulässiger Befristungen

Im Schrifttum wird vielfach gefordert, den Arbeitnehmer zu verpflichten, die Unzulässigkeit der Befristungsabrede innerhalb der Dreiwochenfrist des § 4 KSchG gerichtlich geltend zu machen[145].

Als Fristbeginn wird teilweise der Zeitpunkt angenommen, in dem sich der Arbeitgeber auf die Befristung beruft[146]. Überwiegend wird jedoch eine Klage innerhalb von 3 Wochen nach dem vereinbarten Fristablauf verlangt[147].

Eine analoge Anwendung von Kündigungsschutzbestimmungen — einschließlich der Regelung des § 4 KSchG — auf vertragliche Befri-

---

[141] Vgl. *Grotheer*, Arbeitsverhältnis, 65; *v. Hoyningen-Huene*, Anm. zu BAG SAE 1980, 351; *Kempff*, DB 1976, 1577; *Reinecke*, Beweislastverteilung, 187.

[142] Vgl. *Dammann*, AuR 1978, 72; *Falkenberg*, DB 1971, 433; *ders.*, DB 1979, 592; *v. Hoyningen-Huene*, Anm. zu BAG SAE 1980, 351; *Jobs / Bader*, DB 1981, Beilage 21, 3; MünchKomm - *Schwerdtner*, § 620 BGB, Rdnr. 63; *Reinecke*, Beweislastverteilung, 187; *Staudinger / Neumann*, § 620 BGB, Rdnr. 26; *Wiedemann*, Anm. I zu BAG AP Nr. 35 zu § 620 BGB (Befristeter Arbeitsvertrag); *Wiedemann / Palenberg*, RdA 1977, 89.

[143] BAG AP Nr. 14 zu § 1 KSchG; BAG AP Nr. 2 zu § 620 BGB (Befristeter Arbeitsvertrag).

[144] Vgl. *v. Hoyningen-Huene*, Anm. zu BAG SAE 1980, 351; *Hueck / Nipperdey*, Lehrbuch, 533; *Jobs / Bader*, DB 1981, Beilage 21, 3; MünchKomm - *Schwerdtner*, § 620 BGB, Rdnr. 62; *Reinecke*, Beweislastverteilung, 187; *Staudinger / Neumann*, § 620 BGB, Rdnr. 25.

[145] Neben den Befürwortern einer generellen analogen Anwendung der Kündigungsschutzbestimmungen so auch *Hillebrecht*, GK-KSchG, § 620 BGB, Rdnr. 238; *v. Hoyningen-Huene*, Anm. zu BAG SAE 1980, 352; *Hueck*, KSchG, § 1, Rdnr. 50 c; *Zöllner*, Arbeitsrecht, 177 FN 6.

[146] So *Herschel*, Anm. zu BAG AR-Blattei, Arbeitsvertrag — Arbeitsverhältnis VIII, Entscheidung 34; *Hueck*, KSchG, § 1, Rdnr. 50 c; MünchKomm - *Schwerdtner*, § 620 BGB, Rdnr. 55.

[147] *Hillebrecht*, GK-KSchG, § 620 BGB, Rdnr. 238; *v. Hoyningen-Huene*, Anm. zu BAG SAE 1980, 352; *Zöllner*, Arbeitsrecht, 177 FN 6.

stungsabreden ist jedoch aus den oben genannten Gründen abzulehnen[148]. Dem berechtigten Bedürfnis der Praxis nach einer alsbaldigen Klärung der Frage, ob das Arbeitsverhältnis wirksam beendet wurde, kann auf andere Weise Rechnung getragen werden. Der Arbeitgeber kann vorsorglich kündigen oder eine Feststellungsklage erheben, und der Arbeitnehmer muß bei entsprechender zeitlicher Verzögerung mit einer prozessualen Verwirkung seiner Klagebefugnis rechnen. Die Anwendung der 3-Wochen-Frist des § 4 KSchG auf Befristungen ist demnach weder dogmatisch möglich noch praktisch geboten.

Zusammenfassend läßt sich feststellen, daß die Vereinbarung einer auf das 65. Lebensjahr bezogenen Altersgrenze eines auf das konkrete Arbeitsverhältnis bezogenen und vom Arbeitgeber zu beweisenden sachlichen Grundes bedarf, der geeignet ist, das Interesse des Arbeitnehmers an einem wirksamen Bestandsschutz seines Arbeitsverhältnisses zu verdrängen. Ein sachlicher Grund kann lediglich ausnahmsweise entfallen, wenn der Arbeitnehmer in einem Kleinbetrieb beschäftigt ist oder die Altersgrenzenregelung seinem ausdrücklichen Wunsch entspricht.

3. Bedeutung des Art. 6 § 5 Abs. 2 RRG für die rechtliche Beurteilung individualrechtlich vereinbarter Altersgrenzen

Nach Art. 6 § 5 Abs. 2 RRG gilt eine Vereinbarung, die die Beendigung des Arbeitsverhältnisses eines Arbeitnehmers zu einem Zeitpunkt vorsieht, zu dem der Arbeitnehmer vor Vollendung seines 65. Lebensjahres Altersruhegeld aus der gesetzlichen Rentenversicherung beantragen kann, dem Arbeitnehmer gegenüber als auf die Vollendung seines 65. Lebensjahres abgeschlossen.

Die Vorschrift besagt nicht — wie oben erläutert wurde[149] —, daß eine einzelvertraglich vereinbarte Altersgrenze bei Vollendung des 65. Lebensjahres stets wirksam ist. Dem Wortlaut läßt sich allenfalls die Vorstellung des Gesetzgebers entnehmen, daß eine vertraglich vereinbarte Altersgrenze bei Vollendung des 65. Lebensjahres wirksam sein könne, nicht aber, daß sie in jedem Fall wirksam sein müsse. Der Gesetzgeber wollte keineswegs die Wirksamkeit von Altersgrenzenregelungen abschließend klären, sondern lediglich „im Zusammenhang mit der Einführung der flexiblen Altersgrenze die Entscheidungsfreiheit des Ar-

---

[148] Siehe dazu oben § 10 III 2 c (1); so auch BAG AP Nr. 54 zu § 620 BGB (Befristeter Arbeitsvertrag); LAG München AuR 1978, 216; *Binkert*, Anm. zu BAG EzA Nr. 41 zu § 620 BGB (Befristeter Arbeitsvertrag); *Däubler*, Arbeitsrecht 2, 320; *Jobs / Bader*, DB 1981, Beilage 21, 3; *Koch*, BB 1978, 1221; *Koller*, Anm. zu BAG AP Nr. 47 und 49 zu § 620 BGB (Befristeter Arbeitsvertrag); offengelassen in BAG AP Nr. 47 und 49 zu § 620 BGB (Befristeter Arbeitsvertrag).

[149] Siehe dazu oben § 4 II 1.

beitnehmers vor Vollendung des 65. Lebensjahres“ absichern[150]. Ob eine Altersgrenze bei Vollendung des 65. Lebensjahres wirksam ist, richtet sich deshalb nach allgemeinen arbeitsrechtlichen Grundsätzen.

Art. 6 § 5 Abs. 2 RRG bestimmt außerdem, daß eine Altersgrenzenvereinbarung, die auf einen Zeitpunkt vor Vollendung des 65. Lebensjahres bezogen ist, wirksam ist, wenn sie innerhalb der letzten drei Jahre vor der ersten möglichen Beantragung von Ruhegeld durch den Arbeitnehmer schriftlich bestätigt wird. Teilweise wird eine analoge Anwendung dieser Regelung für den Fall bejaht, daß eine auf die Vollendung des 65. Lebensjahres bezogene Altersgrenze innerhalb der letzten drei Jahre vor dem Übertritt in den Ruhestand vereinbart oder durch den Arbeitnehmer bestätigt wird[151].

Der Arbeitnehmer steht jeweils „bereits in fühlbarer Nähe zum möglichen Rentenbezug“ und vermag die Tragweite seiner Entscheidung deshalb besser abzusehen[152]. Wenn dieser Umstand den Gesetzgeber veranlaßt hat, bereits eine vorzeitige Altersgrenze, die innerhalb der vorangehenden drei Jahre bestätigt wird, als wirksam anzusehen, muß dies erst recht für eine auf das 65. Lebensjahr bezogene Altersgrenze gelten[153].

Das „argumentum a majore ad minus“ gilt jedoch nur dann, wenn es sich um die Vereinbarung oder Bestätigung einer Altersgrenze im Rahmen eines bestehenden Arbeitsverhältnisses handelt. Art. 6 § 5 Abs. 2 RRG spricht ausdrücklich nur von der schriftlichen Bestätigung einer Altersgrenzenvereinbarung. Der Gesetzgeber ging also davon aus, daß zu diesem Zeitpunkt bereits ein Vertragsverhältnis bestanden hat und der Arbeitnehmer bereits den gesetzlichen Bestandsschutz genießt. Dadurch ist er anders als bei der Vertragsbefristung im Zeitpunkt des Vertragsabschlusses in viel stärkerem Maße frei, eine Befristungsabrede anzuerkennen oder abzulehnen.

Zusammenfassend läßt sich aus Art. 6 § 5 Abs. 2 RRG entnehmen, daß eine Altersgrenze wirksam ist, wenn die Vereinbarung oder jedenfalls die Bestätigung einer früheren Vereinbarung durch den Arbeitnehmer im Rahmen eines bestehenden Arbeitsverhältnisses innerhalb der letzten drei Jahre vor dem Eintritt des vorgesehenen Ruhestandes erfolgt. Für die Vereinbarung oder deren Bestätigung ist Schriftform erforderlich.

[150] Schriftlicher Bericht des Ausschusses für Arbeit und Sozialordnung, BT-Drs. VI/3767, 22.

[151] Vgl. *Hanau*, RdA 1976, 31; *Thiele*, GK-BetrVG, § 75, 41.

[152] *Ammermüller*, DB 1973, 824.

[153] Das „argumentum a majore ad minus“ wird von *Canaris* (Feststellung, 78) und von *Larenz* (Methodenlehre, 375) als ein der Analogie verwandtes Institut gekennzeichnet.

§ 11 Rechtliche Zulässigkeit von Altersgrenzen im Einzelarbeitsvertrag

I. Einführung in den Meinungsstand

Das Bundesarbeitsgericht hat bisher noch nicht über die Zulässigkeit einer einzelvertraglich vereinbarten Altersgrenze zu entscheiden gehabt. Allerdings hat das Gericht die Festsetzung von Altersgrenzen in Tarifverträgen und Betriebsvereinbarungen, die eine Beendigung von Arbeitsverhältnissen bei Vollendung des 65. Lebensjahres vorsehen, anerkannt, sofern „eine ausreichende betriebliche Altersversorgung besteht“[1].

Nach Auffassung des zweiten Senats des Bundesarbeitsgerichts bestehen „gegen die Wirksamkeit einer Vereinbarung, nach der das Arbeitsverhältnis mit Vollendung des 65. Lebensjahres endet, ... im Grundsatz keine Bedenken“[2]. Eine derartige Befristung sei dem Arbeitnehmer gegenüber fürsorglicher, als im Einzelfall den Nachweis zu führen, daß ein Arbeitnehmer nicht mehr in der Lage sei, seinen vertraglichen Verpflichtungen nachzukommen. Außerdem entspreche die Befristung der Üblichkeit. An anderer Stelle verweist das Bundesarbeitsgericht zur Begründung einer Altersgrenzenregelung auf das Interesse des Arbeitgebers, einen vernünftigen Altersaufbau seiner Belegschaft sicherzustellen und kalkulierbare Aufstiegsmöglichkeiten für Nachwuchskräfte zu eröffnen[3].

Insgesamt läßt sich der Rechtsprechung des Bundesarbeitsgerichts die Bereitschaft entnehmen, die Rechtswirksamkeit einer auf das 65. Lebensjahr bezogenen Altersbegrenzung für das Arbeitsverhältnis zumindest dann anzuerkennen, wenn eine ausreichende Altersversorgung für die betroffenen Arbeitnehmer besteht.

Im Schrifttum wird die einzelvertragliche Vereinbarung einer Altersgrenze, die zur Beendigung des Arbeitsverhältnisses bei Vollendung des 65. Lebensjahres führt, überwiegend ohne jegliche Einschränkungen für zulässig gehalten[4]. Zur Begründung wird wiederum auf die

---

[1] Für Tarifverträge vgl. BAG 29, 133 (135); 31, 20 (22); vgl. auch BAG AP Nr. 1 zu § 63 MTL II u. AP Nr. 2 zu § 18 ATO; für Betriebsvereinbarungen BAG 23, 257 (270 ff.); vgl. auch LAG Saarbrücken, DB 1960, 1280.

[2] BAG 29, 133 (135).

[3] BAG 23, 257 (271 f.).

[4] *Ammermüller*, DB 1973, 824; *Auffarth / Müller*, KSchG, § 1, Rdnr. 190; *Bobrowski / Gaul*, Arbeitsrecht I, C III, Rdnr. 10; *ders.*, Arbeitsrecht II, L II, Rdnr. 31; *Böhm*, Problematik, 105 f.; *Brill*, AR-Blattei, Kündigungsschutz V,

Üblichkeit im Arbeitsleben, auf eine vermeintlich abnehmende Leistungsfähigkeit des älteren Arbeitnehmers, auf seine bestehenden Versorgungsansprüche sowie auf weitere beschäftigungspolitische und betriebliche Erwägungen zurückgegriffen.

In neuerer Zeit sind im Schrifttum Bedenken gegen die uneingeschränkte Zulässigkeit einzelvertraglich vereinbarter Altersgrenzen erhoben worden[5]. Zöllner hält derartige Vereinbarungen für problematisch, da „der in ihnen steckende Benachteiligungseffekt für ältere Arbeitnehmer unübersehbar" sei[6]. Hanau kommt zu dem Schluß, „daß eine generelle Altersgrenze 65 mit dem geltenden Arbeits- und Verfassungsrecht unvereinbar ist"[7]. Beide Autoren wollen eine auf das 65. Lebensjahr bezogene Altersgrenze jedoch dann zulassen, „wenn dem Arbeitnehmer eine Altersversorgung zusteht, die ihm den Übertritt in den Ruhestand zumutbar macht"[8]. Im Einzelfall können nach ihrer Auffassung auch andere Gründe eine derartige Altersbegrenzung sachlich rechtfertigen.

Diese Kritik an der uneingeschränkten Zulässigkeit individualrechtlich vereinbarter Altersgrenzen findet im Kommissionsentwurf für ein Arbeitsgesetzbuch eine indirekte Bestätigung. Danach kann zwischen Arbeitgeber und Arbeitnehmer nur dann vereinbart werden, „daß das Arbeitsverhältnis spätestens mit oder nach der Vollendung des 65. Lebensjahres des Arbeitnehmers endet" (§ 110 Abs. 2), „wenn dies wegen der mit der zu leistenden Arbeit verbundenen besonderen Anforderungen zum Schutz und zur Sicherheit der Allgemeinheit, des Betriebes oder von Personen im Betrieb gerechtfertigt ist oder wenn die Vereinbarung das Arbeitsverhältnis eines leitenden Angestellten betrifft und

---

B I; *ders.*, AR-Blattei, Arbeitsvertrag — Arbeitsverhältnis VIII A, IV; *Großmann / Schneider*, Arbeitsrecht, Rdnr. 329; *Herschel*, Anm. zu LAG Düsseldorf AP 54 Nr. 134; *Hillebrecht*, GK-KSchG, § 620 BGB, Rdnr. 188; *Hueck*, KSchG, § 1, Rdnr. 85; *Jungen*, Altersgrenze, 63 f.; *Kunkel*, GmbH-Rundschau 1954, 134; *Molitor / Bürger*, AR-Blattei, Arbeitsvertrag — Arbeitsverhältnis VIII, B V 1; MünchKomm - *Schwerdtner*, § 620 BGB, Rdnr. 33 ff.; *Osswald*, Der Arbeitgeber 1953, 965; *Schaub*, Arbeitsrecht-Handbuch, 159; *Schleßmann*, Lösung 36; *Schlüter / Belling*, Anm. zu BAG SAE 1979, 279; *Sieg*, Anm. zu BAG SAE 1978, 22; *Wiedemann*, Typologie, 407 f.; *Wohnseifer*, Probleme, 62 ff.; im Ergebnis zustimmend auch *Konzen*, ZfA 1978, 501; *Otte*, Zeitvertrag, 116 ff.

[5] Vgl. *Hanau*, RdA 1976, 24 ff.; *Dietz / Richardi*, BetrVG, § 75, Rdnr. 35; *Zöllner*, Gutachten, 124; vgl. auch die Bedenken bei *Konzen*, ZfA 1978, 501 und *Weiler*, Problem, 199; die im Ergebnis allerdings an der herrschenden Meinung festhalten.

[6] *Zöllner*, Gutachten, 124.

[7] *Hanau*, RdA 1976, 30.

[8] *Zöllner*, Gutachten, 124; ähnlich *Hanau*, RdA 1976, 30 f.; vgl. auch *Dietz / Richardi*, BetrVG, § 75, Rdnr. 35; *Thiele*, GK-BetrVG, § 75, Rdnr. 40 u. 41.

für diesen eine angemessene Versorgung sichergestellt ist" (§ 110 Abs. 4)[9].

II. Sachwidrigkeit von Altersgrenzen im Einzelarbeitsvertrag

Vor diesem Hintergrund soll nun der Frage nachgegangen werden, welche Umstände de lege lata geeignet sind, eine einzelvertraglich vereinbarte Altersgrenze sachlich zu rechtfertigen.

1. Üblichkeit der Altersbegrenzung

Zur Begründung von Altersgrenzen, die zur Beendigung von Arbeitsverhältnissen führen, wenn der Arbeitnehmer das 65. Lebensjahr vollendet hat, wird insbesondere auf deren Üblichkeit im Arbeitsleben verwiesen[10]. Diese Argumentation kann sich auf die Rechtsprechung des Bundesarbeitsgerichts zur Zulässigkeit befristeter Arbeitsverträge berufen. Schon der Große Senat hat in seiner Entscheidung aus dem Jahre 1960 betont, daß bei der Beurteilung von Befristungsabreden, „auf die Frage der Üblichkeit im Arbeitsleben und darauf, was verständige und verantwortungsbewußte Parteien zu vereinbaren pflegen, ... Gewicht zu legen" ist[11].

Dabei blieb jedoch ungeklärt, in welchem Verhältnis die rein empirisch feststellbare „Üblichkeit" und die normativ zu bestimmenden Gepflogenheiten „verständiger und verantwortungsbewußter Parteien" stehen sollten. Im Schrifttum wurde zu Recht betont, daß jedenfalls ein sozialer Mißstand „keine rechtserhebliche Übung begründen" kann[12]. Das empirische Kriterium der Üblichkeit bedarf vielmehr einer normativen Begrenzung.

Nach dem heutigen Stand der Rechtsprechung des Bundesarbeitsgerichts kann die Üblichkeit nur insoweit berücksichtigt werden, „wie sie nach der Auffassung verständiger und verantwortungsbewußter

---

[9] Vgl. *Zöllner*, Gutachten, 124; möglicherweise bezieht sich § 110 Abs. 4 nur auf den unmittelbar vorangehenden Abs. 3, so daß nach dem Kommissionsentwurf eine auf das 65. Lebensjahr bezogene Altersgrenze sowohl in Kollektivvereinbarungen als auch in Einzelarbeitsverträgen uneingeschränkt zulässig wäre.

[10] Vgl. BAG 23, 257 (272); 29, 133 (135); *Konzen*, ZfA 1978, 501; *Molitor / Bürger*, AR-Blattei, Arbeitsvertrag — Arbeitsverhältnis VIII, B V 1.

[11] BAG AP Nr. 16 zu § 620 BGB (Befristeter Arbeitsvertrag).

[12] *Hillebrecht*, GK-KSchG, § 620 BGB, Rdnr. 129; ähnlich *Binkert*, Anm. zu BAG EzA Nr. 49 zu § 620 BGB (Befristeter Arbeitsvertrag); *Wiedemann / Palenberg*, RdA 1977, 89; vgl. auch *Sieg*, Anm. zu BAG SAE 1978, 21.

Vertragspartner auch als berechtigt angesehen werden kann"[13]. Das bedeutet, „daß in jedem Fall für die Rechtswirksamkeit einer solchen Befristung ... das Vorliegen eines sachlich gerechtfertigten Grundes verlangt werden muß"[14]. Der argumentative Zirkelschluß ist damit perfekt. Statt den tautologischen Umweg über die Üblichkeit zu gehen, scheint es richtiger, direkt auf die sachliche Begründung von Befristungsabreden einzugehen. Die Üblichkeit als solche vermag den Abschluß befristeter Arbeitsverträge und damit auch die einzelvertragliche Vereinbarung von Altersgrenzen nicht zu rechtfertigen[15].

Die Ungeeignetheit des Üblichkeit-Kriteriums zur Beurteilung befristeter Arbeitsverträge bestätigt sich bei dem Versuch, es im konkreten Fall anzuwenden. Dabei läßt sich zwischen der individuellen Üblichkeit, die auf das Verhalten eines bestimmten Arbeitgebers abstellt und der generellen Üblichkeit im Arbeitsleben unterscheiden[16]. Das Bundesarbeitsgericht verwendet das Kriterium fast ausschließlich im Sinne einer generellen Üblichkeit im Arbeitsleben[17]. Im Gegensatz dazu verlangt es gleichzeitig immer wieder zu recht, daß der sachliche Grund sich aus Umständen ergeben müsse, die das konkret betroffene Arbeitsverhältnis berührten. Weithin unbestimmt bleibt auch, worauf sich die Üblichkeit im Arbeitsleben beziehen soll. Dafür bieten sich gesetzliche und tarifvertragliche Regelungen ebenso an, wie die Üblichkeit innerhalb einer Branche oder eines Gewerbes.

Zur Begründung von Altersgrenzen wird häufig auf ihre Üblichkeit im Sozialversicherungsrecht hingewiesen[18]. Die Untersuchung der sozialversicherungsrechtlichen Altersgrenzen hat jedoch ergeben, daß damit eine schematische Beendigung von Arbeitsverhältnissen bei Vollendung des 65. Lebensjahres nicht zu begründen ist[19]. Dasselbe gilt für die Altersgrenzenregelung in § 100 Abs. 2 AFG. Die sozialversicherungsrechtlichen Bestimmungen lassen im Gegenteil sogar eher den Willen des Gesetzgebers erkennen, leistungsfähigen und arbeitswilli-

---

[13] BAG AP Nr. 38, 50, 54 zu § 620 BGB (Befristeter Arbeitsvertrag); BAG EzA Nr. 50 zu § 620 BGB (Befristeter Arbeitsvertrag); BAG NJW 1982, 1475.

[14] BAG AP Nr. 34 zu § 620 BGB (Befristeter Arbeitsvertrag).

[15] So auch *Barwasser*, DB 1977, 1945; *Binkert*, Anm. zu BAG EzA Nr. 49 zu § 620 BGB (Befristeter Arbeitsvertrag); *Koch*, BB 1978, 1221; *Otte*, Zeitvertrag, 125; *Pestalozza*, Anm. zu BAG SAE 1974, 162; *Wiedemann / Palenberg*, RdA 1977, 89.

[16] Vgl. zu dieser Unterscheidung *Pestalozza*, Anm. zu BAG SAE 1974, 162.

[17] BAG AP Nr. 38, 50 54 zu § 620 BGB (Befristeter Arbeitsvertrag); BAG EzA Nr. 50 zu § 620 BGB (Befristeter Arbeitsvertrag); BAG NJW 1982, 1475.

[18] So BAG 23, 257 (272); *Molitor / Bürger*, AR-Blattei, Arbeitsvertrag — Arbeitsverhältnis VIII, B V 1; *Otte*, Zeitvertrag, 122; *Sieg*, Anm. zu BAG SAE 1978, 21; *Wohnseifer*, Probleme, 64.

[19] Siehe dazu oben §§ 4 u. 5; vgl. auch *Hanau*, RdA 1976, 28.

gen Arbeitnehmern eine Weiterbeschäftigung über das 65. Lebensjahr hinaus zu ermöglichen.

Auch die übliche Verwendung von Altersgrenzen im Dienstrecht der Beamten, Berufsrichter und Berufssoldaten wird häufig zur sachlichen Rechtfertigung arbeitsrechtlicher Altersgrenzen herangezogen[20]. Die unterschiedlichen Möglichkeiten zur Beendigung öffentlich- und privatrechtlicher Beschäftigungsverhältnisse, unterschiedliche Aufgabenzuweisungen und ein unterschiedliches Versorgungsniveau stellen jedoch Strukturunterschiede dar, die einer sachlichen Rechtfertigung arbeitsrechtlicher Altersgrenzen unter Hinweis auf die Zulässigkeit entsprechender Regelungen für Beamte, Berufsrichter und Berufssoldaten entgegenstehen[21].

Weiterer möglicher Bezugspunkt für die Üblichkeit einer Altersgrenzenregelung ist deren Tarifüblichkeit[22]. Damit ist nicht die Frage angesprochen, ob und in welchem Umfang eine Altersgrenzenregelung in Tarifverträgen zulässig ist[23]. Vielmehr geht es darum, ob die tarifvertragliche Vereinbarung einer Altersbegrenzung die einzelvertraglich vereinbarte Altersgrenze eines nicht tarifgebundenen Arbeitnehmers zu rechtfertigen vermag. Dagegen bestehen jedoch erhebliche Bedenken.

Der nicht tarifgebundene Arbeitnehmer müßte einen Tarifvertrag zu seinem Nachteil gegen sich gelten lassen, auf den er sich zu seinen Gunsten nicht berufen kann. Er wird außerdem ohne einzelvertragliche Verweisung oder hoheitliche Allgemeinverbindlicherklärung in ein Normsystem einbezogen, dessen Anwendungsvoraussetzungen er gar nicht erfüllt. Dies kommt einer „Aushöhlung des bestehenden Tarifvertragssystems“ gleich[24]. Für nicht tarifgebundene Arbeitnehmer bedeutet deshalb eine tarifvertragliche Altersgrenzenregelung keine sachliche Rechtfertigung einer individualrechtlich vereinbarten Altersbegrenzung.

---

[20] So BAG 23, 257 (272); 29, 133 (135); *Molitor / Bürger*, Arbeitsvertrag — Arbeitsverhältnis VIII, B V 1; *Otte*, Zeitvertrag, 121 f.; *Wiedemann*, Typologie, 408; *Wohnseifer*, Probleme, 64.

[21] Siehe dazu oben § 6; kritisch auch *Hanau*, RdA 1976, 28; *Sieg*, Anm. zu BAG SAE 1978, 21; *Konzen*, ZfA 1978, 501.

[22] Vgl. dazu BAG AP Nr. 31, 32, 35, 36, 37 zu § 620 BGB (Befristeter Arbeitsvertrag); BAG EzA Nr. 49 zu § 620 BGB (Befristeter Arbeitsvertrag); zustimmend *Hillebrecht*, GK-KSchG, § 620 BGB, Rdnr. 137.

[23] Vgl. zum Streit über die Existenz tarifdispositiven Richterrechts *Hillebrecht*, GK-KSchG, § 620 BGB, Rdnr. 132 ff.

[24] So *Birk*, Anm. zu BAG AP Nr. 37 zu § 620 BGB (Befristeter Arbeitsvertrag); vgl. auch *Bunge*, Anm. zu BAG EzA Nr. 34 zu § 620 BGB (Befristeter Arbeitsvertrag).

Schließlich wird vom Bundesarbeitsgericht mitunter auch auf die Branchenüblichkeit zur sachlichen Rechtfertigung von Befristungsabreden Bezug genommen[25]. Allerdings sollen dann „die Verhältnisse möglichst aller einschlägigen Betriebe oder Verwaltungen, jedenfalls aber auch anderer als derjenigen des in den Rechtsstreit verwickelten Arbeitgebers berücksichtigt werden“[26]. Selbst bei bestehender Üblichkeit müsse jedoch das Vorliegen eines sachlichen Grundes verlangt werden[27]. Die Branchenüblichkeit vermag demnach den sachlichen Grund für eine Befristung weder zu präjudizieren noch zu ersetzen.

Dasselbe gilt für den Versuch, die Befristung durch Verweis auf eine betriebliche Übung sachlich zu begründen[28]. Diese individuelle Üblichkeit setzt zunächst voraus, daß in dem betreffenden Betrieb sämtliche Arbeitnehmer mit vergleichbaren Arbeitsplätzen beim Erreichen einer bestimmten Altersgrenze ausnahmslos ausscheiden[29]. Sonst gibt der Arbeitgeber selbst zu erkennen, daß ihm an einer einheitlichen Handhabung nicht gelegen ist. Aber selbst bei Bestehen einer entsprechenden Übung kann sich der Arbeitgeber darauf nur berufen, wenn die Übung ihrerseits „als berechtigt angesehen werden kann“[30].

Das Kriterium der Üblichkeit erweist sich damit als ungeeignet und überflüssig zur sachlichen Rechtfertigung von Befristungsabreden. Eine einzelvertraglich vereinbarte Altersgrenze kann darauf nicht gestützt werden.

2. Beschäftigungspolitische Rechtfertigung einer Altersgrenze

Sieg hält eine Altersgrenzenregelung für begrüßenswert, weil dadurch „möglichst unkompliziert Arbeitsplätze von der älteren Generation für die jüngere freigemacht werden“[31]. In einer Zeit mit hoher Arbeitslosigkeit wird es besonders verlockend, die Vereinbarung einer auf das 65. Lebensjahr bezogenen Altersgrenze damit zu begründen, Arbeitsplätze für Arbeitslose zur Verfügung zu stellen. Dadurch wird die Frage aufgeworfen, ob bei der sachlichen Rechtfertigung von Be-

---

[25] BAG AP Nr. 16 zu § 620 BGB (Befristeter Arbeitsvertrag) verweist auf die Üblichkeit befristeter Arbeitsverträge mit Künstlern, Musikern und Schauspielern sowie im Baugewerbe; vgl. auch BAG AP Nr. 34, 38 zu § 620 BGB (Befristeter Arbeitsvertrag).

[26] BAG AP Nr. 38 zu § 620 BGB (Befristeter Arbeitsvertrag).

[27] BAG AP Nr. 34 zu § 620 BGB (Befristeter Arbeitsvertrag).

[28] Vgl. dazu *Hillebrecht*, GK-KSchG, § 620 BGB, Rdnr. 129.

[29] Vgl. *Falkenberg*, DB 1971, 432; *Pestalozza*, Anm. zu BAG SAE 1974, 162; *Weiler*, Problem, 198.

[30] *Hillebrecht*, GK-KSchG, § 620 BGB, Rdnr. 129; vgl. erneut BAG AP Nr. 34 zu § 620 BGB (Befristeter Arbeitsvertrag).

[31] *Sieg*, Anm. zu BAG SAE 1978, 21.

fristungsabreden Interessen der Allgemeinheit oder Dritter, die am Vertragsschluß nicht beteiligt sind, berücksichtigt werden können.

Die Rechtsprechung des Bundesarbeitsgerichts zu dieser Frage ist nicht ganz einheitlich. Der 2. Senat hat in einigen früheren Entscheidungen mitunter Interessen der Allgemeinheit zur sachlichen Rechtfertigung von befristeten Arbeitsverträgen herangezogen[32]. Demgegenüber soll es nach einem Urteil desselben Senats aus dem Jahre 1970 nicht ausreichen, „wenn ein Arbeitsverhältnis im Interesse Dritter, die keine konkreten Beziehungen zu dem Arbeitsplatz haben, befristet wird“[33]. Diese Feststellung hat der 2. Senat in seiner jüngsten einschlägigen Entscheidung ausdrücklich bestätigt. Danach muß zur sachlichen Rechtfertigung einer Befristung stets „ein konkreter, das betreffende Arbeitsverhältnis berührender Umstand“ vorliegen[34].

Auch im Schrifttum wird überwiegend die Berücksichtigung von Dritt- und Allgemeininteressen abgelehnt[35]. Dem ist zuzustimmen, da diesen Interessen der Bezug zum konkret betroffenen Arbeitsverhältnis fehlt. Gegen den Versuch, Arbeitsverträge aus allgemeinen beschäftigungspolitischen Gründen zu befristen, hat sich insbesondere Richardi ausgesprochen. Er weist zu Recht darauf hin, „daß die Regelungen über die Begründung und Beendigung des Arbeitsverhältnisses keine arbeitsmarktpolitischen Regelungsinstrumente sein können, sondern ihre Ausgestaltung vor allem der Individualgerechtigkeit dient“[36].

Damit wirkt sich der im Befristungs- und Kündigungsschutzrecht maßgebliche Gedanke des Bestandsschutzes zwar als eine Art Konkurrenzschutz zu Gunsten der gegenwärtigen Arbeitsplatzinhaber und zu Lasten künftiger Arbeitssuchender aus[37]. Diese Konsequenz ist jedoch dem Bestandsschutzgedanken immanent und kann allenfalls durch den Gesetzgeber geändert werden[38]. De lege lata können demnach Allgemein- und Drittinteressen, insbesondere beschäftigungspolitische Erwägungen Befristungsabreden nicht sachlich rechtfertigen.

---

[32] BAG AP Nr. 21, 31, 39 zu § 620 BGB (Befristeter Arbeitsvertrag).

[33] BAG AP Nr. 33 zu § 620 BGB (Befristeter Arbeitsvertrag).

[34] BAG NJW 1982, 1475 (1477).

[35] Vgl. *Hillebrecht*, GK-KSchG, § 620 BGB, Rdnr. 148; *Zöllner*, Anm. zu BAG AP Nr. 21 zu § 620 BGB (Befristeter Arbeitsvertrag); im Ergebnis zustimmend auch *Fenn*, Anm. zu BAG AP Nr. 33 u. 39 zu § 620 BGB (Befristeter Arbeitsvertrag); a. A. *Wiedemann / Palenberg*, RdA 1977, 88.

[36] *Richardi*, JZ 1978, 485.

[37] Vgl. dazu *Herschel*, RdA 1975, 28 ff.; *Richardi*, JZ 1978, 485; *Reuter*, Grundlagen, 410 f.; *Zöllner*, Gutachten, 113 ff.

[38] Auch der Kommissionsentwurf für ein Arbeitsgesetzbuch läßt Dritt- und Allgemeininteressen nicht zur sachlichen Rechtfertigung von Befristungsabreden zu; vgl. BMA (Hrg.), Entwurf, § 10 b Abs. 1 a.

Gegenüber dem Versuch, eine auf das 65. Lebensjahr bezogene Altersgrenze beschäftigungspolitisch zu rechtfertigen, bestehen noch weitere Bedenken. Insbesondere ist der durch eine feste Altersbegrenzung zu erzielende Entlastungseffekt für den Arbeitsmarkt als gering anzusehen[39]. Nur 5 - 10 % der Erwerbstätigen sind an einer Weiterbeschäftigung über das 65. Lebensjahr hinaus interessiert. Davon werden viele ihren Wunsch nicht realisieren können, weil sie durch Frühinvalidität oder Tod vorzeitig aus dem Arbeitsleben ausscheiden. Selbst Arbeitsplätze, die durch die Altersbegrenzung frei werden, dürften allenfalls zu 60 - 70 % wiederbesetzt werden.

Außerdem ist es verfehlt, bei der Vereinbarung einer Altersgrenze nur die heutige Beschäftigungssituation zu berücksichtigen. Nach den gegenwärtigen bevölkerungswissenschaftlichen Erkenntnissen wird ab 1990 möglicherweise ein Mangel an Arbeitskräften herrschen, der durch eine freiwillige Weiterarbeit über das 65. Lebensjahr hinaus teilweise gelindert werden könnte. Dem steht eine feste Altersbegrenzung jedoch entgegen.

Der Verweis auf die beschäftigungspolitischen Erfordernisse ist demnach weder zulässig noch geeignet, um eine einzelvertraglich vereinbarte Altersgrenze zu rechtfertigen.

3. Eintritt einer ausreichenden Versorgungslage

a) Grundsätzliche Bedeutung ausreichender Versorgungsansprüche

Die einzelvertragliche Vereinbarung einer auf die Vollendung des 65. Lebensjahres bezogenen Altersgrenze wird vielfach zumindest dann für zulässig gehalten, wenn der Arbeitnehmer durch eine ausreichende Altersversorgung gesichert ist[40]. Diese Auffassung stimmt mit der Rechtsprechung des Bundesarbeitsgerichts zur Zulässigkeit von Altersgrenzenregelungen in Kollektivverträgen überein[41]. Gegen diese Ansicht bestehen jedoch erhebliche Bedenken.

(1) Probleme bei der Quantifizierung ausreichender Versorgungsansprüche

In praktischer Hinsicht stellt sich zunächst die Frage, wann eine Altersversorgung als ausreichend gelten kann. Vereinzelt werden schon

---

[39] Siehe zu den nachfolgenden beschäftigungspolitischen Erwägungen oben § 3 I 1.

[40] Vgl. *Dietz / Richardi*, BetrVG, § 75, Rdnr. 35; *Hanau*, RdA 1976, 30 f.; *Hillebrecht*, GK-KSchG, § 620 BGB, Rdnr. 188; *Otte*, Zeitvertrag, 122; *Richardi*, Anm. zu BAG SAE 1972, 140; *Thiele*, GK-BetrVG, § 75, Rdnr. 40 f.; *Zöllner*, Gutachten, 124.

[41] BAG 23, 257 (272); 31, 20 (22).

die Versorgungsansprüche gegenüber der gesetzlichen Rentenversicherung als im Regelfall ausreichend angesehen[42]. Überwiegend wird jedoch eine zusätzliche betriebliche Altersversorgung verlangt[43].

Welchen Umfang diese Versorgungsansprüche haben müssen, um als ausreichend angesehen werden zu können, bleibt vielfach unklar. Für Zöllner kommt es entscheidend darauf an, ob „dem Arbeitnehmer eine Altersversorgung zusteht, die ihm den Übertritt in den Ruhestand zumutbar macht"[44]. Richardi hat eine „der Lebensstellung des Arbeitnehmers entsprechende Altersversorgung" verlangt[45]. Der Gesichtspunkt der Zumutbarkeit und die bisherige Lebensstellung des Arbeitnehmers sind jedoch allenfalls vage Anhaltspunkte für die Prüfung der Frage, ob eine Altersversorgung ausreichend ist oder nicht.

Hanau hat den Begriff der „ausreichenden Altersversorgung" unter Hinweis auf die Versorgungsregelungen im öffentlichen Dienst konkretisiert[46]. Nach seiner Auffassung ist danach „eine Gesamtversorgung in Höhe von 75 % des letzten Bruttoeinkommens nach der Verkehrsauffassung ausreichend"[47]. Angemessener erscheint es jedoch, auf die durchschnittliche Nettoversorgung von öffentlichen Dienstnehmern abzustellen, die bei etwa 80 % der letzten Nettobezüge liegt[48]. Eine derartige Versorgung kann in der Privatwirtschaft angesichts der im Durchschnitt niedrigeren gesetzlichen Rentenansprüche nur durch eine entsprechende betriebliche Altersversorgung sichergestellt werden.

Schwierigkeiten können sich im Einzelfall ergeben, wenn der Arbeitnehmer bei Vollendung des 65. Lebensjahres nur kurze Zeit beschäftigt war oder der Betrieb nur kurze Zeit bestanden hat. Problematisch bleibt auch der Umfang, in dem betriebliche Sonderleistungen in das pensionsfähige Einkommen eingerechnet werden müssen[49]. Weitere Probleme können entstehen, wenn sich die bei Vertragsschluß als ausreichend angesehene Altersversorgung bei Vollendung des 65. Lebensjahres als tatsächlich nicht ausreichend erweist.

Abgesehen von diesen zweifellos lösbaren praktischen Problemen, bestehen erhebliche grundsätzliche Bedenken gegen die sachliche Recht-

---

[42] So *Hillebrecht*, GK-KSchG, § 620 BGB, Rdnr. 188.

[43] Vgl. BAG 23, 257 (272); 31, 20 (22); *Dietz / Richardi*, BetrVG, § 75, Rdnr. 35; *Hanau*, RdA 1976, 30 f.; *Richardi*, Anm. zu BAG SAE 1972, 140; *Thiele*, GK-BetrVG, § 75, Rdnr. 40.

[44] *Zöllner*, Gutachten, 124.

[45] *Richardi*, Anm. zu BAG SAE 1972, 140.

[46] Siehe zur Altersversorgung im öffentlichen Dienst oben § 6 II 3.

[47] *Hanau*, RdA 1976, 30; ihm folgend *Otte*, Zeitvertrag, 123.

[48] Siehe dazu oben § 6 II 3; § 8 II 5 a.

[49] Vgl. dazu *Hanau*, RdA 1976, 30.

fertigung einzelvertraglich vereinbarter Altersgrenzen mit der ausreichenden Altersversorgung des betroffenen Arbeitnehmers.

(2) Einfluß der kündigungsschutzrechtlichen Bedeutung einer ausreichenden Altersversorgung

Diejenigen, die eine Altersgrenze bei Bestehen ausreichender Versorgungsansprüche für sachlich gerechtfertigt halten, verweisen zur Begründung ihrer Ansicht teilweise auf die kündigungsschutzrechtliche Bedeutung dieses Umstandes[50]. Wenn man, wie Richardi und Zöllner, altersbedingte Kündigungen gegenüber Arbeitnehmern, die über eine ausreichende Altersversorgung verfügen, für sozial gerechtfertigt hält[51], ist es nur folgerichtig, in diesem Fall auch eine vertraglich vereinbarte Altersgrenze als sachlich begründet anzuerkennen.

Die überwiegende Ansicht, einschließlich des Bundesarbeitsgerichts, geht jedoch, wie oben dargestellt wurde, zu Recht davon aus, daß eine Kündigung sozialwidrig ist, die damit begründet wird, daß der Arbeitnehmer aufgrund seines Alters berechtigt sei, gesetzliche und betriebliche Rentenleistungen in Anspruch zu nehmen[52]. Der Verweis auf das Kündigungsschutzrecht vermag also nicht ohne weiteres einzelvertragliche Altersgrenzen bei Bestehen einer ausreichenden Versorgungslage des betroffenen Arbeitnehmers zu rechtfertigen.

Möglicherweise ist eine ausreichende Altersversorgung aber deshalb geeignet, eine Altersgrenze sachlich zu begründen, weil zur sachlichen Rechtfertigung von Befristungsabreden nicht das Gewicht eines sozial rechtfertigenden Grundes im Sinne des § 1 Abs. 2 KSchG erforderlich ist. Diese Argumentation übersieht jedoch, daß die ausreichende Altersversorgung nicht ihres Gewichtes oder ihrer Bedeutung wegen als Kündigungsgrund ausscheidet, sondern wegen ihres qualitativen Gehaltes.

Die Versorgungslage des Arbeitnehmers wirkt sich nicht belastend auf das konkrete Arbeitsverhältnis aus. Es handelt sich nicht um einen arbeitsplatzbezogenen Umstand. Derartige Umstände, die das Arbeitsverhältnis weder im Leistungsbereich noch im personalen Vertrauensbereich berühren, können weder eine Kündigung noch eine Befristungsabrede rechtfertigen[53]. Dementsprechend hat auch das Bundesarbeitsgericht die ausreichende wirtschaftliche Versorgung eines Arbeitnehmers nicht als einen Umstand anerkannt, der eine Befristung sachlich zu rechtfertigen vermag[54].

---

[50] Vgl. *Richardi*, Anm. zu BAG SAE 1972, 140; *Zöllner*, Gutachten, 124.

[51] Siehe dazu oben § 8 I 3, FN 23.

[52] Siehe dazu oben § 8 I 3.

[53] Ähnlich auch *Schlüter / Belling*, Anm. zu BAG SAE 1979, 279.

[54] Vgl. BAG AP Nr. 33 zu § 620 BGB (Befristeter Arbeitsvertrag).

Die entgegengesetzte Betrachtungsweise müßte dazu führen, eine Befristung immer dann als sachlich begründet anzuerkennen, wenn der betroffene Arbeitnehmer — aus welchen Gründen auch immer — wirtschaftlich gesichert ist. Dies widerspricht aber dem Gedanken des im Kündigungsschutzrecht konkretisierten Bestandsschutzes, der gleichzeitig auch die dogmatische Grundlage für die eingeschränkte Zulässigkeit befristeter Arbeitsverträge bildet. Der Bestandsschutz dient nicht nur der materiellen Existenzsicherung, sondern auch dem Schutz der sozialen Existenz des Arbeitnehmers[55].

Nach Ernst Benda entspricht dies einer sozialstaatlichen Betrachtungsweise, die „an das im Grundgesetz vorgezeichnete Menschenbild anknüpft und den Arbeitnehmer nicht nur als Einzelpersönlichkeit sieht, der Anspruch auf Schutz vor Existenzgefährdung hat, sondern zugleich als gemeinschaftsbezogenen und -gebundenen Menschen, der durch den Ausschluß aus dem Sozialgebilde Betrieb auch dann beeinträchtigt würde, wenn ihm eine volle Entschädigung so bezahlt würde, daß ein finanzieller Verlust nicht entstehen könnte“[56].

Auch die oben wiedergegebenen Umfrageergebnisse haben gezeigt, daß das Interesse an einer Weiterarbeit über das 65. Lebensjahr hinaus vorrangig durch außerökonomische Interessen bestimmt ist[57]. Diejenigen, die trotz bestehender Alterssicherung mit 65 weiterarbeiten wollen, machen gerade dadurch deutlich, daß für sie berufliche Tätigkeit mehr bedeutet als bloße Erwerbsquelle.

Die ausreichende Altersversorgung des Arbeitnehmers vermag also weder altersbedingte Kündigungen noch einzelvertraglich vereinbarte Altersgrenzen zu rechtfertigen.

(3) Bedeutung ausreichender Versorgungsansprüche im Rahmen einer Interessenabwägung

Hanau hat darauf hingewiesen, daß die „vorzunehmende Abwägung zwischen dem Interesse des Arbeitgebers an einer festen Altersgrenze 65 und dem Interesse des Arbeitnehmers an individueller Bestimmung des Pensionszeitpunktes“ durch „das Bestehen einer ausreichenden Altersversorgung entscheidend beeinflußt“ wird[58]. Dem ist ohne weiteres zuzustimmen. Daraus folgt aber nicht, daß „die auf Vereinbarung beruhende Zwangspensionierung aller Arbeitnehmer eines Betriebes

---

[55] Vgl. dazu die Begründung des Gesetzentwurfes für ein KSchG, BT-Drs. I/2090, 11; BAG 16, 285 (291) = AP Nr. 20 zu § 7 KSchG mit zust. Anm. von *Herschel; Becker*, GK-KSchG, § 9, Rdnr. 8 ff.; *Hofmann*, ZfA 1970, 76 ff.

[56] *Benda*, Herrschaft, 531 f.

[57] Siehe dazu oben § 2.

[58] *Hanau*, RdA 1976, 30; ähnlich auch *Otte*, Zeitvertrag, 123.

wegen Vollendung des 65. Lebensjahres ... zulässig" ist, „wenn eine ausreichende Altersversorgung besteht"[59].

Bevor eine Interessenabwägung vorgenommen werden kann, müssen zunächst arbeitsplatzbezogene Umstände vorliegen, die eine Altersbegrenzung sachlich zu rechtfertigen vermögen. Bei der Interessenabwägung geht es allein darum zu entscheiden, ob diese sachlichen Gründe geeignet sind, das Bestandsschutzinteresse des Arbeitnehmers zurücktreten zu lassen. Selbstverständlich ist bei dieser Interessenabwägung zu berücksichtigen, ob der Arbeitnehmer ausreichend versorgt ist. Das Bestehen einer ausreichenden Altersversorgung wird deshalb die Entscheidung, ob eine Altersgrenze wirksam vereinbart wurde, entscheidend beeinflussen. Dadurch wird jedoch das Erfordernis eines sachlichen Grundes nicht überflüssig und als sachlicher Grund für die einzelvertragliche Vereinbarung einer Altersgrenze kommt das Bestehen einer ausreichenden Versorgungslage aus den vorgenannten Gründen nicht in Betracht.

b) Altersbegrenzungen für leitende Angestellte

Gegenüber leitenden Angestellten im Sinne von § 14 Abs. 2 KSchG, die über eine betriebliche Versorgungszusage verfügen, ist die einzelvertragliche Vereinbarung einer auf die Vollendung des 65. Lebensjahres bezogenen Altersgrenze allerdings zulässig[60]. Das ergibt sich aus der dem KSchG zu entnehmenden gesetzgeberischen Wertung. Zwar erklärt § 14 Abs. 2 KSchG den ersten Abschnitt des Gesetzes mit Ausnahme des § 3 KSchG auf leitende Angestellte für anwendbar. Danach genießen auch leitende Angestellte den Schutz des KSchG.

Andererseits kann der Arbeitgeber im Kündigungsschutzprozeß ohne Begründung den Antrag auf Auflösung des Arbeitsverhältnisses stellen (§ 14 Abs. 2 S. 2 i. V. m. § 9 Abs. 1 S. 2 KSchG). Durch Urteil des Gerichts wird das Arbeitsverhältnis daraufhin aufgelöst und der Arbeitgeber zur Zahlung einer angemessenen Abfindung verurteilt (§ 9 Abs. 1 S. 1 KSchG). Der Regelung ist zu entnehmen, „daß der Gesetzgeber das Interesse des leitenden Angestellten am Bestand seines Arbeitsverhältnisses gegenüber dem Funktionieren des Betriebes insgesamt für untergeordnet hält und daher nur ein finanzielles Ausgleichsinteresse beim Verlust des Arbeitsplatzes anerkennt"[61].

---

[59] *Hanau*, RdA 1976, 31.

[60] So BAG AP Nr. 47 zu § 620 BGB (Befristeter Arbeitsvertrag); *v. Hoyningen-Huene*, Anm. zu BAG SAE 1980, 350; *Koch*, BB 1978, 1221; *Koller*, Anm. zu BAG AP Nr. 47 zu § 620 BGB (Befristeter Arbeitsvertrag); *Säcker*, RdA 1976, 97 ff.; kritisch dazu MünchKomm - *Schwerdtner*, § 620 BGB, Rdnr. 36.

[61] *Säcker*, RdA 1976, 98.

Da die eingeschränkte Zulässigkeit befristeter Arbeitsverträge letztlich durch das im Kündigungsschutzrecht konkretisierte Bestandsschutzinteresse geboten ist, muß diese gesetzgeberische Wertung bei der Beurteilung befristeter Arbeitsverträge beachtet werden. Die mit einem leitenden Angestellten vereinbarte Altersgrenze ist deshalb wirksam, wenn seinem finanziellen Ausgleichsinteresse Rechnung getragen wird. Dies entspricht auch der in § 110 Abs. 4 des Kommissionsentwurfs für ein Arbeitsgesetzbuch vorgesehenen Regelung[62].

Die Abfindungsregelung kann schon bei Vertragsschluß vereinbart werden. Entgegen den sonst bei befristeten Arbeitsverträgen zu beachtenden Grundsätzen reicht es aber auch aus, wenn der Arbeitgeber dem leitenden Angestellten rechtzeitig vor dem Ausscheiden eine angemessene Abfindung bindend anbietet[63]. Den Angestellten trifft dadurch im Vergleich zu einer von vornherein vereinbarten Ausgleichszahlung kein Nachteil. Ist er bisher von der Wirksamkeit der Altersgrenzenregelung ausgegangen, wird ihm nur ein zusätzlicher Vorteil angeboten. Ging er umgekehrt von der Unwirksamkeit der vereinbarten Altersgrenze aus, wird er durch das Angebot der Abfindung nicht schlechter gestellt als ein leitender Angestellter, der trotz Sozialwidrigkeit der Kündigung die Auflösung seines Arbeitsverhältnisses gegen gerichtliche Festsetzung einer angemessenen Abfindung hinnehmen muß[64].

Dem finanziellen Ausgleichsinteresse des leitenden Angestellten kann sowohl durch eine einmalige Ausgleichszahlung des Arbeitgebers als auch durch die Gewährung einer Versorgungszusage Rechnung getragen werden[65]. Da ein 65jähriger leitender Angestellter im Regelfall keinen neuen Arbeitsplatz finden dürfte, ist insbesondere eine Versorgungszusage als finanzielles Äquivalent für den aufgrund der Altersgrenzenregelung eingetretenen Verlust des Arbeitsplatzes anzusehen.

4. Abnahme der beruflichen Leistungsfähigkeit

a) Vermutung abnehmender Leistungsfähigkeit

Wiedemann hat in seiner Typologie zulässiger Zeitarbeitsverträge die auf die Vollendung des 65. Lebensjahres bezogene Altersgrenzenrege-

---

[62] Vgl. BMA (Hrg.), Entwurf, 132.

[63] So *Koller*, Anm. zu BAG AP Nr. 47 zu § 620 BGB (Befristeter Arbeitsvertrag).

[64] Ein Vergleich mit dem Kündigungsschutzrecht zeigt überdies, daß gegenüber leitenden Angestellten auch eine Altersbegrenzung auf ein früheres Lebensjahr möglich ist, wenn eine angemessene Abfindung bereitgestellt wird; Art. 6 § 5 Abs. 2 RRG steht dem nicht entgegen; vgl. *Säcker*, RdA 1976, 99 mit allerdings problematischer Begründung; siehe dazu unten § 11 II 4 b.

[65] Vgl. BAG AP Nr. 47 zu § 620 BGB (Befristeter Arbeitsvertrag); *Säcker*, RdA 1976, 97 ff.; kritisch dazu MünchKomm - *Schwerdtner*, § 620 BGB, Rdnr. 36.

lung zu den sogenannten Verschleißtatbeständen gezählt[66]. Er hält derartige Vereinbarungen für zulässig, weil „nach einem allgemeinen, an der Erfahrung orientierten Maßstab ... die Mehrzahl der Arbeitnehmer mit einem gewissen Alter begrenzt leistungsfähig" werde[67]. Letztlich wird damit unter Bezugnahme auf einen vermeintlichen Erfahrungssatz unwiderlegbar vermutet, daß Arbeitnehmer grundsätzlich mit 65 Jahren nicht mehr den Anforderungen ihres Berufes genügen.

Auf derselben Vermutung beruht auch die Ansicht, daß eine einzelvertraglich vereinbarte Altersgrenze schon deshalb als sachlich begründet anzusehen sei, weil damit „lästige Auseinandersetzungen um den Fortbestand der Leistungskraft des Arbeitnehmers" vermieden würden[68]. Derartige Auseinandersetzungen können vernünftigerweise nur eintreten, wenn mit einem erheblichen Nachlassen der Leistungsfähigkeit älterer Arbeitnehmer erfahrungsgemäß gerechnet werden kann.

Die eingangs dargestellten gerontologischen Erkenntnisse lassen jedoch die Bestimmung einer festen Altersgrenze, von der ab die berufliche Leistungsfähigkeit aller oder auch nur des Großteils der Arbeitnehmer ohne Rücksicht auf die jeweils wahrgenommene berufliche Tätigkeit nachläßt, nicht zu[69]. Die Entwicklung der beruflichen Leistungsfähigkeit verläuft vielmehr individuell verschieden. Das kalendarische Alter ist nur in geringem Maße als eine Determinante möglicher Veränderungen anzusehen. Eine generelle Vermutung abnehmender Leistungskraft älterer Arbeitnehmer ist mit diesen Erkenntnissen unvereinbar. Vermeintliche Erfahrungssätze, die zur Begründung dieser Vermutung herangezogen werden, erweisen sich als Vorurteil.

Darüber hinaus stellt sich die Frage, ob Vermutungen oder auch generelle Erfahrungssätze überhaupt eine geeignete Grundlage für die sachliche Begründung von Vertragsbefristungen darstellen. Wiedemann verweist in diesem Zusammenhang darauf, daß der sachliche Grund für eine Befristung nur generell, also „mit gröberem Raster gemessen" werde als die Sozialberechtigung einer Kündigung[70]. Wohnseifer meint, „bei der Befristung des Arbeitsverhältnisses kann daher nicht, wie bei der Kündigung eines unbefristeten Arbeitsvertrages auf die individuelle Besonderheit des Falles abgestellt werden"[71].

---

[66] *Wiedemann*, Typologie, 407 f.

[67] *Wiedemann*, Typologie, 408; so auch *Böhm*, Problematik, 106; *Hillebrecht*, GK-KSchG, § 620 BGB, Rdnr. 188; *Wohnseifer*, Probleme, 64.

[68] MünchKomm / *Schwerdtner*, § 620 BGB, Rdnr. 33; ähnlich BAG 29, 133 (135); *Molitor / Bürger*, AR-Blattei, Arbeitsvertrag — Arbeitsverhältnis VIII, B V 1 d; vgl. auch *Sieg*, Anm. zu BAG SAE 1978, 21; *Zöllner*, Gutachten, 124.

[69] Siehe dazu oben § 3 II, 1; vgl. auch *Hanau*, RdA 1976, 27.

[70] *Wiedemann*, Typologie, 408; ähnlich *Hillebrecht*, GK-KSchG, § 620 BGB, Rdnr. 188.

[71] *Wohnseifer*, Probleme, 64.

Tatsächlich handelt es sich bei Befristungen jedoch ähnlich wie bei Kündigungen um individualrechtliche Maßnahmen. Auch die Befristung muß deshalb „nach den konkreten, sich auf das jeweilige Arbeitsverhältnis auswirkenden Umständen des Einzelfalles sachlich gerechtfertigt“ sein[72]. Unterschiede zwischen Befristung und Kündigung ergeben sich allerdings, abgesehen von der Gewichtung möglicher Rechtfertigungsgründe, aus dem jeweils maßgebenden Zeitpunkt für die rechtliche Beurteilung ihrer Zulässigkeit. Während bei der Kündigung der Zeitpunkt ihres Zugangs maßgebend ist, ist bei der Befristung auf den Zeitpunkt ihrer Vereinbarung abzustellen[73].

Gerade bei individualrechtlich vereinbarten Altersgrenzen liegt zwischen dem Vertragsschluß und der tatsächlichen Beendigung des Arbeitsverhältnisses häufig ein langer Zeitraum. Die tatsächliche Entwicklung der Leistungsfähigkeit des einzelnen Arbeitnehmers läßt sich deshalb bei Vertragsschluß noch gar nicht exakt bestimmen. Daraus folgt allerdings nicht die Zulässigkeit von Vermutungen oder generellen Erfahrungssätzen für die sachliche Begründung von Altersgrenzenregelungen. Der individualrechtliche Charakter der Vereinbarung verlangt auch hier eine auf den Einzelfall bezogene Betrachtungsweise.

Das entspricht der Rechtsprechung des Bundesarbeitsgerichts zur Zulässigkeit befristeter Arbeitsverträge. Der zweite Senat hat zwar in einem Urteil aus dem Jahre 1973 die befristete Beschäftigung eines pakistanischen Redakteurs bei der Deutschen Welle für zulässig gehalten, weil ihm „nach einiger Zeit erfahrungsgemäß die besonderen Fähigkeiten, die er zur Ausübung seiner Tätigkeit braucht, verlorengehen“[74]. Demgegenüber hat der fünfte Senat in einem späteren Urteil entschieden, die Deutsche Welle könne die Befristung des Arbeitsverhältnisses mit einem tunesischen Redakteur „nicht mit der entfernten Besorgnis rechtfertigen, im Laufe der Zeit könnte die Vertrautheit mit der Heimatsprache nachlassen“. Vielmehr müßten „konkrete Anhaltspunkte“ vorliegen, daß der Arbeitnehmer „in Zukunft den berechtigten Anforderungen nicht mehr genügen würde“[75].

In Übereinstimmung damit hat der zweite Senat in einem Urteil aus dem Jahre 1970 im Lebensalter einer Chorsängerin keinen sachlichen Grund für eine Befristung gesehen, „weil der Beklagte nichts dafür vorgetragen hat, daß die Klägerin aufgrund ihres Lebensalters nicht mehr in der Lage sein würde, den Anforderungen zu entsprechen, die

---

[72] So BAG NJW 1982, 1475; siehe auch oben § 10 III 2 c (3) (b).

[73] Siehe oben § 10 III 2 c (3) (d).

[74] BAG AP Nr. 37 zu § 620 BGB (Befristeter Arbeitsvertrag) mit kritischer Anm. von *Birk*.

[75] BAG AP Nr. 44 zu § 620 BGB (Befristeter Arbeitsvertrag).

von einer Chorsängerin verlangt werden“[76]. Auch in anderen Entscheidungen über die Zulässigkeit befristeter Arbeitsverträge hat das Bundesarbeitsgericht stets den bloßen Hinweis auf das Lebensalter des betroffenen Arbeitnehmers als unzureichendes Indiz für eine abnehmende Leistungsfähigkeit angesehen[77].

b) Berufsbezogene Prognose abnehmender Leistungsfähigkeit

Die Ablehnung von Vermutungen und generellen Erfahrungssätzen als sachliche Basis für die Befristung von Arbeitsverträgen bedeutet nicht, daß ein Umstand, dessen Eintritt bei Vertragsschluß noch nicht mit Sicherheit feststeht, unberücksichtigt bleiben muß. In diesem Fall ist die Entscheidung der Frage, ob für die Befristung und deren Zeitdauer ein sachlicher Grund vorliegt, allerdings von einer gerichtlich überprüfbaren Prognose des Arbeitgebers abhängig[78]. „Aufgrund greifbarer Tatsachen muß der Arbeitgeber mit einiger Sicherheit annehmen können, daß der in Zukunft liegende Ungewißheitstatbestand eintritt[79].“

Aus der Unzulässigkeit, generell eine Beendigung des Arbeitsverhältnisses mit 65 Jahren zu vereinbaren, ergibt sich für den Arbeitgeber also keineswegs der Zwang, „im Rahmen eines Kündigungsschutzprozesses durch ärztliche Gutachten den Nachweis“ einer altersbedingten Abnahme der beruflichen Leistungsfähigkeit führen zu müssen[80]. Es handelt sich dabei um eine Scheinalternative. Die einzelvertragliche Vereinbarung einer Altersgrenze ist durchaus sachlich begründet, wenn der Arbeitgeber aufgrund einer berufsbezogenen Prognose damit rechnen kann, daß der betroffene Arbeitnehmer im Alter von 65 Jahren den vertraglichen Leistungsanforderungen nicht mehr genügen wird[81].

Zweifellos verbleibt das Risiko, daß sich der prognostizierte Ungewißheitstatbestand als unrichtig herausstellt. Der Arbeitnehmer kann schon vor dem Erreichen der prognostizierten Altersgrenze in seiner

---

[76] BAG AP Nr. 34 zu § 620 BGB (Befristeter Arbeitsvertrag).

[77] Vgl. BAG AP Nr. 35, 43, 47 zu § 620 BGB (Befristeter Arbeitsvertrag).

[78] Siehe dazu oben § 10 III 2 c (3) (d).

[79] BAG NJW 1982, 1475.

[80] Von dieser falschen Alternative geht jedoch der 2. Senat des Bundesarbeitsgerichts in BAG 29, 133 (135) aus; ähnlich auch *Sieg*, Anm. zu BAG SAE 1978, 21; *Wohnseifer*, Probleme, 64.

[81] Ähnlich auch *Schlüter / Belling*, Anm. zu BAG SAE 1979, 278 f.; eine berufsbezogene Betrachtungsweise wird für Altersgrenzen, die sich auf ein früheres als das 65. Lebensjahr beziehen, teilweise auch von denjenigen befürwortet, die eine Beendigung von Arbeitsverhältnissen bei Vollendung des 65. Lebensjahres generell zulassen wollen; vgl. *Hillebrecht*, GK-KSchG, § 620 BGB, Rdnr. 190; *Wiedemann*, Typologie, 407.

Leistungsfähigkeit nachlassen oder über diesen Zeitpunkt hinaus beruflich leistungsfähig bleiben. Aber die Prognose ermöglicht anders als der Rückgriff auf Vermutungen und generelle Erfahrungssätze eine Berücksichtigung aller im Einzelfall einschlägigen Umstände. Außerdem trägt sie sowohl dem Interesse des Arbeitgebers an der Vereinbarung eines festen Beendigungszeitpunktes als auch dem Bestandsschutzinteresses des betroffenen Arbeitnehmers hinreichend Rechnung.

Bei der berufsbezogenen Prognose sind sowohl der gegenwärtige Gesundheitszustand des Arbeitnehmers als auch die spezifischen Anforderungen der wahrgenommenen Tätigkeit zu berücksichtigen. Die Prognose über die Entwicklung der beruflichen Leistungsfähigkeit wird durch die Erkenntnisse der Gerontologie erleichtert. Danach tritt im Alter beim Menschen kein allgemeiner Leistungsabbau, sondern ein Wandel in der Struktur seiner Fähigkeiten ein[82].

Eine abnehmende Leistungsfähigkeit älterer Arbeitnehmer ergibt sich bei Tätigkeiten mit komplexer Aufgabenstellung, die unter Zeitdruck verrichtet werden müssen und die hohe Anforderungen an die geistige Beweglichkeit, das Reaktionsvermögen und an eine schnelle Informationsverarbeitung stellen. Das gleiche gilt für Tätigkeiten, die eine überdurchschnittlich hohe physische oder psychische Dauerbelastung mit sich bringen oder unter extrem schwierigen Umgebungseinflüssen ausgeübt werden müssen.

Demnach sind beispielsweise bei Schwer- und Fließbandarbeit, bei der Tätigkeit im Verkehrssektor oder im Außendienst sowie bei zahlreichen Managementfunktionen mit hinreichender Sicherheit altersbedingte Abnahmen der beruflichen Leistungsfähigkeit anzunehmen[83]. Für Arbeitnehmer in diesen Berufssparten liegt deshalb vielfach ein sachlicher Grund für die einzelvertragliche Vereinbarung einer auf die Vollendung des 65. Lebensjahres bezogenen Altersgrenze vor. Da Arbeitnehmer in diesem Alter zudem im Regelfall berechtigt sind, Leistungen der gesetzlichen und gegebenenfalls auch der betrieblichen Altersversorgung in Anspruch zu nehmen, reicht dieser Grund auch aus, um im Rahmen der Interessenabwägung das Bestandsschutzinteresse des Arbeitnehmers zurücktreten zu lassen.

Im Einzelfall kann die berufsbezogene Prognose auch ergeben, daß die berufliche Leistungsfähigkeit schon vor Vollendung des 65. Lebensjahres so entscheidend nachläßt, daß der Arbeitnehmer nicht mehr in der Lage ist, den vertraglichen Anforderungen zu genügen. Um auch in

---

[82] Siehe dazu oben § 3 II 1.

[83] Vgl. dazu auch BDA (Hrg.), Mitarbeiter, 20.

diesem Fall das Bestandsschutzinteresse des Arbeitnehmers im Rahmen der Interessenabwägung zurücktreten zu lassen, ist allerdings ein gesteigerter Grad an Gewißheit bezüglich der abnehmenden Leistungsfähigkeit notwendig[84].

Wenn Säcker bei leitenden Angestellten grundsätzlich eine Vorverlagerung der Altersgrenze unter Leistungsgesichtspunkten für sachlich gerechtfertigt hält, erscheint dies bedenklich[85]. Die gerontologischen Erkenntnisse zeigen, daß Aufgaben, die neben Geübtheit und Erfahrung ein besonderes Maß an Urteilsvermögen, Gesprächsfähigkeit, Wissen und Verantwortungsbewußtsein erfordern, für ältere Arbeitnehmer besonders geeignet sind. Soweit die vom leitenden Angestellten wahrgenommenen Aufgaben sich vor allem durch diese Tätigkeitsmerkmale kennzeichnen lassen, ist eine Vorverlagerung der Altersgrenze unter Leistungsgesichtspunkten unzulässig[86].

Eine besondere Beurteilung ist auch gegenüber Arbeitnehmern notwendig, die in Berufen beschäftigt sind, die existentielle Bedeutung für den Staat und seine Bürger haben oder die bei nachlassender Leistungsfähigkeit typischerweise mit erheblichen Gefährdungen für den betroffenen Arbeitnehmer, seinen Betrieb oder die Allgemeinheit verbunden sind. Hier entfällt zwar das Erfordernis einer berufsbezogenen Prognose ebenfalls nicht. Eine Altersgrenzenregelung zum Schutz und zur Sicherheit der Allgemeinheit, des Betriebes oder des betroffenen Arbeitnehmers ist aber bereits bei einem geringeren Grad an Gewißheit über die Abnahme der beruflichen Leistungsfähigkeit zulässig. Dies entspricht der Regelung in § 110 Abs. 4 des Kommissionsentwurfs für ein Arbeitsgesetzbuch[87].

Zusammenfassend läßt sich feststellen, daß eine auf die Vollendung des 65. Lebensjahres bezogene Altersgrenze sachlich begründet ist, wenn der Arbeitgeber aufgrund einer berufsbezogenen Prognose mit einiger Sicherheit davon ausgehen kann, daß der betroffene Arbeitnehmer bei Erreichen dieses Alters den vertraglichen Leistungsanforderungen nicht mehr entsprechen wird.

---

[84] Vgl. *Hillebrecht*, GK-KSchG, § 620 BGB, Rdnr. 190; *Zöllner*, Gutachten, 124 f.

[85] Vgl. *Säcker*, RdA 1976, 99 ff.; kritisch dazu auch *Hillebrecht*, GK-KSchG, § 620 BGB, Rdnr. 190.

[86] Zu der Möglichkeit, eine vorzeitige Altersgrenze bei Befriedigung des finanziellen Ausgleichsinteresses des leitenden Angestellten zu vereinbaren, siehe oben § 11 II 3 b FN 64.

[87] Vgl. BMA (Hrg.), Entwurf, 132.

5. Schutz der Gesundheit des Arbeitnehmers

Für Konzen rechtfertigen „gesundheitliche Belange des Arbeitnehmers“ die generelle Beendigung von Arbeitsverhältnissen bei Vollendung des 65. Lebensjahres durch vertragliche Vereinbarung einer Altersgrenze[88]. Dieser Argumentation liegt die Vermutung zugrunde, daß ältere Arbeitnehmer im Regelfall zu einer Weiterbeschäftigung über das 65. Lebensjahr hinaus gesundheitlich nicht in der Lage sind oder zumindest durch eine solche Weiterbeschäftigung gesundheitlichen Schaden nehmen.

Beide Annahmen werden durch die Erkenntnisse der Altersmedizin keineswegs bestätigt[89]. Vielmehr zeigt sich, daß ein erheblicher Teil älterer Arbeitnehmer den gesundheitlichen Anforderungen einer Weiterarbeit über das 65. Lebensjahr hinaus durchaus entspricht. Für diese Arbeitnehmer ist nach Ansicht von Gerontologen eine berufliche Tätigkeit sogar gesundheitsfördernd. Eine erzwungene Aufgabe der Berufstätigkeit bei bestehender Leistungsfähigkeit und Arbeitswilligkeit „bedeutet für viele Menschen geradezu eine Herabsetzung des psychophysischen Wohlbefindens“[90].

Es ist deshalb keineswegs gerechtfertigt, Altersgrenzen generell unter Hinweis auf die gesundheitlichen Belange der Arbeitnehmer als sachlich begründet anzuerkennen. Vielmehr ist auch hier eine einzelfallbezogene Prognose des Arbeitgebers über die voraussichtliche Entwicklung des Gesundheitszustandes des betroffenen Arbeitnehmers notwendig. Der Arbeitgeber muß bei Vereinbarung der Altersgrenze mit einiger Sicherheit davon ausgehen können, daß der Arbeitnehmer entweder zu einer Beschäftigung über das 65. Lebensjahr hinaus gesundheitlich nicht in der Lage ist oder durch eine solche Weiterarbeit gesundheitlich geschädigt würde.

Ausgehend von den Erkenntnissen der Alterswissenschaft sind gesundheitliche Beeinträchtigungen älterer Arbeitnehmer nur ausnahmsweise mit hinreichender Sicherheit zu prognostizieren. Zu diesen Ausnahmen zählt etwa der Fall, daß der Arbeitnehmer schon bei Vereinbarung der Altersgrenze gesundheitlich geschwächt ist. Die Beeinträchtigung gesundheitlicher Belange des älteren Arbeitnehmers durch eine Weiterbeschäftigung über das 65. Lebensjahr hinaus ist auch bei bestimmten Tätigkeiten mit hinreichender Sicherheit zu erwarten. Dazu zählen schwere körperliche Arbeit, Tätigkeiten unter extrem ungünsti-

---

[88] *Konzen*, ZfA 1978, 501.

[89] Siehe dazu oben § 3 II 2.

[90] *Lehr*, ZfB 1979, 141.

gen Umgebungseinflüssen und Aufgaben, die außergewöhnliche Anforderungen an die sensorischen Fähigkeiten des Arbeitnehmers stellen.

Von derartigen Ausnahmen abgesehen, können Altersgrenzen nicht unter Hinweis auf die gesundheitlichen Belange des betroffenen Arbeitnehmers sachlich gerechtfertigt werden.

6. Interesse an einem zweckmäßigen Altersaufbau

Die vertragliche Vereinbarung einer auf die Vollendung des 65. Lebensjahres bezogenen Altersgrenze wird vielfach auch mit dem Interesse des Arbeitgebers an einem zweckmäßigen betrieblichen Altersaufbau begründet[91]. Insbesondere werde durch die Altersgrenze eine Überalterung der Belegschaft verhindert.

Demgegenüber hat das Bundesarbeitsgericht in seiner jüngsten einschlägigen Entscheidung in „einem billigenswerten Interesse" des Arbeitgebers „an einem gleichmäßigen Altersaufbau" keinen sachlichen Grund für die Befristung von Arbeitsverhältnissen gesehen[92]. Diesem Interesse komme „kein absoluter Vorrang vor dem Bestandsschutzinteresse" zu. Außerdem würde „die Zulassung der Befristung zur Sicherung eines gesunden Altersaufbaues ... letztlich die Befristung eines jeden Arbeitsvertrages rechtfertigen, denn jeder Arbeitnehmer beeinflußt nach einer gewissen Dauer seines Arbeitsverhältnisses die Altersstruktur der Belegschaft im Sinne eines Überwiegens älterer Arbeitnehmer".

Tatsächlich kann das Interesse an einem zweckmäßigen Altersaufbau allenfalls dann als sachlicher Grund anerkannt werden, wenn dem Arbeitgeber der Nachweis gelingt, daß ohne die Altersgrenzenregelung in seinem Betrieb eine untragbare Überalterung der Belegschaft droht. Nur in diesem Fall liegt ein konkreter das betreffende Arbeitsverhältnis berührender Umstand vor, der eine Befristung zu rechtfertigen vermag[93].

Der Nachweis, daß ohne die Altersgrenzenregelung in einem Betrieb eine untragbare Überalterung droht, dürfte nur ausnahmsweise zu erbringen sein. Seit Einführung der flexiblen Altersgrenze in der Rentenversicherung ist deutlich geworden, daß der weitaus überwiegende Teil

---

[91] Vgl. BAG 23, 257 (271); *Böhm*, Problematik, 105 f.; *Säcker*, RdA 1976, 93; *Thiele*, GK-BetrVG, § 75, Rdnr. 40; *Wohnseifer*, Probleme, 63; *Zöllner*, Gutachten, 124.

[92] BAG NJW 1982, 1475 (1478).

[93] In diesem Fall dürfte nach den Formulierungen in BAG NJW 1982, 1475 (1478) auch der zweite Senat des Bundesarbeitsgerichts einen sachlichen Grund anerkennen.

der Arbeitnehmer bereits vor dem 65. Lebensjahr aus dem Arbeitsleben ausscheidet. Die Zahl der Arbeitnehmer, die nach Vollendung des 65. Lebensjahres unverändert weiterarbeiten wollen, ist viel geringer. Nach den eingangs dargestellten Berechnungen dürfte es sich dabei um einen Prozentsatz von 5 - 10 % der Arbeitnehmer handeln. Hanau zieht daraus den Schluß, daß „die Flexibilität der Altersgrenze ... überwiegend zu einer Verbesserung der Altersstruktur der Belegschaft" geführt hat[94].

Solange die große Mehrheit der Arbeitnehmer vor oder bei Vollendung des 65. Lebensjahres freiwillig aus dem Arbeitsleben ausscheidet, dürfte das Interesse an einem zweckmäßigen Altersaufbau deshalb regelmäßig nicht als sachlicher Grund für die Vereinbarung einer Altersgrenze anzuerkennen sein[95].

7. Eröffnung von Aufstiegschancen für Nachwuchskräfte

Schließlich werden zur sachlichen Begründung einzelvertraglich vereinbarter Altersgrenzen auch die Bedürfnisse der betrieblichen Nachwuchsplanung genannt[96]. Eine feste Beendigung aller Arbeitsverhältnisse bei Vollendung des 65. Lebensjahres eröffne den Nachwuchskräften des Unternehmens kalkulierbare Aufstiegschancen.

Dieses Argument ist nicht schon deshalb obsolet, weil — wie oben dargestellt wurde — Drittinteressen nicht geeignet sind, eine Befristung sachlich zu rechtfertigen[97]. Zwar ist die Interessenlage einer potentiellen Nachwuchskraft bei der Vereinbarung einer Altersgrenze zwischen Arbeitgeber und Arbeitnehmer als Drittinteresse unbeachtlich. Aber es darf nicht übersehen werden, daß der Arbeitgeber ein eigenes Interesse daran hat, Nachwuchskräfte an seinen Betrieb zu binden und ihnen berechenbare Aufstiegschancen zu eröffnen. Insofern stellt die Nachwuchsplanung ein betriebliches Interesse dar, das bei der sachlichen Begründung einer Altersgrenzenregelung zu berücksichtigen ist.

Allerdings ist auch hier eine auf den konkreten Arbeitsplatz bezogene Betrachtungsweise geboten. Die Vereinbarung einer Altersgrenze im Hinblick auf die betriebliche Nachwuchsplanung kommt deshalb von vornherein nur dann in Betracht, wenn ein Arbeitsplatz betroffen ist,

---

[94] *Hanau*, RdA 1976, 28.

[95] Ähnlich auch *Hanau*, RdA 1976, 27 f.; *Otte*, Zeitvertrag, 119 f.

[96] Vgl. BAG 23, 257 (272); *Molitor / Bürger*, AR-Blattei, Arbeitsvertrag — Arbeitsverhältnis VIII, B V 1 c; *Osswald*, Der Arbeitgeber 1953, 964; *Thiele*, GK-BetrVG, § 75, Rdnr. 40; *Wohnseifer*, Probleme, 63.

[97] Siehe dazu oben § 11 II 2.

für den eine langfristige Nachwuchspolitik notwendig ist. Die oben dargestellten betriebswirtschaftlichen Untersuchungen zeigen, daß dies nur für Stellen gilt, die mit Führungskräften oder Spezialisten zu besetzen sind[98].

Außerdem ist erneut zu berücksichtigen, daß der weitaus überwiegende Teil der Arbeitnehmer bereits vor dem 65. Lebensjahr aus dem Arbeitsleben ausscheidet und nur ein kleiner Prozentsatz an einer Weiterarbeit über das 65. Lebensjahr hinaus interessiert ist. Diese Tendenz gilt, wenn auch in etwas abgeschwächter Form, auch für Führungskräfte[99]. Im Regelfall stehen für junge Nachwuchskräfte schon durch diese natürliche Fluktuation Aufstiegsmöglichkeiten bereit[100].

Schließlich muß der Arbeitgeber aufgrund einer berufsbezogenen Prognose mit einiger Sicherheit davon ausgehen können, daß der betroffene Arbeitnehmer bei Erreichen der Altersgrenze nicht mehr über eine seiner Funktion entsprechende Leistungsfähigkeit verfügt. Nur in diesem Fall kann sich das Interesse des Arbeitgebers an einer langfristigen Nachwuchsplanung im Rahmen der notwendigen Interessenabwägung gegenüber dem Bestandsschutzinteresse des Arbeitnehmers durchsetzen. Das Interesse des Arbeitgebers, Arbeitsplätze mit den möglichst besten Arbeitskräften zu besetzen, wird man grundsätzlich nur im Rahmen einer Versetzung oder „bei der Neubesetzung von Arbeitsplätzen respektieren können"[101].

Das Interesse des Arbeitgebers an einer langfristigen Nachwuchsplanung vermag deshalb nur ausnahmsweise die Vereinbarung einer Altersgrenze sachlich zu rechtfertigen[102].

Zusammenfassend läßt sich feststellen, daß die einzelvertragliche Vereinbarung einer Altersgrenze, die zu einer automatischen Beendigung des Arbeitsverhältnisses führt, wenn der Arbeitnehmer das 65. Lebensjahr vollendet hat, keineswegs generell sachlich begründet ist. Ein sachlicher Grund ist im Regelfall vielmehr nur anzuerkennen, wenn der Arbeitgeber aufgrund einer berufsbezogenen Prognose mit einiger Sicherheit davon ausgehen kann, daß der betroffene Arbeitnehmer bei Erreichen der Altersgrenze in seiner vertraglich geforderten Leistungsfähigkeit beeinträchtigt ist oder die Weiterbeschäftigung ihn gesundheitlich schädigen würde.

---

[98] Siehe dazu oben § 3 III; eine berufsdifferenzierte Beurteilung ist auch angedeutet bei *Zöllner*, Gutachten, 124.

[99] Zu den genauen Zahlenangaben siehe oben § 2 II.

[100] Vgl. dazu auch *Hanau*, RdA 1976, 28.

[101] *Otte*, Zeitvertrag, 116.

[102] Ablehnend auch *Hanau*, RdA 1976, 28; *Otte*, Zeitvertrag, 120.

III. Verstoß gegen § 75 Abs. 1 S. 2 BetrVG

Als spezialgesetzliche Vorschrift, die bei der rechtlichen Beurteilung von einzelvertraglich vereinbarten Altersgrenzen zu beachten ist, kommt § 75 Abs. 1 S. 2 BetrVG in Betracht. Danach haben Arbeitgeber und Betriebsrat „darauf zu achten, daß Arbeitnehmer nicht wegen Überschreitung bestimmter Altersstufen benachteiligt werden".

Nach einer verbreiteten Ansicht verfolgt die Vorschrift allerdings nur den Zweck, „den Arbeitnehmer davor zu schützen, während seines Erwerbslebens allein aus Altersgründen benachteiligt zu werden"[103]. Sie habe nicht das Ziel, „das Erwerbsleben selbst über das allgemein übliche Maß hinaus zu verlängern, wenn der Arbeitnehmer das wünscht"[104]. Da die Vollendung des 65. Lebensjahres „noch immer als der ‚normale' Zeitpunkt des Ausscheidens aus dem aktiven Arbeitsleben angesehen" werde, lasse sich § 75 Abs. 1 S. 2 BetrVG rechtlich bedenkenfrei mit einer auf die Vollendung des 65. Lebensjahres bezogenen Altersgrenze vereinbaren[105].

Eine derartige Einschränkung des Anwendungsbereiches ergibt sich jedoch weder aus dem Wortlaut der Vorschrift noch steht sie im Einklang mit dem Sinn und Zweck der Norm[106]. § 75 Abs. 1 S. 2 BetrVG soll nach dem Willen des Gesetzgebers „einen Schutz älterer Arbeitnehmer vor Benachteiligungen wegen ihres Alters" gewährleisten[107]. Die bisher weithin praktizierte schematische Beendigung von Arbeitsverhältnissen bei Vollendung des 65. Lebensjahres widerspricht den Erkenntnissen der Bevölkerungswissenschaft, der Gerontologie und der Betriebswirtschaftslehre[108]. Sie diskriminiert und benachteiligt den älteren Arbeitnehmer. § 75 Abs. 1 S. 2 BetrVG will diese Entwicklung nicht festschreiben, sondern „die bisherige, ältere Arbeitnehmer benachteiligende Praxis des Arbeitslebens abändern"[109]. Der durch die Bestimmung gewährleistete Schutz endet deshalb nicht, wenn der ältere Arbeitnehmer das 65. Lebensjahr vollendet.

---

[103] *Galperin / Löwisch*, BetrVG, § 75, Rdnr. 22; vgl. BAG 31, 20 (22); MünchKomm - *Schwerdtner*, § 620 BGB, Rdnr. 34; *Thiele*, GK-BetrVG, § 75, Rdnr. 38.

[104] *Galperin / Löwisch*, BetrVG, § 75, Rdnr. 22.

[105] *Thiele*, GK-BetrVG, § 75, Rdnr. 38.

[106] So auch *Dietz / Richardi*, BetrVG, § 75, Rdnr. 35; *Hanau*, RdA 1976, 28.

[107] BT-Drs. VI/1786, 46; vgl. auch *Dietz / Richardi*, BetrVG, § 75, Rdnr. 2; *Galperin / Löwisch*, BetrVG, § 75, Rdnr. 1; *Kammann / Hess / Schlochauer*, BetrVG, § 75, Rdnr. 1; *Thiele*, GK-BetrVG, § 75, Rdnr. 36.

[108] Siehe dazu unten § 3.

[109] *Hanau*, RdA 1976, 28.

Das in § 75 Abs. 1 S. 2 BetrVG ausgesprochene Benachteiligungsverbot bindet Betriebsrat und Arbeitgeber nicht nur bei gemeinsamen Maßnahmen, sondern auch beim Tätigwerden im jeweils eigenen Aufgabenbereich[110]. Fraglich ist aber, ob das Verbot auch bei der einzelvertraglichen Vereinbarung einer Altersgrenze vom Arbeitgeber zu beachten ist.

Bei der Vorschrift handelt es sich um eine Konkretisierung des allgemeinen arbeitsrechtlichen Gleichbehandlungsgrundsatzes[111]. Diesem Grundsatz kommt beim Abschluß und der Ausgestaltung des Einzelarbeitsvertrages nur eine begrenzte Bedeutung zu[112]. Im Regelfall hat hier die Vertragsfreiheit Vorrang. In § 75 Abs. 1 S. 2 BetrVG hat der Gesetzgeber den allgemeinen Gleichbehandlungsgrundsatz allerdings im Sinne eines Benachteiligungsverbotes für ältere Arbeitnehmer konkretisiert. Dieser ausdrückliche gesetzliche Schutzauftrag begrenzt die Vertragsfreiheit des Arbeitgebers. Er hat die Vorschrift deshalb auch „bei allen Maßnahmen im Rahmen des Einzelarbeitsvertrages" zu beachten[113].

§ 75 Abs. 1 S. 2 BetrVG ist verletzt, wenn die Vereinbarung einer Altersgrenze allein auf das Erreichen eines bestimmten Lebensalters gestützt wird, ohne daß dafür ein besonderer sachlicher Grund vorliegt[114]. „In jedem einzelnen Fall" müssen erkennbare, rechtlich und tatsächlich erhebliche Gesichtspunkte für die Altersbegrenzung sprechen[115]. Durch das Gebot sachgerechter Differenzierung soll eine willkürliche Ungleichbehandlung älterer Arbeitnehmer verhindert werden[116]. Die Vorschrift dient jedoch nicht dem Bestandsschutz der Arbeitsverhältnisse älterer Arbeitnehmer.

---

[110] Vgl. *Dietz / Richardi*, BetrVG, § 75, Rdnr. 3; *Fitting / Auffarth / Kaiser*, BetrVG, § 75, Rdnr. 4; *Galperin / Löwisch*, BetrVG, § 75, Rdnr. 35; *Kammann / Hess / Schlochauer*, BetrVG, § 75, Rdnr. 2; *Thiele*, GK-BetrVG, § 75, Rdnr. 7.

[111] Vgl. *Brecht*, BetrVG, § 75, Rdnr. 5; *Dietz / Richardi*, BetrVG, § 75, Rdnr. 33; *Hanau*, RdA 1976, 28; *Kammann / Hess / Schlochauer*, BetrVG, § 75, Rdnr. 13.

[112] Vgl. *Thiele*, GK-BetrVG, § 75, Rdnr. 24; siehe zum Gleichbehandlungsgrundsatz auch oben § 8 II 4.

[113] *Thiele*, GK-BetrVG, § 75, Rdnr. 7; ähnlich *Brecht*, BetrVG, § 75, Rdnr. 3 ff.; *Galperin / Löwisch*, BetrVG, § 75, Rdnr. 3; *Kammann / Hess / Schlochauer*, BetrVG, § 75, Rdnr. 2; vgl. auch *Fitting / Auffarth / Kaiser*, BetrVG, § 75, Rdnr. 18.

[114] Vgl. *Hanau*, RdA 1976, 28; *Stege / Weinspach*, BetrVG, § 75, Rdnr. 7; *Thiele*, GK-BetrVG, § 75, Rdnr. 37.

[115] Vgl. *Brecht*, BetrVG, § 75, Rdnr. 5; *Fitting / Auffarth / Kaiser*, BetrVG, § 75, Rdnr. 20; *Galperin / Löwisch*, BetrVG, § 75, Rdnr. 22; *Kammann / Hess / Schlochauer*, § 75, Rdnr. 13.

[116] Vgl. *Brecht*, BetrVG, § 75, Rdnr. 5; *Stege / Weinspach*, BetrVG, § 75, Rdnr. 7; *Weiss*, BetrVG, § 75, Rdnr. 5.

Die durch § 75 Abs. 1 S. 2 BetrVG gebotene sachliche Begründung erfordert deshalb nicht das Gewicht eines sachlichen Grundes, wie er zur Rechtfertigung von Befristungsabreden gefordert wird. Es ist auch nicht erforderlich, daß sich die zur Begründung genannten Gesichtspunkte nachteilig auf das konkrete Arbeitsverhältnis auswirken. Soweit eine einzelvertraglich vereinbarte Altersgrenze als Befristungsabrede sachlich gerechtfertigt ist, ist jedenfalls auch eine Verletzung von § 75 Abs. 1 S. 2 BetrVG auszuschließen. Darüber hinaus ist auch das Bestehen einer ausreichenden Altersversorgung geeignet, den von dieser Vorschrift gestellten Anforderungen an eine sachliche Begründung zu genügen[117]. Fehlt allerdings im Einzelfall ein derartiger sachlicher Grund für die Vereinbarung einer Altersgrenze, ist § 75 Abs. 1 S. 2 BetrVG verletzt.

Ein Verstoß gegen das Benachteiligungsverbot könnte gem. § 134 BGB zur Nichtigkeit der Altersgrenzenregelung führen[118]. Es erscheint jedoch zweifelhaft, ob es sich bei § 75 Abs. 1 S. 2 BetrVG um ein Verbotsgesetz im Sinne des § 134 BGB handelt. Als Verbotsgesetz müßte die Vorschrift nicht nur bestimmte privatrechtliche Betätigungen verbieten, sondern auch zwingend die Nichtigkeit eines gegen das Verbot verstoßenden Rechtsgeschäfts verlangen[119]. Zwar wird man dem Wortlaut der Bestimmung entnehmen können, daß Maßnahmen des Arbeitgebers oder des Betriebsrats, durch die Arbeitnehmer wegen Überschreitung bestimmter Altersstufen benachteiligt werden, verboten sind. Eine unmittelbare Nichtigkeit aller Rechtsgeschäfte, die gegen dieses Verbot verstoßen, wird durch den Wortlaut aber weder ausdrücklich gefordert noch durch die gewählte Formulierung nahegelegt.

Auch die Gesetzesmaterialien geben keinen Hinweis darauf, daß der Gesetzgeber durch § 75 Abs. 1 S. 2 BetrVG ein Verbotsgesetz im Sinne des § 134 BGB schaffen wollte[120]. Eine Verletzung des Benachteiligungsverbotes wird im übrigen durch andere Maßnahmen wirksam sanktioniert[121]. Da die in § 75 BetrVG niedergelegten Pflichten des Betriebs-

---

[117] Für Betriebsvereinbarungen so auch *Dietz / Richardi*, BetrVG, § 75, Rdnr. 35, wo die ausreichende Altersversorgung als einziger sachlicher Rechtfertigungsgrund anerkannt wird; *Fitting / Auffarth / Kaiser*, BetrVG, § 75, Rdnr. 20; zur einzelvertraglichen Altersgrenzenregelung vgl. *Hanau*, RdA 1976, 30 f.; *Thiele*, GK-BetrVG, § 75, Rdnr. 41 i. V. m. 40.

[118] Die Vorschrift wird als Verbotsgesetz angesehen von *Gnade / Kehrmann / Schneider*, BetrVG, § 75, Rdnr. 11; *Hanau*, RdA 1976, 28; *Sahmer*, BetrVG, § 75, Anm. 2.

[119] Vgl. *Flume*, Rechtsgeschäft, 341.

[120] Vgl. BT-Drs. VI/1786, 46.

[121] Vgl. zu den Rechtsfolgen einer Verletzung der in § 75 BetrVG niedergelegten Grundsätze *Dietz / Richardi*, BetrVG, § 75, Rdnr. 43 ff.; *Fitting / Auffarth / Kaiser*, BetrVG, § 75, Rdnr. 23 ff.; *Galperin / Löwisch*, BetrVG, § 75, Rdnr. 35 ff.

rates und des Arbeitgebers gerade dem Schutz und Interesse des einzelnen Arbeitnehmers dienen, ist die Vorschrift als Schutzgesetz im Sinne des § 823 Abs. 2 BGB anzusehen[122]. Der benachteiligte Arbeitnehmer kann deshalb bei Verletzung des § 75 Abs. 1 S. 2 BetrVG Schadensersatz verlangen. Bei einer unzulässigen Altersgrenzenregelung liegt die Benachteiligung in einer Beendigung des Arbeitsverhältnisses. Der Schadensersatz ist in diesem Fall nach dem Grundsatz der Naturalrestitution durch Wiedereinstellung zu leisten[123].

IV. Verstoß gegen §§ 138, 242 BGB

Schließlich könnten einzelvertragliche Vereinbarungen, nach denen das Arbeitsverhältnis automatisch endet, wenn der Arbeitnehmer das 65. Lebensjahr vollendet hat, gegen §§ 138, 242 BGB verstoßen. Für Arbeitnehmer, die in Kleinbetrieben beschäftigt sind, ergibt sich aus diesen Generalklauseln der einzige Schutz gegenüber Altersgrenzenregelungen; denn ihnen gegenüber bedarf eine Befristungsabrede keines sachlichen Grundes und auch das Betriebsverfassungsgesetz findet keine Anwendung.

Ein Verstoß gegen § 138 BGB kann sich bei der vertraglichen Vereinbarung einer Altersgrenze allenfalls aus der Zwecksetzung und den Motiven ergeben, die seitens des Arbeitgebers zu der Fristabrede geführt haben. Nur „wenn sich objektiv kein sachlicher Grund mehr für die Wahl des befristeten Arbeitsvertrages finden läßt" und der Arbeitgeber „willkürlich, rücksichtslos und eigennützig den Interessen des Arbeitnehmers keine Beachtung schenkt", ist die Vereinbarung sittenwidrig[124]. Soweit der Arbeitgeber sich auf einen der eingangs genannten Gründe für die Altersbegrenzung beruft[125], ist ein Verstoß gegen § 138 BGB deshalb ausgeschlossen[126]. Es kommt nicht darauf an, ob die geltend gemachten Gründe auch geeignet sind, eine Vertragsbefristung sachlich zu rechtfertigen.

Die Altersgrenzenregelung ist auch nicht deshalb sittenwidrig, weil der ältere Arbeitnehmer nach Beendigung seines bisherigen Arbeitsverhältnisses häufig keine neue Arbeit finden wird oder unter Umstän-

---

[122] So auch *Brecht*, BetrVG, § 75, Rdnr. 7; *Fitting / Auffarth / Kaiser*, BetrVG, § 75, Rdnr. 24; *Galperin / Löwisch*, BetrVG, § 75, Rdnr. 38; *Hanau*, RdA 1976, 28; *Stege / Weinspach*, BetrVG, § 75, Rdnr. 2; *Thiele*, GK-BetrVG, § 75, Rdnr. 58; a. A. *Dietz / Richardi*, BetrVG, § 75, Rdnr. 46.

[123] Vgl. *Hanau*, RdA 1976, 28.

[124] *Westhoff*, Inhaltskontrolle, 103 f.

[125] Siehe dazu oben § 10 I.

[126] Im Ergebnis so auch *Jungen*, Altersgrenze, 42 f.

den finanziell nicht ausreichend versorgt ist. Die Nichtigkeitsfolge des § 138 BGB folgt aus der Sittenwidrigkeit des Rechtsgeschäfts selbst oder aus der mit ihm verbundenen Zwecksetzung, nicht aber aus möglichen nicht beabsichtigten Folgen des Geschäfts. Ein Verstoß gegen § 138 BGB liegt allerdings vor, wenn der Arbeitgeber die Altersgrenzenregelung gerade wegen der schwierigen Folgeerscheinungen verlangt.

Ob § 242 BGB als Maßstab für die rechtliche Prüfung von Altersgrenzen heranzuziehen ist, erscheint schon deshalb zweifelhaft, weil die Vereinbarung einer Altersgrenze regelmäßig mit dem allgemeinen Vertragsschluß zusammenfällt. Im übrigen ist § 242 BGB schon bei einer altersbedingten Kündigung, also einem einseitigen Rechtsgeschäft, nur dann ausnahmsweise verletzt, wenn der Arbeitgeber den Tatbestand des widersprüchlichen Verhaltens verwirklicht oder in verletzender Form kündigt[127]. Gegenüber der vertraglichen Vereinbarung einer Altersgrenze kann § 242 BGB keine stärkere Schutzwirkung entfalten.

Im Regelfall verstößt die vertragliche Vereinbarung einer Altersgrenze also weder gegen § 138 BGB noch gegen § 242 BGB. Gegenüber Arbeitnehmern, die in Kleinbetrieben beschäftigt sind, ist die Vereinbarung einer Altersgrenze deshalb regelmäßig zulässig.

---

[127] Siehe dazu oben § 9 III.

Zusammenfassung der Ergebnisse

Fragestellung: Können die Arbeitsverhältnisse älterer Arbeitnehmer durch Festsetzung einer individualrechtlich vereinbarten Altersgrenze oder durch eine altersbedingte Kündigung bei Vollendung des 65. Lebensjahres beendet werden?

I. Quantitative Bedeutung des Problems

1. An einer Weiterbeschäftigung über das 65. Lebensjahr hinaus ist lediglich eine Minderheit von 5 - 10 % der gesamten Arbeitnehmerschaft interessiert.

2. Der Wunsch nach einer Weiterbeschäftigung steigt mit zunehmendem Alter deutlich an. In der entscheidenden Phase des tatsächlichen Übergangs vom Erwerbsleben in den Ruhestand liegt der relative Anteil derjenigen Arbeitnehmer, die eine Weiterbeschäftigung wünschen, bei über 10 %.

3. Signifikante Unterschiede im Hinblick auf die Einstellung zum gewünschten Ruhestandsbeginn ergeben sich bei einer Differenzierung nach dem Geschlecht, nach der Stellung im Betrieb und nach Wirtschaftsbereichen.

4. Der Wunsch nach einer Weiterbeschäftigung über das 65. Lebensjahr hinaus wird vornehmlich durch immaterielle und soziale Erwägungen bestimmt. Finanzielle Überlegungen haben demgegenüber eine untergeordnete Bedeutung.

II. Erwerbstätigkeit älterer Arbeitnehmer aus demographischer, gerontologischer und betriebswirtschaftlicher Sicht

5. Die Möglichkeit einer Weiterbeschäftigung über das 65. Lebensjahr hinaus führt zu keiner relevanten zusätzlichen Belastung des Arbeitsmarktes. Der sich ab 1990 auf den Arbeitsmarkt auswirkende Geburten- und Bevölkerungsrückgang läßt es dennoch angezeigt erscheinen, älteren Arbeitnehmern nach Vollendung des 65. Lebensjahres eine Fortsetzung ihrer Erwerbstätigkeit zu ermöglichen.

6. Der mit dem zunehmenden Alterungsprozeß der Gesellschaft verbundene Anstieg der Sozialleistungsquote kann durch die Möglichkeit einer Weiterbeschäftigung älterer Arbeitnehmer über das 65. Lebensjahr hinaus gemildert werden.

7. Die Entwicklung der beruflichen Leistungsfähigkeit verläuft individuell verschieden. Das kalendarische Alter ist nur in geringem Maße als eine Determinante möglicher Veränderungen anzusehen.

8. Die einzelnen Funktionen der körperlichen und geistigen Leistungsfähigkeit nehmen überdies einen unterschiedlichen Verlauf. Im Alter tritt beim Menschen kein allgemeiner Leistungsabbau, sondern vielmehr ein Wandel in der Struktur seiner Fähigkeiten ein.

9. Eine feste Altersgrenze, von der ab die berufliche Leistungsfähigkeit aller oder auch nur des Großteils der Arbeitnehmer ohne Rücksicht auf die jeweils wahrgenommene Tätigkeit nachläßt, läßt sich aufgrund dieser individuellen und funktionsdifferenzierten Entwicklung nicht bestimmen.

10. Ein erheblicher Teil der Arbeitnehmer ist auch nach Vollendung des 65. Lebensjahres gesundheitlich zu einer Weiterbeschäftigung in der Lage. Für diese Gruppe dürfte die Weiterarbeit bei günstigen Arbeitsbedingungen und entsprechender medizinischer Betreuung sogar gesundheitsfördernd wirken.

11. Aus betriebswirtschaftlicher Sicht ist eine individuelle Pensionierungspolitik ökonomisch sinnvoll und der Einhaltung einer starren Altersgrenze überlegen.

III. Altersgrenzen außerhalb des Arbeitsrechts

12. Weder dem Wortlaut noch der ratio legis des Art. 6 § 5 RRG ist zu entnehmen, daß eine Beendigung von Arbeitsverhältnissen nach Vollendung des 65. Lebensjahres uneingeschränkt zulässig ist.

13. Die flexible Regelung der rentenversicherungsrechtlichen Altersgrenzen, durch die der unterschiedlichen Leistungsfähigkeit älterer Arbeitnehmer und ihren Wünschen sowohl vor als auch nach Vollendung des 65. Lebensjahres Rechnung getragen wird, spricht gegen eine arbeitsrechtliche Zwangspensionierung.

14. Durch die in § 100 Abs. 2 AFG genannte Altersgrenze wird eine Beendigung bestehender Arbeitsverhältnisse nicht intendiert. Das gesetzgeberische Ziel des AFG ist es vielmehr, die Weiterbeschäftigung älterer Arbeitnehmer, einschließlich solcher, die das 65. Lebensjahr vollendet haben, zu sichern.

15. Die unterschiedlichen Möglichkeiten zur Beendigung der Beschäftigungsverhältnisse, die unterschiedlichen Aufgabenzuweisungen und das unterschiedliche Versorgungsniveau lassen es nicht zu, altersbedingte Kündigungen und Altersgrenzen im Arbeitsrecht unter Hinweis auf die Altersgrenzen im Dienstrecht der Beamten, Berufsrichter und Berufssoldaten zu rechtfertigen.

IV. Zulässigkeit altersbedingter Kündigungen

16. Die Regelungen des allgemeinen und besonderen Kündigungsschutzrechts gelten ausnahmslos auch für Arbeitnehmer, die das 65. Lebensjahr vollendet haben.

17. Eine Zwangspensionierung älterer Arbeitnehmer im Wege einer altersbedingten Kündigung bei Vollendung des 65. Lebensjahres kann nicht auf personenbedingte Kündigungsgründe im Sinne des § 1 Abs. 2 S. 1 KSchG gestützt werden.

18. Das Erreichen eines bestimmten Lebensalters und die vermutete Abnahme der Leistungsfähigkeit sind als personenbedingte Kündigungsgründe insbesondere deshalb ungeeignet, weil sie mit der individualrechtlichen Konzeption des allgemeinen Kündigungsschutzes unvereinbar sind.

19. Das Bestehen einer ausreichenden Versorgungslage führt nicht zur sozialen Rechtfertigung einer darauf gestützten Kündigung, weil sich daraus keinerlei negative Auswirkungen für das Arbeitsverhältnis ergeben. Dieser Umstand ist allerdings bei der sozialen Auswahl gem. § 1 Abs. 3 S. 1 KSchG zu berücksichtigen.

20. Auf betriebsbedingte Kündigungsgründe im Sinne des § 1 Abs. 2 S. 1 KSchG kann eine altersbedingte Kündigung nur ausnahmsweise gestützt werden.

21. Versicherungsmathematische Erfordernisse der betrieblichen Altersversorgung und die Gleichbehandlung älterer Arbeitnehmer mit freiwillig ausscheidenden Kollegen können altersbedingte Kündigungen in keinem Fall sozial rechtfertigen.

22. Das Interesse des Arbeitgebers an einem zweckmäßigen Altersaufbau der Belegschaft ist erst bei einer untragbaren Überalterung des Betriebes als dringendes betriebliches Erfordernis anzusehen.

23. Der Wunsch, Aufstiegschancen für Nachwuchskräfte zu eröffnen, kann nur dann eine altersbedingte Kündigung sozial rechtfertigen, wenn es sich um Stellen für Führungskräfte und Spezialisten handelt und der jetzige Stelleninhaber nicht mehr über eine seiner Funktion entsprechende Leistungsfähigkeit verfügt.

24. Vertragliche Vereinbarungen, die dem Arbeitgeber ein Kündigungsrecht einräumen, wenn der Arbeitnehmer das 65. Lebensjahr vollendet hat, sind wegen Verstoßes gegen zwingendes Kündigungsschutzrecht unzulässig.

25. § 75 Abs. 1 S. 2 und Abs. 2 BetrVG kommt gegenüber altersbedingten Kündigungen eine kündigungsschutzrechtliche Bedeutung nicht zu. Die Vorschriften werden durch die in § 1 KSchG enthaltene Spezialregelung verdrängt.

26. Aus einem möglichen Verstoß gegen Art. 2 Abs. 1 GG und Art. 12 Abs. 1 S. 1 GG ergibt sich nach der Lehre von der mittelbaren Drittwirkung der Grundrechte keine Nichtigkeit altersbedingter Kündigungen gem. § 134 BGB.

27. Die Sittenwidrigkeit einer altersbedingten Kündigung wird der Arbeitnehmer aus tatsächlichen und prozessualen Gründen nur ausnahmsweise mit Erfolg geltend machen können. Die im Regelfall zur Begründung altersbedingter Kündigungen vorgetragenen Sachverhalte reichen nicht aus, um den Vorwurf der Sittenwidrigkeit zu begründen.

28. Eine Kündigung kann nur dann gegen § 242 BGB verstoßen, wenn sie aus Gründen, die von § 1 KSchG nicht erfaßt sind, Treu und Glauben verletzt. Bei altersbedingten Kündigungen scheidet eine Verletzung dieser Vorschrift regelmäßig aus.

V. Zulässigkeit individualrechtlich vereinbarter Altersgrenzen

29. Die individualrechtlich vereinbarte Altersgrenze ist im Regelfall als auflösende Bedingung des Arbeitsvertrages bzw. als aufschiebend bedingter Aufhebungsvertrag anzusehen.

30. Die Zulässigkeit von Altersgrenzenregelungen ist grundsätzlich an den Voraussetzungen für die Zulässigkeit befristeter Arbeitsverträge zu messen.

31. Altersgrenzen bedürfen danach eines auf das konkrete Arbeitsverhältnis bezogenen und vom Arbeitgeber zu beweisenden sachlichen Grundes, der geeignet ist, das Interesse des Arbeitnehmers an einem wirksamen Bestandsschutz seines Arbeitsverhältnisses zu verdrängen.

32. Ein sachlicher Grund kann ausnahmsweise entfallen, wenn der Arbeitnehmer in einem Kleinbetrieb beschäftigt ist oder die Altersgrenzenregelung seinem ausdrücklichen Wunsch entspricht.

33. Die Vereinbarung einer Altersgrenze ist in analoger Anwendung von Art. 6 § 5 Abs. 2 RRG ebenfalls wirksam, ohne daß es eines sachlichen Grundes bedarf, wenn die Vereinbarung im Rahmen eines bestehenden Arbeitsverhältnisses innerhalb der letzten drei Jahre vor dem Eintritt des vorgesehenen Ruhestandes erfolgt. Die Vereinbarung bedarf der Schriftform.

34. Ein sachlicher Grund für die Vereinbarung einer Altersgrenze ist im Regelfall nur anzuerkennen, wenn der Arbeitgeber aufgrund einer berufsbezogenen Prognose mit einiger Sicherheit davon ausgehen kann, daß der betroffene Arbeitnehmer bei Erreichen der Altersgrenze in seiner vertraglich geforderten Leistungsfähigkeit beeinträchtigt ist oder die Weiterbeschäftigung ihn gesundheitlich schädigen würde.

35. Gegenüber leitenden Angestellten im Sinne von § 14 Abs. 2 KSchG ist die einzelvertragliche Vereinbarung einer auf die Vollendung des 65. Lebensjahres bezogenen Altersgrenze auch zulässig, wenn sie über eine betriebliche Versorgungszusage verfügen.

36. Das Bestehen einer ausreichenden Altersversorgung vermag im übrigen die Vereinbarung einer Altersgrenze nicht sachlich zu begründen, da es sich nicht um einen arbeitsplatzbezogenen Gesichtspunkt handelt, der das Bestandsschutzinteresse des Arbeitnehmers verdrängen kann. Der Umstand ist allerdings bei der notwendigen Interessenabwägung zu berücksichtigen.

37. Das Interesse an einem zweckmäßigen Altersaufbau der Belegschaft und der Wunsch des Arbeitgebers, Aufstiegschancen für Nachwuchskräfte zu eröffnen, sind nur ganz ausnahmsweise als sachliche Rechtfertigungsgründe anzuerkennen.

38. Die Üblichkeit im Arbeitsleben und beschäftigungspolitische Belange sind in keinem Fall geeignet, eine Altersgrenzenregelung sachlich zu rechtfertigen.

39. Soweit eine einzelvertraglich vereinbarte Altersgrenze als Befristungsabrede sachlich gerechtfertigt ist, ist auch eine Verletzung von § 75 Abs. 1 S. 2 BetrVG auszuschließen. Darüber hinaus ist auch das Bestehen einer ausreichenden Altersversorgung geeignet, den vom Benachteiligungsverbot gestellten Anforderungen an eine sachliche Begründung zu genügen.

40. Die vertragliche Vereinbarung einer Altersgrenze verstößt im Regelfall weder gegen § 138 BGB noch gegen § 242 BGB.

Literaturverzeichnis

Adomeit, Klaus: Rechtsquellenfragen im Arbeitsrecht, München 1969.

— Der Kündigungsgrund, AR-Blattei, Kündigung IX.

Ammermüller, Martin G.: Flexible Altersgrenze und Beendigung des Arbeitsverhältnisses, DB 1973, 822 ff.

Anschütz, Gerhard: Die Verfassung des Deutschen Reichs, Bad Homburg v. d. H. 1960, Unveränderter Nachdruck der 14. Aufl., Berlin 1933.

Auffarth, Fritz / Gerhard *Müller*: Kündigungsschutzgesetz, Berlin, Frankfurt a. M. 1960.

Bachof, Otto: Freiheit des Berufes, in: Bettermann / Nipperdey / Scheuner (Hrg.), Die Grundrechte, Bd. III/1, 155 ff., 2. Aufl. Berlin 1972.

Bäcker, Gerhard: Der ältere Arbeitnehmer auf Arbeitsplatz und Arbeitsmarkt, Sozialer Fortschritt 1979, 64 ff., 85 ff., 112 ff.

— Probleme älterer Arbeitnehmer — Probleme einer fehlgeleiteten Sozialpolitik? Soziale Sicherheit 1979, 353 ff.; 1980, 3 ff.

Bäcker, Gerhard / Gerhard *Naegele*: Arbeitsmarkt, Altersgrenzen und die Ausgliederung älterer Arbeitnehmer, WSI-Mitteilungen 1981, 679 ff.

Barwasser, Franz H.: Zeitverträge mit Arbeitnehmern — unumgängliche Notwendigkeit oder sozialpolitische Anomalie? DB 1977, 1944 ff.

Becker-Schaffner, Reinhard: Sind Leistungsgesichtspunkte bei der sozialen Auswahl (§ 1 Abs. 3 KSchG) zu berücksichtigen? BlStSozArbR 1978, 49 f.

— Die unzureichende Arbeitsleistung als Kündigungsgrund in der Rechtsprechung, DB 1981, 1775 ff.

Beitzke, Günther: Anmerkung zu BAG, Urteil vom 3. 7. 1969 — 2 AZR 424/68 —, AP Nr. 1 zu § 46 TVAL II.

— Anmerkung zu BAG, Urteil vom 29. 8. 1979 — 4 AZR 863/77 —, SAE 1980, 186 ff.

Benda, Ernst: Industrielle Herrschaft und Sozialer Staat, Göttingen 1966.

Benndorf, Michael: Zur Bestimmung der „hoheitsrechtlichen Befugnisse" gemäß Art. 33 Abs. 4 GG DVBl. 1981, 23 ff.

Bettermann, Karl August: Grenzen der Grundrechte, Berlin 1968.

Binkert, Gerhard: Anmerkung zu BAG, Urteil vom 24. 10. 1979 — 5 AZR 851/78 —, EzA Nr. 41 zu § 620 BGB (Befristeter Arbeitsvertrag).

— Anmerkung zu BAG, Urteil vom 21. 5. 1981 — 2 AZR 1117/78 —, EzA Nr. 49 zu § 620 BGB (Befristeter Arbeitsvertrag).

Birk, Rolf: Anmerkung zu BAG, Urteil vom 25. 1. 1973 — 2 AZR 158/72 —, AP Nr. 37 zu § 620 BGB (Befristeter Arbeitsvertrag).

Bleckmann, Albert: Allgemeine Grundrechtslehren, Köln, Berlin, Bonn, München 1979.

Bleistein, Franzjosef: Kündigung und Kündigungsschutz im Arbeitsverhältnis, 2. Aufl. Berlin 1978.

Bley, Helmar: Sozialrecht, 4. Aufl. Frankfurt a. M. 1982.

Blomeyer, Wolfgang: Der befristete Arbeitsvertrag als Problem der Gesetzesinterpretation, RdA 1967, 406 ff.

Bloß, Horst: Abgänge sozialversicherungspflichtiger Arbeitnehmer nach Wirtschaftszweigen bis 1985 und 1990, MittAB 1979, 166 ff.

Blume, Otto: Über den Lebensabend des Industriearbeiters in der heutigen Gesellschaft, in: Thomae / Lehr (Hrg.), Altern — Probleme und Tatsachen, 332 ff., 2. Aufl. Wiesbaden 1977.

Blume, Otto / Wolfgang *Plum* / Gerhard *Naegele:* Altersgrenze und Arbeitsmarktpolitik, Opladen 1979.

Bobrowski, Paul / Dieter *Gaul:* Das Arbeitsrecht im Betrieb Bd. I, 7. Aufl. Heidelberg 1979.

— Das Arbeitsrecht im Betrieb Bd. II, 7. Aufl. Heidelberg 1979.

Böhlau, Volkmar: Altern und Arbeit, Stuttgart, New York 1977.

Böhm, Friedhelm: Die Problematik befristeter Verträge im Arbeitsrecht, Diss. Köln 1971.

Böhm, Wolfgang: Der Gleichbehandlungsgrundsatz im Kündigungsrecht, DB 1977, 2448 f.

— Anmerkung zu BAG, Urteil vom 9. 7. 1981 — 2 AZR 788/78 —, BB 1982, 371 f.

Bötticher, Eduard: Gleichbehandlung und Waffengleichheit, Heidelberg, Hamburg, Karlsruhe 1979.

— Die „sozial ungerechtfertigte Kündigung" im Sinne des KSchG vom 10. 8. 1951, MDR 1952, 260 ff.

— Die Handhabung des Bestandsschutzes beim Kettenvertrag, BB 1955, 673 ff.

— Einseitige Leistungsbestimmung im Arbeitsverhältnis, AuR 1967, 321 ff.

— Anmerkung zu BAG, Beschluß des Großen Senats vom 12. 10. 1960 — GS 1/59 —, SAE 1961, 128 ff.

— Anmerkung zu BAG, Urteil vom 5. 5. 1961 — 1 AZR 65/56 —, SAE 1962, 28.

— Anmerkung zu BAG, Urteil vom 28. 9. 1961 — 2 AZR 428/60 —, SAE 1962, 172 ff.

Bolte, Karl Martin: Bestimmungsgründe der Geburtenentwicklung und Überlegungen zu einer möglichen Beeinflußbarkeit, in: BMJFG (Hrg.), Bevölkerungsentwicklung und nachwachsende Generation, 64 ff., Stuttgart, Berlin, Köln, Mainz 1980.

Bonner Kommentar: Kommentar zum Bonner Grundgesetz, Hamburg 1950 ff. Loseblatt-Ausgabe, (zit.: BK).

Bopp, Peter: Kündigung und Kündigungsprozeß im Arbeitsrecht, Stuttgart, Berlin, Köln, Mainz 1980.

Brecht, Hans-Theo: Kommentar zum Betriebsverfassungsgesetz nebst Wahlordnung, Herne / Berlin 1972.

Brill, Werner: Beendigung des Arbeitsverhältnisses bei Antragsrecht auf Altersruhegeld, AR-Blattei, Arbeitsvertrag — Arbeitsverhältnis VIII A.

— Ausscheiden des Arbeitnehmers wegen Alters, AR-Blattei, Kündigungsschutz V.

Brinkmann, Christian: Arbeitslosigkeit und berufliche Ausgliederung älterer und leistungsgeminderter Arbeitnehmer, MittAB 1979, 517 ff.

Brinkmann, Christian / Karen *Schober-Gottwald:* Zur beruflichen Wiedereingliederung von Arbeitslosen während der Rezession 1974/75, MittAB 1976, 91 ff.

Buchner, Herbert: Der Gleichbehandlungsgrundsatz bei der Kündigung von Arbeitsverhältnissen, RdA 1970, 225 ff.

Bulla, Gustav-Adolf: Anmerkung zu BAG, Urteil vom 28. 11. 1963 — 2 AZR 140/63 —, AR-Blattei, Mutterschutz, Entscheidung 21.

Bundesminister für Arbeit und Sozialordnung (Hrg.): Meinungen und Einstellungen zur flexiblen Altersgrenze, Bonn-Bad Godesberg 1971.

— Entwurf eines Arbeitsgesetzbuches — Allgemeines Arbeitsvertragsrecht —, Bonn 1977.

— Statistisches Taschenbuch 1981, Arbeits- und Sozialstatistik, Bonn 1981.

— Übersicht: Recht der Arbeit, Bonn 1981.

Bundesminister für Jugend, Familie und Gesundheit (Hrg.): Bevölkerungsentwicklung und nachwachsende Generation, Stuttgart, Berlin, Köln, Mainz 1980.

Bundesvereinigung der Deutschen Arbeitgeberverbände (Hrg.): Ältere Mitarbeiter, 2. Aufl. Köln 1980.

Bunge, Thomas: Anmerkung zu BAG, Urteil vom 15. 3. 1978 — 5 AZR 831/76 —, EzA Nr. 34 zu § 620 BGB (Befristeter Arbeitsvertrag).

Buttler, Günter: Bevölkerungsrückgang in der Bundesrepublik, Köln 1979.

Canaris, Claus-Wilhelm: Die Feststellung von Lücken im Gesetz, 2. Aufl. Berlin 1983.

— Tarifdispositive Normen und richterliche Rechtsfortbildung, in: *Hueck* / *Richardi* (Hrg.), Festschrift für Rolf Dietz, 199 ff., München 1973.

Crisolli, Julius / Martin *Schwarz:* Hessisches Beamtengesetz, Neuwied 1962 ff., Loseblatt-Ausgabe.

Däubler, Wolfgang: Das Arbeitsrecht 2, Reinbek bei Hamburg 1979.

— Das soziale Ideal des Bundesarbeitsgerichts, in: Kittner (Hrg.), Streik und Aussperrung, 411 ff., Frankfurt a. M., Köln 1975.

Dammann, Klaus: Zur rechtlichen Zulässigkeit befristeter Arbeitsverträge, AuR 1978, 65 ff.

Dietz, Rolf / Reinhard *Richardi:* Betriebsverfassungsgesetz, Bd. 1, 6. Aufl. München 1981.

— Betriebsverfassungsgesetz, Bd. 2, 6. Aufl. München 1982.

Döring, Diether: Das System der gesetzlichen Rentenversicherung, Frankfurt a. M. 1980.

Dohse, Knuth / Ulrich *Jürgens* / Harald *Russig:* Die Diskussion um Zwangsverrentung in den USA, Zeitschrift für Sozialreform 1979, 548 ff.

— Ältere Arbeitnehmer zwischen Unternehmerinteressen und Sozialpolitik, Frankfurt, New York 1982.

Dürig, Günter: Freizügigkeit, in: Neumann / Nipperdey / Scheuner (Hrg.), Die Grundrechte, Bd. II, 507 ff., Berlin 1954.

— Grundrechte und Zivilrechtsprechung, in: Maunz (Hrg.): Festschrift für Hans Nawiasky, 157 ff., München 1956.

Egle, Franz: Zusammenhang zwischen Arbeitslosenquote, Dauer der Arbeitslosigkeit und Betroffenheit von Arbeitslosigkeit, MittAB 1977, 224 ff.

Egle, Franz / Werner *Karr* / Rudolf *Leupoldt:* Strukturmerkmale der Arbeitslosen für Ströme und Bestände sowie Analyse der Vermittlungstätigkeit, MittAB 1980, 105 ff.

Eich, Rolf-Achim: Befristung von Arbeitsverträgen aus arbeitsmarkt- und wirtschaftspolitischen Gründen? DB 1978, 1785 ff.

Eichner, Harald: Überlegungen zur Neuregelung der Altersgrenzen, Sozialer Fortschritt 1980, 241 ff.

Engelmann, Klaus: Zur Über- und Unterversorgung bei der Alterssicherung, Soziale Sicherheit 1979, 10 ff.

Erdmann, Ernst-Gerhard / Claus *Jürging* / Karl-Udo *Kammann:* Betriebsverfassungsgesetz, Darmstadt 1972.

Erman: Handkommantar zum Bürgerlichen Gesetzbuch 1. Bd., 7. Aufl. Münster 1981, (zit. Erman - Bearbeiter).

Esser, Josef / Eike *Schmidt:* Schuldrecht, Bd. I, 5. Aufl. Karlsruhe 1975.

Etmer, Friedrich / Werner *Schulz:* RVO, Viertes Buch, Rentenversicherung der Arbeiter, Percha, Kempfenhausen 1963 ff., Loseblatt-Ausgabe.

Fabricius, Fritz: Kollision von Beschäftigungspflichten aus Doppelarbeitsverhältnissen, ZfA 1972, 35 ff.

Falkenberg, Rolf-Dieter: Befristung von Arbeitsverhältnissen, DB 1971, 430 ff.

— Zulässigkeit und Grenzen auflösender Bedingungen in Arbeitsverträgen, DB 1979, 590 ff.

— Anmerkung zu BAG, Urteil vom 15. 3. 1978 — 5 AZR 831/76 —, AR-Blattei, Probearbeitsverhältnis, Entscheidung 17.

Fenn, Herbert: Anmerkung zu BAG, Urteil vom 3. 7. 1970 — 2 AZR 380/69 —, AP Nr. 33 zu § 620 BGB (Befristeter Arbeitsvertrag).

— Anmerkung zu BAG, Urteil vom 31. 10. 1974 — 2 AZR 483/73 —, AP Nr. 39 zu § 620 BGB (Befristeter Arbeitsvertrag).

Fischbach, Oskar Georg: Bundesbeamtengesetz, 1. Halbbd., 3. Aufl. Köln, Berlin, Bonn, München 1964.

Fitting, Karl / Fritz *Auffarth* / Heinrich *Kaiser:* Betriebsverfassungsgesetz, 13. Aufl. München 1981.

Flume, Werner: Allgemeiner Teil des Bürgerlichen Rechts, Bd. 2: Das Rechtsgeschäft, 3. Aufl. Berlin, Heidelberg, New York 1979.

Forsthoff, Ernst: Verfassungsrechtliche Grenzen einer Reform des öffentlichen Dienstrechts, in: Studienkommission für die Reform des öffentlichen Dienstrechts, Bd. 5, 17 ff., Baden-Baden 1973.

Frey, Erich: Anmerkung zu BAG, Beschluß des Großen Senats vom 12. 10. 1960 — GS 1/59 —, AuR 1962, 94 ff.

Fröhner, Rolf: Meinung und Alter, in: Bolte / Tartler (Hrg.), Die Altersfrage — soziale Aufgabe der Gegenwart, 54 ff., Bad Homburg, Berlin, Bonn, Zürich 1958.

Füllgraf, Lutz: Die auflösende Bedingung im Arbeitsvertrag, NJW 1982, 738 f.

Gagel, Alexander / Friedrich *Jülicher:* Arbeitsförderungsgesetz, München 1979.

Galperin, Hans: Die Rechtsmängel der Kündigung des Arbeitsverhältnisses, BB 1966, 1458 ff.

— Grundgedanken und Struktur des Kündigungsschutzgesetzes, RdA 1966, 361 ff.

Galperin, Hans / Manfred *Löwisch:* Kommentar zum Betriebsverfassungsgesetz, Bd. II, 6. Aufl., Heidelberg 1982.

Gamillscheg, Franz: Arbeitsrecht I, 6. Aufl. München 1983.

— Mutterschutz und Sozialstaat, in: Nipperdey (Hrg.), Festschrift für Erich Molitor, 57 ff., München, Berlin 1962.

— Der Abschluß des Arbeitsvertrages im neuen Arbeitsvertragsgesetz, in: Schneider / Götz (Hrg.), Festschrift für Werner Weber, 793 ff., Berlin 1974.

Geffers, Max / Hermann *Schwarz:* Arbeitsförderungsgesetz, Köln, Berlin, Bonn, München 1976 ff., Loseblatt-Ausgabe.

Geißler, Ulrich: Bevölkerungsentwicklung, Alterssicherung und Gesundheitswesen, in: BMJFG (Hrg.), Bevölkerungsentwicklung und nachwachsende Generation, 134 ff., Stuttgart, Berlin, Köln, Mainz 1980.

van Gelder, Alfons / Wolfgang *Leinemann:* Übungen im Arbeitsrecht, Berlin 1971.

v. Gellhorn, Nikolaus: Die Knappschaftsversicherung, 5. Aufl. Bad Godesberg 1966.

Gemeinschaftskommentar zum Arbeitsförderungsgesetz, bearbeitet von: Eckert, Klaus; Hess, Harald; Maibaum, Karl u. a., Neuwied 1970 ff. Loseblatt-Ausgabe, (zit.: Bearbeiter, GK-AFG).

Gemeinschaftskommentar zum Betriebsverfassungsrecht, bearbeitet von: Fabricius, Fritz; Kraft, Alfons; Thiele, Wolfgang; Wiese, Günther, Neuwied, Darmstadt 1973 ff., Loseblatt-Ausgabe, (zit.: Bearbeiter, GK-BetrVG).

Gemeinschaftskommentar zum Kündigungsschutzrecht und sonstigen kündigungsrechtlichen Vorschriften, bearbeitet von: Becker, Friedrich; Etzel, Gerhard; Friedrich, Hans Wolf u. a., Neuwied, Darmstadt 1981, (zit.: Bearbeiter, GK-KSchG).

Gernhuber, Joachim: Formnichtigkeit und Treu und Glauben, in: Festschrift für Walter Schmidt-Rimpler, 151 ff., Karlsruhe 1957.

Gitter, Wolfgang: Sozialrecht, München 1981.

Glasbrenner, Maximilian: Alterserfordernis und Altersgrenze im öffentlichen und privaten Dienstrecht, Diss. Würzburg 1967.

Gnade, Albert / Karl *Kehrmann* / Wolfgang *Schneider:* Betriebsverfassungsgesetz, Köln 1972.

Gölter, Georg: Verkürzung der Lebensarbeitszeit — Chance für Arbeitslose? Soziale Arbeit 1979, 417 ff.

Großmann, Ruprecht / Friedrich *Schneider:* Arbeitsrecht, 6. Aufl. Bonn 1982.

Grotheer, Jan: Befristetes Arbeitsverhältnis und Kündigungsschutz, Frankfurt a. M. 1973.

Gumpert, Jobst: Flexible Altersgrenze in den gesetzlichen Rentenversicherungen und Beendigung des Arbeitsverhältnisses, BB 1973, 521 ff.

Hamann, Andreas / Helmut *Lenz:* Das Grundgesetz für die Bundesrepublik Deutschland vom 23. Mai 1949, 3. Aufl. Neuwied, Berlin 1970.

Hanau, Peter: Zwangspensionierung des Arbeitnehmers mit 65? RdA 1976, 24 ff.

Hanau, Peter / Klaus *Adomeit:* Arbeitsrecht, 6. Aufl. Frankfurt a. M. 1981.

Herschel, Wilhelm: Arbeitsrecht, überarb. Aufl. Heidelberg 1980.

— Betriebsbezogenheit des arbeitsrechtlichen Kündigungsschutzes und ganzheitliche Abwägung, in: Hubmann / Hübner (Hrg.), Festschrift für Ludwig Schnorr von Carolsfeld, 157 ff., Köln, Berlin, Bonn, München 1972.

— Kündigungsschutz und Wettbewerb, RdA 1975, 28 ff.

— Anmerkung zu LAG Düsseldorf, Urteil vom 27. 10. 1953 — 2 a Sa 298/53 — AP 54 Nr. 134.

— Anmerkung zu BAG (GS), Beschluß vom 28. 11. 1956 — GS 3/56 —, AuR 1957, 122 f.

— Anmerkung zu BAG, Urteil vom 5. 11. 1964 — 2 AZR 15/64 —, AP Nr. 20 zu § 7 KSchG.

— Anmerkung zu LAG Düsseldorf, Urteil vom 7. 9. 1976 — 8 Sa 750/75 —, EzA Nr. 3 zu § 1 KSchG (Betriebsbedingte Kündigung).

— Anmerkung zu BAG, Urteil vom 24. 10. 1979 — 5 AZR 851/78 — AR-Blattei, Arbeitsvertrag — Arbeitsverhältnis VIII, Entscheidung 34.

Herschel, Wilhelm / Georg *Steinmann:* Kommentar zum Kündigungsschutzgesetz, 5. Aufl. Heidelberg 1961.

Hesse, Hans Albrecht: Der Einzelne und sein Beruf: Die Auslegung des Art. 12 Abs. 1 GG durch das Bundesverfassungsgericht aus soziologischer Sicht, AöR 95 (1970), 449 ff.

Hesse, Konrad: Grundzüge des Verfassungsrechts der Bundesrepublik Deutschland, 13. Aufl. Heidelberg, Karlsruhe 1982.

Hildebrandt, Werner / Herbert *Demmler* / Hans-Georg *Bachmann:* Kommentar zum Beamtengesetz für das Land Nordrhein-Westfalen, Neuwied 1963 ff., Loseblatt-Ausgabe.

Höfer, Reinhold / Otto *Grünewald* / Rudolf *Muth:* Flexible Altersgrenze und betriebliche Ruhegeldverpflichtungen, DB 1972, 2255 ff.

Höhn, Charlotte / Karl *Schwarz:* Demographische Lage, in: BMJFG (Hrg.), Bevölkerungsentwicklung und nachwachsende Generation, 31 ff., Stuttgart, Berlin, Köln, Mainz 1980.

Hofmann, Paul: Zur Auslegung des § 9 Abs. 1 KSchG, ZfA 1970, 63 ff.

v. Hoyningen-Huene, Gerrick: Die Billigkeit im Arbeitsrecht, München 1978.

— Anmerkung zu BAG, Urteil vom 26. 4. 1979 — 2 AZR 431/77 —, SAE 1980, 349 ff.

Hueck, Alfred: Kettenverträge, RdA 1953, 85 ff.

— Anmerkung zu BAG, Urteil vom 21. 10. 1954 — 2 AZR 25/53 —, AP Nr. 7 zu § 1 KSchG.

— Anmerkung zu BAG, Urteil vom 26. 11. 1955 — 2 AZR 516/54 —, AP Nr. 14 zu § 1 KSchG.

— Anmerkung zu BAG, Urteil vom 28. 3. 1957 — 2 AZR 307/55 —, AP Nr. 25 zu § 1 KSchG.

— Anmerkung zu BAG, Urteil vom 5. 5. 1961 — 1 AZR 65/56 —, AP Nr. 17 zu § 620 BGB (Befristeter Arbeitsvertrag).

— Anmerkung zu BAG, Urteil vom 3. 5. 1962 — 2 AZR 451/61 —, AP Nr. 23 zu § 620 BGB (Befristeter Arbeitsvertrag).

— Anmerkung zu BAG, Urteil vom 17. 5. 1962 — 2 AZR 354/60 —, AP Nr. 2 zu § 620 BGB (Bedingung).

— Anmerkung zu BAG, Urteil vom 2. 12. 1965 — 2 AZR 91/65 — AP Nr. 27 zu § 620 BGB (Befristeter Arbeitsvertrag).

Hueck, Alfred / Hans Carl *Nipperdey:* Lehrbuch des Arbeitsrechts, Bd. I, 7. Aufl. Berlin, Frankfurt a. M. 1963.

Hueck, Alfred / Götz *Hueck* / Gerrick *v. Hoyningen-Huene:* Kündigungsschutzgesetz, 10. Aufl. München 1980, (zit. Hueck, KSchG).

Hueck, Götz: Der Grundsatz der gleichmäßigen Behandlung im Privatrecht, München, Berlin 1958.

— Anmerkung zu BAG, Urteil vom 19. 12. 1974 — 2 AZR 565/73 —, AP Nr. 3 zu § 620 BGB (Bedingung).

Ilgenfritz, Georg: Reichsknappschaftsgesetz, Bd. I, Bonn, Bad Godesberg 1963 ff., Loseblatt-Ausgabe.

Internationale Arbeitsorganisation (Hrg.): Alternde Bevölkerung belastet die Wirtschaft, Genf 1982.

Isensee, Josef: Beamtenstreik, Bonn, Bad Godesberg 1971.

— Die typisierende Verwaltung, Berlin 1976.

Jobs, Friedhelm / Peter *Bader:* Der allgemeine Kündigungsschutz, AR-Blattei, Kündigungsschutz I.

— Der befristete Arbeitsvertrag, DB 1981, Beilage Nr. 21.

Jünke, Fritz: Die Beseitigung der Überversorgung im öffentlichen Dienst, RdA 1979, 27 ff.

Jung, Jörg: Die Zweispurigkeit des öffentlichen Dienstes, Berlin 1971.

Jungen, Franz Herbert: Die sogenannte Altersgrenze für den Arbeitnehmer und der Bestandschutz des Arbeitsverhältnisses, Diss. Frankfurt 1970.

Kammann, Karl-Udo / Harald *Hess* / Ursula *Schlochauer:* Kommentar zum Betriebsverfassungsgesetz, Neuwied, Darmstadt 1979.

Karr, Werner: Zur Strukturalisierung der Arbeitslosigkeit, MittAB 1979, 152 ff.

Kaser, Paul: Ältere Arbeitnehmer in der Industrie Nordrhein-Westfalens, Köln, Opladen 1966.

Kempff, Gilbert: Befristetes Arbeitsverhältnis und zwingender Kündigungsschutz, DB 1976, 1576 f.

— Der Gleichbehandlungsgrundsatz im Kündigungsrecht, DB 1977, 1413 f.

— Verhältnis von Kündigung und Änderungskündigung, DB 1978, 1400 ff.

Kirchhof, Paul: Der Begriff der hoheitsrechtlichen Befugnisse in Artikel 33 Absatz IV des Grundgesetzes, Diss. München 1968.

Klauder, Wolfgang: Konsequenzen des Bevölkerungsrückgangs für den Arbeitsmarkt, BeitrAB 16, 120 ff.

— Längerfristige Arbeitsmarktperspektiven, Wirtschaftsdienst 1979, 498 ff.

— Bevölkerungsentwicklung und Arbeitsmarkt, in: BMJFG (Hrg.), Bevölkerungsentwicklung und nachwachsende Generation, 101 ff., Stuttgart, Berlin, Köln, Mainz 1980.

— Die Bedeutung des Bevölkerungsrückganges für Arbeitsmarkt, Wirtschaft und Politik, MittAB 1980, 485 ff.

Knieper, Rolf / Manfred *Jahrmarkt:* Zweigniederlasung, Zweigbüro, Filiale, Nebenbetrieb, Berlin 1972.

Koch, Hartmut: Die Zulässigkeit befristeter Arbeitsverhältnisse, BB 1978, 1218 ff.

Koch, Hugo / Otto K. *Hartmann* / Albrecht *v. Altrock* / Paul *Fürst:* Das Angestelltenversicherungsgesetz, Bd. I, 3. Aufl. Berlin, Wiesbaden 1952 ff. Loseblatt-Ausgabe.

Koller, Ingo: Anmerkung zu BAG, Urteil vom 26. 4. 1979 — 2 AZR 431/77 —, AP Nr. 47 zu § 620 BGB (Befristeter Arbeitsvertrag).

— Anmerkung zu BAG, Urteil vom 24. 10. 1979 — 5 AZR 851/78 —, AP Nr. 49 zu § 620 BGB (Befristeter Arbeitsvertrag).

Konzen, Horst: Die Rechtsprechung des Bundesarbeitsgerichts im Jahre 1977, ZfA 1978, 451 ff.

— Anmerkung zu BAG, Urteil vom 8. 6. 1972 — 2 AZR 285/71 —, AP Nr. 1 zu § 1 KSchG 1969.

Kossbiel, Hugo: Betriebswirtschaftliche Überlegungen zur (Weiter-)Beschäftigung älterer Arbeitnehmer, ZfB 1979, 127 ff.

Kraft, Alfons: Beschäftigungsanspruch und Weiterbeschäftigungsanspruch, ZfA 1979, 123 ff.

— Anmerkung zu BAG, Urteil vom 2. 12. 1965 — 2 AZR 91/65 —, SAE 1966, 103 ff.

— Anmerkung zu BAG, Urteil vom 29. 8. 1979 — 4 AZR 863/77 —, AP Nr. 50 zu § 620 BGB (Befristeter Arbeitsvertrag).

— Anmerkung zu BAG, Urteil vom 19. 6. 1980 — 2 AZR 660/78 —, AP Nr. 55 zu § 620 BGB (Befristeter Arbeitsvertrag).

Krebs, Heinrich: Arbeitsförderungsgesetz, Bad Godesberg 1970 ff., Loseblatt-Ausgabe.

Krüger, Herbert: Allgemeine Staatslehre, 2. Aufl. Stuttgart, Berlin, Köln, Mainz 1966.

Kunkel, Manfred: Die Beendigung des Arbeitsverhältnisses mit 65 Jahren, GmbH-Rundschau 1954, 132 ff.

Lammers, Rudolf: Der ältere Arbeiter im Industriebetrieb, Diss. Münster 1968.

Landwehrmann, Friedrich: Ältere Arbeitnehmer — eine gemachte Problemgruppe, Zeitschrift für Gerontologie 1975, 254 ff.

Landwehrmann, Friedrich / Rainer *Albring* / Peter *Heringhaus* / Manfred *Wallner:* Der Ältere in der industriellen Arbeitswelt, Düsseldorf 1974.

Lange, Heinrich / Helmut *Köhler:* BGB — Allgemeiner Teil, 18. Aufl. München 1983.

Larenz, Karl: Methodenlehre der Rechtswissenschaft, 5. Aufl. Berlin, Heidelberg, New York 1983.

Lehmann, Heinrich / Heinz *Hübner:* Allgemeiner Teil des Bürgerlichen Gesetzbuches, 15. Aufl. Berlin 1966.

Lehr, Ursula: Psychologie des Alterns, 3. Aufl. Heidelberg 1977.

— Der ältere Mensch im Arbeitsprozeß — Stereotypen und Tatsachen, Zeitschrift für Gerontologie 1975, 306 ff.

— Flexibilität der Altersgrenze oder Herabsetzung des Pensionierungsalters? — Psychologische Aspekte, ZfB 1979, 137 ff.

Lehr, Ursula / Hans *Thomae:* Soziale Dienste für alte Menschen, Bonn 1976.

Leipold, Dieter: Die Entwicklung des arbeitsrechtlichen Schrifttums im Jahre 1975, ZfA 1976, 273 ff.

Leisner, Walter: Grundrechte und Privatrecht, München 1960.

— Der Beamte als Leistungsträger, in: ders., (Hrg.), Das Berufsbeamtentum im demokratischen Staat, 121 ff., Berlin 1975.

Lepke, Achim: Der Anspruch auf Beschäftigung, Diss. Berlin 1966.

Lerche, Peter: Übermaß und Verfassungsrecht, Köln, Berlin, München, Bonn 1961.

Leser, Heinrich: Die Beweislast für die Befristung des Arbeitsvertrages, BB 1965, 1151 ff.

Levin, Louis: Zur Frage der Rechtsgültigkeit des preußischen Gesetzes betreffend Einführung einer Altersgrenze vom 15. Dez. 1920 (GS 621), Gruchots Beiträge 65 (1921), 179 ff.

Lieb, Manfred: Arbeitsrecht, 2. Aufl. Karlsruhe 1982.

Linder, Georg-Wulf: Probleme der rechtlichen Zulässigkeit von befristeten Arbeitsverträgen, DB 1975, 2082 ff.

Lochbrunner, Franz Xaver: Handbuch des Bundesdisziplinarrechts, Frankfurt a. M. 1968.

Lukes, Rudolf: § 315 BGB als Ausgangspunkt für die Inhaltskontrolle allgemeiner Geschäftsbedingungen, NJW 1963, 1897 ff.

v. Mangoldt, Hermann / Friedrich *Klein:* Das Bonner Grundgesetz, Bd. II, 2. Aufl. Berlin, Frankfurt a. M. 1964.

Maunz, Theodor: Deutsches Staatsrecht, 23. Aufl. München 1980.

Maunz, Theodor / Günther *Dürig* / Roman *Herzog* / Rupert *Scholz:* Grundgesetz, München 1958 ff., Loseblatt-Ausgabe.

Maus, Wilhelm: Kündigungsschutzgesetz, Baden-Baden 1973.

Mayer, Franz: Verfassungsrechtliche Grenzen einer Reform des öffentlichen Dienstrechts, in: Studienkommission für die Reform des öffentlichen Dienstrechts, Bd. 5, 557 ff., Baden-Baden 1973.

Mayer-Maly, Theo: Druck und Recht im Arbeitsrecht, RdA 1979, 356 ff.

— Gleichbehandlung im Arbeitsverhältnis, AR-Blattei, Gleichbehandlung I.

— Anmerkung zu BAG, Urteil vom 28. 2. 1963 — 2 AZR 345/62 —, SAE 1963, 192.

Meisel, Peter G.: Anmerkung zu BAG, Urteil vom 22. 11. 1973 — 2 AZR 543/72 —, AP Nr. 22 zu § 1 KSchG (Betriebsbedingte Kündigung).

Mende, Helmuth: Die richterlichen und die ihnen gleichgestellten Beamten, in: Anschütz / Thoma (Hrg.), Handbuch des Deutschen Staatsrechts, Bd. 2, 77 ff., Tübingen 1932.

Molitor, Erich: Kritisches zum Problem der Kettenverträge, BB 1954, 504 ff.

Molitor, Erich / Karl-Heinz *Bürger:* Beendigung des Arbeitsverhältnisses, AR-Blattei, Arbeitsvertrag — Arbeitsverhältnis VIII.

Mrochen, Siegfried: Alter in der DDR, Weinheim, Basel 1980.

Müller, Gerhard: Die betriebsbedingte Kündigung nach der Rechtsprechung des Bundesarbeitsgerichts, DB 1962, 1538 ff.

— Personen- und verhaltensbedingte Kündigung nach der Rechtsprechung des BAG, DB 1963, 450 ff.

— Gedanken zu einer Standortbestimmung des Arbeitsrechts, DB 1974, 41 ff.

Müller, Wigo: Die betriebsbedingte Kündigung im Kündigungsschutzprozeß, DB 1975, 2130 ff.

v. Münch, Ingo (Hrg.): Grundgesetz-Kommentar, Bd. 1: Präambel — Art. 20, 2. Aufl. München 1980.

— Grundgesetz-Kommentar, Bd. 2: Art. 21 - 69, München 1976.

— Grundbegriffe des Staatsrechts I, Stuttgart, Berlin, Köln, Mainz 1979.

Münchener Kommentar zum Bürgerlichen Gesetzbuch: Rebmann - Säcker (Hrg.), Bd. 1: Allgemeiner Teil, München 1978, (zit.: MünchKomm - Bearbeiter).

— *Rebmann - Säcker* (Hrg.), Bd. 3, 1. Hb.: Schuldrecht, Besonderer Teil, München 1980, (zit.: MünchKomm - Bearbeiter).

Neumann, Dirk: Haushaltsrechtlich betriebsbedingte Kündigung im öffentlichen Dienst, RdA 1979, 371 ff.

Neumann-Duesberg, Horst: Anmerkung zu BAG, Urteil vom 4. 6. 1957 — 3 AZR 49/55 —, SAE 1957, 191 f.

Nikisch, Arthur: Arbeitsrecht, Bd. 1, 3. Aufl. Tübingen 1961.

— Kündigungsschutz bei sogenannten Kettenverträgen und bei befristeten Arbeitsverträgen?, BB 1955, 197 ff.

Nipperdey, Hans Carl: Gleicher Lohn der Frau für gleiche Leistung, RdA 1950, 121 ff.

— Freie Entfaltung der Persönlichkeit, in: Bettermann / Nipperdey (Hrg.), Die Grundrechte, Bd. IV/2, 741 ff., 2. Aufl. Berlin 1972.

Olshausen, Theodor: Versicherungsgesetz für Angestellte — Einführung, Berlin 1912.

Osswald, R.: Vertragliche Festsetzung einer Altersgrenze, Der Arbeitgeber 1953, 964 ff.

Otte, Gerd J. H.: Zeitvertrag und Kündigungsschutz, Frankfurt a. M., Bern, Cirencester 1980.

Pannier, Karl: Angestelltenversicherungsgesetz, 7 Aufl. Leipzig 1929.

Pelikan, Wolfgang: Rentenreform 1972, München 1973.

— Rentenversicherung mit Versorgungsausgleich im Scheidungsfall, 5. Aufl. München 1979.

Pestalozza, Christian: Anmerkung zu BAG, Urteil vom 22. 3. 1973 — 2 AZR 274/72 — SAE 1974, 162 f.

Peters, Horst: Die Geschichte der sozialen Versicherung, 2. Aufl. Bonn, Bad Godesberg 1973.

Pillardy, Erika: Arbeit und Alter, Stuttgart 1973.

Plander, Harro: Anmerkung zu BAG, Urteile vom 19. 8. 1981 — 7 AZR 252/79 und 7 AZR 280/79 —, EzA Nr. 50 und 51 zu § 620 BGB (Befristeter Arbeitsvertrag).

Plog, Ernst / Alexander *Wiedow* / Gerhard *Beck*: Kommentar zum Bundesbeamtengesetz, 2. Aufl. Neuwied 1965 ff., Loseblatt-Ausgabe.

Pohl, Hans Joachim: Humanisierung der Arbeit für ältere Arbeitnehmer, Soziale Welt 1976, 278 ff.

Raiser, Thomas: Das Unternehmen als Organisation, Berlin 1969.

Raiser, Ludwig: Vertragsfreiheit heute, JZ 1958, 1 ff.

Rancke, Friedbert: Anmerkung zu BAG, Urteil vom 7. 12. 1978 — 2 AZR 155/77 —, EzA Nr. 10 zu § 1 KSchG (Betriebsbedingte Kündigung).

Rebe, Bernd: Privatrecht und Wirtschaftsordnung, Bielefeld 1978.

Reinecke, Gerhard: Die Beweislastverteilung im Bürgerlichen Recht und im Arbeitsrecht als rechtspolitische Regelungsaufgabe, Berlin 1976.

Reuter, Dieter: Grundlagen des Kündigungsschutzes, in: Gamillscheg / Hueck, G. / Wiedemann (Hrg.), Festschrift 25 Jahre Bundesarbeitsgericht, 405 ff., München 1979.

— Anmerkung zu LAG Schleswig-Holstein, Urteil vom 11. 4. 1974 — (1) 3 Sa 72/74 — EzA Nr. 5 zu § 305 BGB.

— Anmerkung zu BAG, Urteil vom 7. 12. 1978 — 2 AZR 155/77 —, AP Nr. 6 zu § 1 KSchG 1969 (Betriebsbedingte Kündigung).

Rewolle, Hans-Dietrich: Schwerbehindertengesetz, Percha, Kempfenhausen 1975 ff., Loseblatt-Ausgabe.

Richardi, Reinhard: Sind im Interesse einer gerechteren Verteilung der Arbeitsplätze Begründung und Beendigung des Arbeitsverhältnisses neu zu regeln?, JZ 1978, 485 ff.

— Die Bedeutung der Personalstruktur für die Befristung von Arbeitsverhältnissen im Hochschulbereich, DB 1981, 1461 ff.

— Anmerkung zu BAG, Urteil vom 25. 3. 1971 — 2 AZR 185/70 —, SAE 1972, 139 ff.

Richter, Arnt: Grundlagen des Rechts der Sozialen Sicherheit, Stuttgart, Berlin, Köln, Mainz 1979.

Richter, Arnt / Alfred *Frei*: Grundzüge des Sozialrechts, München 1975.

Riegel, Klaus F.: Ergebnisse und Probleme der psychologischen Alternsforschung, in: Thomae / Lehr (Hrg.), Altern — Probleme und Tatsachen, 142 ff., 2. Aufl. Wiesbaden 1977.

Rohlfing, Theodor / Hans-Dietrich *Rewolle* / Peter *Bader*: Kündigungsschutzgesetz, Frankfurt a. M. 1980 ff., Loseblatt-Ausgabe.

v. Rosenbladt, Bernhard / Christoph F. *Büchtemann*: Arbeitslosigkeit und Wiedereingliederung, MittAB 1980, 552 ff.

Rosenmayr, Leopold / Hilde *Rosenmayr*: Der alte Mensch in der Gesellschaft, Reinbek bei Hamburg 1978.

Rüfner, Wolfgang: Einführung in das Sozialrecht, München 1977.

— Beamtenversorgung und Sozialversicherung, in: Leisner (Hrg.), Das Berufsbeamtentum im demokratischen Staat, 147 ff., Berlin 1975.

Rüthers, Bernd: Anmerkung zu BAG, Urteil vom 21. 10. 1969 — 1 AZR 93/68 —, AP Nr. 41 zu Art. 9 GG (Arbeitskampf).

Rupp, Hans Heinrich: Vom Wandel der Grundrechte, AöR 101 (1976), 161 ff.

Sadowski, Dieter: Die amerikanische Pensionierungsreform aus der Sicht der deutschen Unternehmen, ZfB 1979, 144 ff.

— Pensionierungspolitik, Stuttgart 1977.

Säcker, Franz-Jürgen: Die vorzeitige Beendigung der Arbeitsverträge mit leitenden Angestellten, RdA 1976, 91 ff.

Sahmer, Heinz: Betriebsverfassungsgesetz, Frankfurt a. Main 1952 ff., Loseblatt-Ausgabe.

Schaub, Günter: Arbeitsrechts-Handbuch, 4. Aufl. München 1980.

Schaudwet, Manfred: Anmerkung zu BAG, Urteil vom 20. 10. 1967 — 3 AZR 467/66 —, SAE 1968, 134 f.

Scheerbarth, Hans Walther / Heinz *Höffken:* Beamtenrecht, 3. Aufl. Siegburg 1979.

Schick, Walter: Verfassungsrechtliche Grenzen einer Reform des öffentlichen Dienstrechts, in: Studienkommission für die Reform des öffentlichen Dienstrechts, Bd. 5, 171 ff., Baden-Baden 1973.

Schimana, Rudolf: Festsetzung der Altersgrenze für Arbeitnehmer durch Betriebsvereinbarung, BB 1970, 1138 ff.

Schlegel, Roger: Ausgestaltung der Arbeitsrechtsverhältnisse älterer Werktätiger, Neue Justiz 1980, 177 f.

Schleßmann, Karl: Die Kündigung von Arbeitsverträgen, München 1970.

— Die Lösung von Arbeitsverhältnissen, München 1962.

Schlüter, Wilfried / Detlev *Belling:* Anmerkung zu BAG, Beschluß vom 18. 7. 1978 — 1 ABR 79/75 —, SAE 1979, 277 ff.

Schmidt, Gustav: Nachprüfung betrieblicher Maßnahmen im Kündigungsschutzverfahren, AR-Blattei, Kündigungsschutz IV.

— Kündigungsschutz außerhalb des KSchG, AR-Blattei, Kündigungsschutz VIII.

Schmidt, H.: Das Problem der beruflichen Anpassung von älteren Arbeitnehmern im Bereich hochtechnisierter Arbeitsplätze der industriellen Produktion, actuelle Gerontologie 1974, 21 ff.

Schmidt-Bleibtreu, Bruno / Franz *Klein:* Kommentar zum Grundgesetz für die Bundesrepublik Deutschland, 5. Aufl. Neuwied, Darmstadt 1980.

Schnorr von Carolsfeld, Ludwig: Anmerkung zu BAG, Urteil vom 13. 12. 1956 — 2 AZR 353/54 —, AP Nr. 5 zu § 7 KSchG.

Schnupp, Günther: Zur Anpassung der Versorgungsbezüge, DöD 1977, 41 ff.

Schönefelder, Erwin / Günther *Kranz* / Richard *Wanka:* Arbeitsförderungsgesetz, Nürnberg, Stuttgart 1972 ff., Loseblatt-Ausgabe.

Schönholzer, Gertrud: Der Übergang vom Erwerbsleben in den Ruhestand, Diss. St. Gallen 1979.

Scholz, H.: Arbeitsphysiologie und Alter, in: Böhlau (Hrg.), Altern und Arbeit, 85 ff., Stuttgart, New York 1977.

Schröter, Bernd: Befristete Arbeitsverträge und arbeitsrechtliche Vertragsfreiheit, Diss. Göttingen 1972.

Schubert, René: Flexibilität der Altersgrenze, Darmstadt 1969.

Schulin, Bertram: Sozialversicherungsrecht, Düsseldorf 1976.

Schwabe, Jürgen: Die sogenannte Drittwirkung der Grundrechte, München 1971.

Schwerdtner, Peter: Fürsorgetheorie und Entgelttheorie im Recht der Arbeitsbedingungen, Heidelberg 1970.

— Arbeitsrecht I, München 1976.

— Kündigungsrechtliche und betriebsverfassungsrechtliche Probleme der Änderungskündigung, in: Gamillscheg / Hueck, G. / Wiedemann (Hrg.), Festschrift 25 Jahre Bundesarbeitsgericht, 555 ff., München 1979.

— Anmerkung zu BAG, Urteil vom 28. 9. 1972 — 2 AZR 469/71 —, JZ 1973, 377 ff.

Siedentopf, Heinrich: Funktion und allgemeine Rechtsstellung, Analyse der Funktionen des öffentlichen Dienstes, in: Studienkommission für die Reform des öffentlichen Dienstrechts, Bd. 8, 19 ff., Baden-Baden 1973.

Sieg, Karl: Anmerkung zu BAG, Urteil vom 21.4.1977 — 2 AZR 125/76 —, SAE 1978, 21 f.

— Anmerkung zu BAG, Urteil vom 19.6.1980 — 2 AZR 660/78 —, SAE 1981, 8.

Söllner, Alfred: Einseitige Leistungsbestimmung im Arbeitsverhältnis, Mainz 1960.

— Arbeitsrecht, 7. Aufl. Stuttgart, Berlin, Köln, Mainz 1981.

— Anmerkung zu BAG, Urteil vom 15.3.1966 — 2 AZR 211/65 —, SAE 1966, 255 f.

Soergel, Hans Theodor / Wolfgang *Siebert:* Bürgerliches Gesetzbuch, Bd. 1, 10. Aufl. Stuttgart, Berlin, Köln, Mainz 1967, (zit.: Soergel - Bearbeiter).

Solowjew, A. G.: Die Beschäftigung von Rentnern in der Volkswirtschaft der UdSSR, Zeitschrift für Sozialreform 1981, 566 ff.

Sozialgesetzbuch/Sozialversicherung — Gesamtkommentar, bearbeitet von: Aye, Hans-Adolf; Bley, Helmar; Gurgel, Hans Joachim u.a., 3. Aufl. Wiesbaden 1970 ff., Loseblatt-Ausgabe, (zit.: RVO-Gesamtkommentar).

Stahlhacke, Eugen: Kündigung und Kündigungsschutz im Arbeitsverhältnis, 4. Aufl. München 1982.

Standfest, Erich: Bevölkerungsentwicklung und Finanzierung der Alterssicherung, in: BMJFG (Hrg.), Bevölkerungsentwicklung und nachwachsende Generation, 157 ff., Stuttgart, Berlin, Köln, Mainz 1980.

Statistisches Bundesamt (Hrg.): Statistisches Jahrbuch für die Bundesrepublik Deutschland 1974, Stuttgart, Mainz 1974.

— Statistisches Jahrbuch für die Bundesrepublik Deutschland 1980, Stuttgart, Mainz 1980.

Staudinger: Kommentar zum Bürgerlichen Gesetzbuch, Allgemeiner Teil: §§ 90 - 240, 12. Aufl. Berlin 1980, (zit.: Staudinger - Bearbeiter).

— Kommentar zum Bürgerlichen Gesetzbuch, Recht der Schuldverhältnisse: §§ 242, 243, 12. Aufl. Berlin 1981, (zit.: Staudinger - Bearbeiter).

— Kommentar zum Bürgerlichen Gesetzbuch, Recht der Schuldverhältnisse: §§ 620 - 630, 12. Aufl. Berlin 1979, (zit.: Staudinger - Bearbeiter).

Stege, Dieter / F. K. *Weinspach:* Betriebsverfassungsgesetz, 4. Aufl. Köln 1981.

Stein, Ekkehardt: Staatsrecht, 7. Aufl. Tübingen 1980.

Stern, Klaus: Das Staatsrecht der Bundesrepublik Deutschland, Bd. I, München 1977.

— Das Staatsrecht der Bundesrepublik Deutschland, Bd. II, München 1980.

Teichmann, Arndt: Die Gesetzesumgehung, Göttingen 1962.

Tennstedt, Florian: Berufsanforderungen und flexible Altersgrenze, in: *Volkholz / Elsner* (Hrg.), Analyse des Gesundheitssystems, 115 ff., Frankfurt a. M. 1974.

Tews, Hans Peter: Soziologie des Alterns 2, Heidelberg 1971.

Thieme, Werner: Der öffentliche Dienst in der Verfassungsordnung des Grundgesetzes, Göttingen 1961.

Thomae, Hans / Ursula *Lehr:* Berufliche Leistungsfähigkeit im mittleren und höheren Erwachsenenalter, Göttingen 1973.

Thomae, Hans: Altersgrenze und psychische Leistungsfähigkeit, in: *Schubert* (Hrg.), Flexibilität der Altersgrenze, Darmstadt 1969.

— Beiträge der „sozialen Gerontologie" zur Problematik des älteren Arbeitnehmers, Zeitschrift für Gerontologie 1972, 147 ff.

Tietze, Barbara: Arbeitsorganisation und „menschliches" Altern, in: *Kasiske* (Hrg.), Gesundheit am Arbeitsplatz, 83 ff., Reinbek b. Hamburg 1976.

Triepel, Heinrich: Das preußische Gesetz über die Einführung einer Altersgrenze, AöR 40 (1921), 349 ff.

von Tuhr, Andreas: Der Allgemeine Teil des Deutschen Bürgerlichen Rechts, Bd. II/2, Berlin 1957, Unveränderter Nachdruck der 1918 erschienenen ersten Auflage.

Ule, Carl-Hermann: Beamtenrecht, Köln, Berlin, Bonn, München 1970.

— Öffentlicher Dienst, in: Bettermann / Nipperdey (Hrg.), Die Grundrechte, Bd. IV/2, 537 ff., 2. Aufl. Berlin 1972.

— Verfassungsrechtliche Grenzen einer Reform des öffentlichen Dienstrechts, in: Studienkommission für die Reform des öffentlichen Dienstrechts, Bd. 5, 441 ff., Baden-Baden 1973.

— Die Bedeutung des Beamtenversorgungsrechts für die Erhaltung des Berufsbeamtentums, ZBR 1974, 33 ff.

Verband Deutscher Rentenversicherungsträger: Kommentar zur Reichsversicherungsordnung, Viertes und Fünftes Buch, 6. Aufl. Weinheim 1958 ff., Loseblatt-Ausgabe, (zit.: Verbandskommentar).

Wannagat, Georg: Lehrbuch des Sozialversicherungsrechts, Bd. I, Tübingen 1965.

Weiler, Edgar: Zum Problem des Kündigungsschutzes älterer Arbeitnehmer in den Betrieben und Unternehmen der Privaten Wirtschaft — unter besonderer Berücksichtigung der langjährig beschäftigten älteren Arbeitnehmer, Diss. Mainz 1976.

Weng, Rudolf: Die soziale Auswahl bei der betriebsbedingten Kündigung, DB 1978, 884 ff.

Wenzel, Leonhard: Der Kündigungsschutz des Arbeitnehmers, MDR 1977, 545 ff.; 1978, 896 ff.

Westhoff, Stefan: Die Inhaltskontrolle von Arbeitsverträgen, Düsseldorf 1975.

Wiebe, Inge: Ältere Arbeitnehmer im Betrieb (RKW-Publikation), Frankfurt a. M. 1974.

Wiedemann, Herbert: Das Arbeitsverhältnis als Austausch- und Gemeinschaftsverhältnis, Karlsruhe 1966.

— Zur Typologie zulässiger Zeitverträge, in: Kuchinke (Hrg.), Festschrift für Heinrich Lange, 395 ff., München 1970.

— Anmerkung I zu BAG, Urteil vom 4. 2. 1971 — 2 AZR 144/70 —, AP Nr. 35 zu § 620 BGB (Befristeter Arbeitsvertrag).

Wiedemann, Herbert / Hubertus *Palenberg:* Die Zulässigkeit von Zeitarbeitsverträgen im öffentlichen Dienst, RdA 1977, 85 ff.

Wilrodt, Hermann / Dirk *Neumann:* Schwerbehindertengesetz, 5. Aufl. München 1980.

Wlotzke, Otfried: Anmerkung zu BAG, Urteil vom 28. 9. 1961 — 2 AZR 428/60 —, BABl. 1962, 283 f.

Wohnseifer, Karl-Heinz: Probleme des befristeten Arbeitsvertrages, Diss. Köln 1966.

Wolf, Ernst / Alfons *van Gelder*: Anmerkung zu BAG, Urteil vom 27. 3. 1969 — 2 AZR 302/68 —, SAE 1970, 122 ff.

Wolf, Manfred: Rechtsgeschäftliche Entscheidungsfreiheit und vertraglicher Interessenausgleich, Tübingen 1970.

— Anmerkung II zu BAG, Urteil vom 4. 2. 1971 — 2 AZR 144/70 —, AP Nr. 35 zu § 620 BGB (Befristeter Arbeitsvertrag).

— Anmerkung zu BAG, Urteil vom 22. 3. 1973 — 2 AZR 274/72 —, AP Nr. 38 zu § 620 (Befristeter Arbeitsvertrag).

Zöllner, Wolfgang: Arbeitsrecht, 2. Aufl. München 1979.

— Privatautonomie und Arbeitsverhältnis, AcP 176 (1976), 221 ff.

— Sind im Interesse einer gerechteren Verteilung der Arbeitsplätze Begründung und Beendigung der Arbeitsverhältnisse neu zu regeln? Gutachten D, in: Verhandlungen des 52. Deutschen Juristentages, Bd. I, München 1978.

— Anmerkung zu BAG, Urteil vom 28. 9. 1961 — 2 AZR 97/61 —, AP Nr. 21 zu § 620 BGB (Befristeter Arbeitsvertrag).

— Anmerkung zu BAG, Urteil vom 28. 9. 1961 — 2 AZR 428/60 —, AP Nr. 1 zu § 1 KSchG (Personenbedingte Kündigung).

Zweng, Johann / Reinhard *Scheerer*: Handbuch der Rentenversicherung, 2. Aufl. Stuttgart, Berlin, Köln, Mainz 1966 ff., Loseblatt-Ausgabe.

Hinweis zur Zitierweise:

Soweit es sich nicht um Aufsätze aus Zeitschriften handelt und besondere Angaben zur Zitierweise fehlen, beschränken sich die Literaturhinweise in den Anmerkungen auf den Nachnamen des Autors und das erste Substantiv des Titels.

Kolibri 360 GmbH
Ferdinand-Jühlke-Straße 7
99095 Erfurt, Deutschland
produktsicherheit@kolibri360.de

Druck:
CPI Druckdienstleistungen GmbH
im Auftrag der
Kolibri 360 GmbH
Ferdinand-Jühlke-Str. 7
99095 Erfurt